इंद्रजाल और आकाशदीप
(सम्पूर्ण कहानी संग्रह)

LECTOR HOUSE PUBLIC DOMAIN WORKS

This book is a result of an effort made by Lector House towards making a contribution to the preservation and repair of original classic literature. The original text is in the public domain in the United States of America, and possibly other countries depending upon their specific copyright laws.

In an attempt to preserve, improve and recreate the original content, certain conventional norms with regard to typographical mistakes, hyphenations, punctuations and/or other related subject matters, have been corrected upon our consideration. However, few such imperfections might not have been rectified as they were inherited and preserved from the original content to maintain the authenticity and construct, relevant to the work. The work might contain a few prior copyright references as well as page references which have been retained, wherever considered relevant to the part of the construct. We believe that this work holds historical, cultural and/or intellectual importance in the literary works community, therefore despite the oddities, we accounted the work for print as a part of our continuing effort towards preservation of literary work and our contribution towards the development of the society as a whole, driven by our beliefs.

We are grateful to our readers for putting their faith in us and accepting our imperfections with regard to preservation of the historical content. We shall strive hard to meet up to the expectations to improve further to provide an enriching reading experience.

Though, we conduct extensive research in ascertaining the status of copyright before redeveloping a version of the content, in rare cases, a classic work might be incorrectly marked as not-in-copyright. In such cases, if you are the copyright holder, then kindly contact us or write to us, and we shall get back to you with an immediate course of action.

HAPPY READING!

इंद्रजाल और आकाशदीप
(सम्पूर्ण कहानी संग्रह)

जयशंकर प्रसाद

9 789390 112333

ISBN: 978-93-90112-33-3

Published: -

LECTOR HOUSE LLP
E-MAIL: lectorpublishing@gmail.com

इंद्रजाल और आकाशदीप
(सम्पूर्ण कहानी संग्रह):
इंद्रजाल (कहानी संग्रह), आकाशदीप (कहानी संग्रह)

जयशंकर प्रसाद

अनुक्रम

पृष्ठ

इंद्रजाल
(कहानी संग्रह)

इंद्रजाल

१

गाँव के बाहर, एक छोटे-से बंजर में कंजरों का दल पड़ा था। उस परिवार में टट्टू, भैंसे और कुत्तों को मिलाकर इक्कीस प्राणी थे। उसका सरदार मैकू, लम्बी-चौड़ी हड्डियोंवाला एक अधेड़ पुरुष था। दया-माया उसके पास फटकने नहीं पाती थी। उसकी घनी दाढ़ी और मूँछों के भीतर प्रसन्नता की हँसी छिपी ही रह जाती। गाँव में भीख माँगने के लिए जब कंजरों की स्त्रियाँ जातीं, तो उनके लिए मैकू की आज्ञा थी कि कुछ न मिलने पर अपने बच्चों को निर्दयता से गृहस्थ के द्वार पर जो स्त्री न पटक देगी, उसको भयानक दण्ड मिलेगा।

उस निर्दय झुण्ड में गानेवाली एक लडक़ी थी। और एक बाँसुरी बजानेवाला युवक। ये दोनों भी गा-बजाकर जो पाते, वह मैकू के चरणों में लाकर रख देते। फिर भी गोली और बेला की प्रसन्नता की सीमा न थी। उन दोनों का नित्य सम्पर्क ही उनके लिए स्वर्गीय सुख था। इन घुमक्कड़ों के दल में ये दोनों विभिन्न रुचि के प्राणी थे। बेला बेडिऩ थी। माँ के मर जाने पर अपने शराबी और अकर्मण्य पिता के साथ वह कंजरों के हाथ लगी। अपनी माता के गाने-बजाने का संस्कार उसकी नस-नस में भरा था। वह बचपन से ही अपनी माता का अनुकरण करती हुई अलापती रहती थी।

शासन की कठोरता के कारण कंजरों का डाका और लड़कियों के चुराने का व्यापार बन्द हो चला था। फिर भी मैकू अवसर से नहीं चूकता। अपने दल की उन्नति में बराबर लगा ही रहता। इस तरह गोली के बाप के मर जाने पर-जो एक चतुर नट था-मैकू ने उसकी खेल की पिटारी के साथ गोली पर भी अधिकार जमाया। गोली महुअर तो बजाता ही था, पर बेला का साथ होने पर उसने बाँसुरी बजाने में अभ्यास किया। पहले तो उसकी नट-विद्या में बेला भी मनोयोग से लगी; किन्तु दोनों को भानुमती वाली पिटारी ढोकर दो-चार पैसे कमाना अच्छा न लगा। दोनों को मालूम हुआ कि दर्शक उस खेल से अधिक उसका गाना पसन्द करते हैं। दोनों का झुकाव उसी ओर हुआ। पैसा भी मिलने लगा। इन नवागन्तुक बाहरियों की कंजरों के दल में प्रतिष्ठा बढ़ी।

बेला साँवली थी। जैसे पावस की मेघमाला में छिपे हुए आलोकपिण्ड का प्रकाश निखरने की अदम्य चेष्टा कर रहा हो, वैसे ही उसका यौवन सुगठित शरीर के भीतर उद्वेलित हो रहा था। गोली के स्नेह की मदिरा से उसकी कजरारी आँखें लाली से भरी रहतीं। वह चलती तो थिरकती हुई, बातें करती तो हँसती हुई। एक मिठास उसके चारों ओर बिखरी रहती। फिर भी गोली से अभी उसका ब्याह नहीं हुआ था।

गोली जब बाँसुरी बजाने लगता, तब बेला के साहित्यहीन गीत जैसे प्रेम के माधुर्य की व्याख्या करने लगते। गाँव के लोग उसके गीतों के लिए कंजरों को शीघ्र हटाने का उद्योग नहीं करते! जहाँ अपने सदस्यों के कारण कंजरों का वह दल घृणा और भय का पात्र था, वहाँ गोली और बेला का संगीत आकर्षण के लिए पर्याप्त था; किन्तु इसी में एक व्यक्ति का अवांछनीय सहयोग भी आवश्यक था। वह था भूरे, छोटी-सी ढोल लेकर उसे भी बेला का साथ करना पड़ता।

भूरे सचमुच भूरा भेडिय़ा था। गोली अधरों से बाँसुरी लगाये अर्द्धनिमीलित आँखों के अन्तराल

से, बेला के मुख को देखता हुआ जब हृदय की फूँक से बाँस के टुकड़े को अनुप्राणित कर देता, तब विकट घृणा से ताड़ित होकर भूरे की भयानक थाप ढोल पर जाती। क्षण-भर के लिए जैसे दोनों चौंक उठते।

उस दिन ठाकुर के गढ़ में बेला का दल गाने के लिए गया था। पुरस्कार में कपड़े-रुपये तो मिले ही थे; बेला को एक अँगूठी भी मिली थी। मैकू उन सबको देखकर प्रसन्न हो रहा था। इतने में सिरकी के बाहर कुछ हल्ला सुनाई पड़ा। मैकू ने बाहर आकर देखा कि भूरे और गोली में लड़ाई हो रही थी। मैकू के कर्कश स्वर से दोनों भयभीत हो गये। गोली ने कहा-"मैं बैठा था, भूरे ने मुझको गालियाँ दीं। फिर भी मैं न बोला, इस पर उसने मुझे पैर से ठोकर लगा दी।"

"और यह समझता है कि मेरी बाँसुरी के बिना बेला गा ही नहीं सकती। मुझसे कहने लगा कि आज तुम ढोलक बेताल बजा रहे थे।" भूरे का कण्ठ क्रोध से भर्राया हुआ था।

मैकू हँस पड़ा। वह जानता था कि गोली युवक होने पर भी सुकुमार और अपने प्रेम की माधुरी में विह्वल, लजीला और निरीह था। अपने को प्रमाणित करने की चेष्टा उसमें थी ही नहीं। वह आज जो कुछ उग्र हो गया, इसका कारण है केवल भूरे की प्रतिद्वन्द्विता।

बेला भी वहाँ आ गयी थी। उसने घृणा से भूरे की ओर देखकर कहा-

'तो क्या तुम सचमुच बेताल नहीं बजा रहे थे?'

"मैं बेताल न बजाऊँगा, तो दूसरा कौन बजायेगा। अब तो तुमको नये यार न मिले हैं। बेला! तुझको मालूम नहीं तेरा बाप मुझसे तेरा ब्याह ठीक करके मरा है। इसी बात पर मैंने उसे अपना नैपाली का दोगला टट्टू दे दिया था, जिस पर अब भी तू चढ़कर चलती है।" भूरे का मुँह क्रोध के झाग से भर गया था। वह और भी कुछ बकता; किन्तु मैकू की डाँट पड़ी। सब चुप हो गये।

उस निर्जन प्रान्त में जब अन्धकार खुले आकाश के नीचे तारों से खेल रहा था, तब बेला बैठी कुछ गुनगुना रही थी।

कंजरों की झोपड़ियों के पास ही पलाश का छोटा-सा जंगल था। उनमें बेला के गीत गूँज रहे थे। जैसे कमल के पास मधुकर को जाने से कोई रोक नहीं सकता; उसी तरह गोली भी कब माननेवाला था। आज उसके निरीह हृदय में संघर्ष के कारण आत्मविश्वास का जन्म हो गया था। अपने प्रेम के लिए, अपने वास्तविक अधिकार के लिए झगड़ने की शक्ति उत्पन्न हो गयी थी। उसका छुरा कमर में था। हाथ में बाँसुरी थी। बेला की गुनगुनाहट बन्द होते ही बाँसुरी में गोली उसी तान को दुहराने लगा। दोनों वन-विहंगम की तरह उस अँधेरे कानन में किलकारने लगे। आज प्रेम के आवेश ने आवरण हटा दिया था, वे नाचने लगे। आज तारों की क्षीण ज्योति में हृदय-से-हृदय मिले, पूर्ण आवेग में। आज बेला के जीवन में यौवन का और गोली के हृदय में पौरुष का प्रथम उन्मेष था।

किन्तु भूरा भी वहाँ आने से नहीं रुका। उसके हाथ में भी भयानक छुरा था। आलिंगन में आबद्ध बेला ने चीत्कार किया। गोली छटककर दूर जा खड़ा हुआ, किन्तु घाव ओछा लगा।

बाघ की तरह झपटकर गोली ने दूसरा वार किया। भूरे सम्हाल न सका। फिर तीसरा वार चलाना ही चाहता था कि मैकू ने गोली का हाथ पकड़ लिया। वह नीचे सिर किये खड़ा रहा।

मैकू ने कड़क कर कहा-"बेला, भूरे से तुझे ब्याह करना ही होगा। यह खेल अच्छा नहीं।"

उसी क्षण सारी बातें गोली के मस्तक में छाया-चित्र-सी नाच उठीं। उसने छुरा धीरे से गिरा दिया। उसका हाथ छूट गया। जब बेला और मैकू भूरे का हाथ पकड़कर ले चले, तब गोली कहाँ जा रहा है, इसका किसी को ध्यान न रहा।

२

कंजर-परिवार में बेला भूरे की स्त्री मानी जाने लगी। बेला ने भी सिर झुका कर इसे स्वीकार कर लिया। परन्तु उसे पलाश के जंगल में सन्ध्या के समय जाने से कोई भी नहीं रोक सकता था। उसे जैसे सायंकाल में एक हलका-सा उन्माद हो जाता। भूरे या मैकू भी उसे वहाँ जाने से रोकने में असमर्थ थे। उसकी दृढ़ता-भरी आँखों से घोर विरोध नाचने लगता।

बरसात का आरम्भ था। गाँव की ओर से पुलिस के पास कोई विरोध की सूचना भी नहीं मिली थी। गाँव वालों की छुरी-हँसिया और काठ-कबाड़ के कितने ही काम बनाकर वे लोग पैसे लेते थे। कुछ अन्न यों भी मिल जाता। चिड़ियाँ पकड़कर, पक्षियों का तेल बनाकर, जड़ी-बूटी की दवा तथा उत्तेजक औषधियों और मदिरा का व्यापार करके, कंजरों ने गाँव तथा गढ़ के लोगों से सद्भाव भी बना लिया था। सबके ऊपर आकर्षक बाँसुरी जब उसके साथ नहीं बजती थी, तब भी बेला के गले में एक ऐसी नयी टीस उत्पन्न हो गयी थी, जिसमें बाँसुरी का स्वर सुनाई पड़ता था।

अन्तर में भरे हुए निष्फल प्रेम से युवती का सौन्दर्य निखर आया था। उसके कटाक्ष अलस, गति मदिर और वाणी झंकार से भर गयी थी। ठाकुर साहब के गढ़ में उसका गाना प्राय: हुआ करता था।

छींट का घाघरा और चोली, उस पर गोटे से ढँकी हुई ओढ़नी सहज ही खिसकती रहती। कहना न होगा कि आधा गाँव उसके लिए पागल था। बालक पास से, युवक ठीक-ठिकाने से और बूढ़े अपनी मर्यादा, आदर्शवादिता की रक्षा करते हुए दूर से उसकी तान सुनने के लिए, एक झलक देखने के लिए घात लगाये रहते।

गढ़ के चौक में जब उसका गाना जमता, तो दूसरा काम करते हुए अन्यमनस्कता की आड़ में मनोयोग से और कनखियों से ठाकुर उसे देख लिया करते।

मैकू घाघ था। उसने ताड़ लिया। उस दिन संगीत बन्द होने पर पुरस्कार मिल जाने पर और भूरे के साथ बेला के गढ़ के बाहर जाने पर भी मैकू वहीं थोड़ी देर तक खड़ा रहा। ठाकुर ने उसे देखकर पूछा-'क्या है?'

"सरकार! कुछ कहना है।"

"क्या?"

"यह छोकरी इस गाँव से जाना नहीं चाहती। उधर पुलिस तंग कर रही है।"

"जाना नहीं चाहती, क्यों?"

"वह तो घूम-घाम कर गढ़ में आ जाती है। खाने को मिल जाता है।..."

मैकू आगे की बात चुप होकर कुछ-कुछ संकेत-भरी मुस्कराहट से कह देना चाहता था।

ठाकुर के मन में हलचल होने लगी। उसे दबाकर प्रतिष्ठा का ध्यान करके ठाकुर ने कहा-

"तो मैं क्या करूँ?"

"सरकार! वह तो साँझ होते ही पलाश के जंगल में अकेली चली जाती है। वहीं बैठी हुई बड़ी रात तक गाया करती है।"

"हूँ!"

"एक दिन सरकार धमका दें, तो हम लोग उसे ले-देकर आगे कहीं चले जायँ।"

"अच्छा।"

मैकू जाल फैलाकर चला आया। एक हजार की बोहनी की कल्पना करते वह अपनी सिरकी में

बैठकर हुक्का गुड़गुड़ाने लगा।

बेला के सुन्दर अंग की मेघ-माला प्रेमराशि की रजत-रेखा से उद्भासित हो उठी थी। उसके हृदय में यह विश्वास जम गया था कि भूरे के साथ घर बसाना गोली के प्रेम के साथ विश्वासघात करना है। उसका वास्तविक पति तो गोली ही है। बेला में यह उच्छृङ्खल भावना विकट ताण्डव करने लगी। उसके हृदय में वसन्त का विकास था। उमंग में मलयानिल की गति थी। कण्ठ में वनस्थली की काकली थी। आँखों में कुसुमोत्सव था और प्रत्येक आन्दोलन में परिमल का उद्गार था। उसकी मादकता बरसाती नदी की तरह वेगवती थी।

आज उसने अपने जूड़े में जंगली करौंदे के फूलों की माला लपेटकर, भरी मस्ती में जंगल की ओर चलने के लिए पैर बढ़ाया, तो भूरे ने डाँटकर कहा-"कहाँ चली?"

"यार के पास।" उसने छूटते ही कहा। बेला के सहवास में आने पर अपनी लघुता को जानते हुए मसोसकर भूरे ने कहा-"तू खून कराये बिना चैन न लेगी।"

बेला की आँखों में गोली का और उसके परिवर्धमान प्रेमांकुर का चित्र था, जो उसके हट जाने पर विरह-जल से हरा-भरा हो उठा था। बेला पलाश के जंगल में अपने बिछुड़े हुए प्रियतम के उद्देश्य से दो-चार विरह-वेदना की तानों की प्रतिध्वनि छोड़ आने का काल्पनिक सुख नहीं छोड़ सकती थी।

उस एकान्त सन्ध्या में बरसाती झिल्लियों की झनकार से वायुमण्डल गूँज रहा था। बेला अपने परिचित पलाश के नीचे बैठकर गाने लगी- चीन्हत नाहीं बदल गये नैना....

ऐसा मालूम होता था कि सचमुच गोली उस अन्धकार में अपरिचित की तरह मुँह फिराकर चला जा रहा है। बेला की मनोवेदना को पहचानने की क्षमता उसने खो दी है।

बेला का एकान्त में विरह-निवेदन उसकी भाव-प्रवणता को और भी उत्तेजित करता था। पलाश का जंगल उसकी कातर कुहुक से गूँज रहा था। सहसा उस निस्तब्धता को भंग करते हुए घोड़े पर सवार ठाकुर साहब वहाँ आ पहुँचे।

"अरे बेला! तू यहाँ क्या कर रही है?"

बेला की स्वर-लहरी रुक गयी थी। उसने देखा ठाकुर साहब! महत्व का सम्पूर्ण चित्र, कई बार जिसे उसने अपने मन की असंयत कल्पना में दुर्गम शैल-शृंग समझकर अपने भ्रम पर अपनी हँसी उड़ा चुकी थी। वह सकुच कर खड़ी हो रही। बोली नहीं, मन में सोच रही थी-"गोली को छोड़कर भूरे के साथ रहना क्या उचित है? और नहीं तो फिर...."

ठाकुर ने कहा-"तो तुम्हारे साथ कोई नहीं है। कोई जानवर निकल आवे, तो?"

बेला खिलखिला कर हँस पड़ी। ठाकुर का प्रमाद बढ़ चला था। घोड़े से झुककर उसका कन्धा पकड़ते हुए कहा, "चलो, तुमको पहुँचा दें।"

उसका शरीर काँप रहा था, और ठाकुर आवेश में भर रहे थे। उन्होंने कहा-"बेला, मेरे यहाँ चलोगी?"

"भूरे मेरा पति है!" बेला के इस कथन में भयानक व्यंग था। वह भूरे से छुटकारा पाने के लिए तरस रही थी। उसने धीरे से अपना सिर ठाकुर की जाँघ से सटा दिया। एक क्षण के लिए दोनों चुप थे। फिर उसी समय अन्धकार में दो मूर्तियों का प्रादुर्भाव हुआ। कठोर कण्ठ से भूरे ने पुकारा-"बेला!"

ठाकुर सावधान हो गये थे। उनका हाथ बगल की तलवार की मूठ पर जा पड़ा। भूरे ने कहा-"जंगल में किसलिए तू आती थी, यह मुझे आज मालूम हुआ। चल, तेरा खून पिये बिना न छोड़ूँगा।"

ठाकुर के अपराध का आरम्भ तो उनके मन में हो ही चुका था। उन्होंने अपने को छिपाने का प्रयत्न छोड़ दिया। कड़ककर बोले-"खून करने के पहले अपनी बात भी सोच लो, तुम मुझ पर सन्देह

करते हो, तो यह तुम्हारा भ्रम है। मैं तो....”

अब मैकू आगे आया। उसने कहा-“सरकार! बेला अब कंजरों के दल में नहीं रह सकेगी।”

“तो तुम क्या कहना चाहते हो?” ठाकुर साहब अपने में आ रहे थे, फिर भी घटना-चक्र से विवश थे।

“अब यह आपके पास रह सकती है। भूरे इसे लेकर हम लोगों के संग नहीं रह सकता।” मैकू पूरा खिलाड़ी था। उसके सामने उस अन्धकार में रुपये चमक रहे थे।

ठाकुर को अपने अहंकार का आश्रय मिला। थोड़ा-सा विवेक, जो उस अन्धकार में झिलमिला रहा था, बुझ गया। उन्होंने कहा- “तब तुम क्या चाहते हो?”

“एक हजार।”

“चलो, मेरे साथ”-कहकर बेला का हाथ पकड़कर ठाकुर ने घोड़े को आगे बढ़ाया। भूरे कुछ भुनभुना रहा था; पर मैकू ने उसे दूसरी ओर भेजकर ठाकुर का संग पकड़ लिया। बेला रिकाब पकड़े चली जा रही थी।

दूसरे दिन कंजरों का दल उस गाँव से चला गया।

३

ऊपर की घटना को कई साल बीत गये। बेला ठाकुर साहब की एकमात्र प्रेमिका समझी जाती है। अब उसकी प्रतिष्ठा अन्य कुल-बधुओं की तरह होने लगी है। नये उपकरणों से उसका घर सजाया गया है। उस्तादों से गाना सीखा है। गढ़ के भीतर ही उसकी छोटी-सी साफ-सुथरी हवेली है। ठाकुर साहब की उमंग की रातें वहीं कटती हैं। फिर भी ठाकुर कभी-कभी प्रत्यक्ष देख पाते कि बेला उनकी नहीं है! वह न जाने कैसे एक भ्रम में पड़ गये। बात निबाहने की आ पड़ी।

एक दिन एक नट आया। उसने अनेक तरह के खेल दिखलाये। उसके साथ उसकी स्त्री थी, वह घूँघट ऊँचा नहीं करती थी। खेल दिखलाकर जब अपनी पिटारी लेकर जाने लगा, तो कुछ मनचले लोगों ने पूछा- “क्यों जी, तुम्हारी स्त्री कोई खेल नहीं करती क्या?”

“करती तो है सरकार! फिर किसी दिन दिखलाऊँगा।” कहकर वह चला गया; किन्तु उसकी बाँसुरी की धुन बेला के कानों में उन्माद का आह्वान सुना रही थी। पिंजड़े की वन-विहंगनी को वसन्त की फूली हुई डाली का स्मरण हो आया था।

दूसरे दिन गढ़ में भारी जमघट लगा। गोली का खेल जम रहा था। सब लोग उसके हस्त-कौशल में मुग्ध थे। सहसा उसने कहा- “सरकार! एक बड़ा भारी दैत्य आकाश में आ गया है, मैं उससे लड़ने जाता हूँ, मेरी स्त्री की रक्षा आप लोग कीजियेगा।”

गोली ने एक डोरी निकालकर उसको ऊपर आकाश की ओर फेंका। वह सीधी तन गयी। सबके देखते-देखते गोली उसी के सहारे आकाश में चढ़कर अदृश्य हो गया। सब लोग मुग्ध होकर भविष्य की प्रतीक्षा कर रहे थे। किसी को यह ध्यान नहीं रहा कि स्त्री अब कहाँ है।

गढ़ के फाटक की ओर सबकी दृष्टि फिर गयी। गोली लहू से रंगा चला आ रहा था। उसने आकर ठाकुर को सलाम किया और कहा-“सरकार! मैंने उस दैत्य को हरा दिया। अब मुझे इनाम मिलना चाहिए।”

सब लोग उस पर प्रसन्न होकर पैसों-रुपयों की बौछार करने लगे। उसने झोली भरकर इधर-उधर देखा, फिर कहा- “सरकार मेरी स्त्री भी अब मिलनी चाहिए, मैं भी...।” किन्तु यह क्या, वहाँ तो उसकी स्त्री का पता नहीं। गोली सिर पकड़कर शोक-मुद्रा में बैठ गया। जब खोजने पर उसकी स्त्री

नहीं मिली, तो उसने चिल्लाकर कहा-"यह अन्याय इस राज्य में नहीं होना चाहिए। मेरी सुन्दरी स्त्री को ठाकुर साहब ने गढ़ के भीतर कहीं छिपा दिया। मेरी योगिनी कह रही है।" सब लोग हँसने लगे। लोगों ने समझा, यह कोई दूसरा खेल दिखलाने जा रहा है। ठाकुर ने कहा-"तो तू अपनी सुन्दर स्त्री मेरे गढ़ में से खोज ला!" अन्धकार होने लगा था। उसने जैसे घबड़ाकर चारों ओर देखने का अभिनय किया। फिर आँख मूँदकर सोचने लगा।

लोगों ने कहा-"खोजता क्यों नहीं? कहाँ है तेरी सुन्दरी स्त्री?"

"तो जाऊँ न सरकार?"

"हाँ, हाँ, जाता क्यों नहीं"-ठाकुर ने भी हँसकर कहा।

गोली नयी हवेली की ओर चला। वह नि:शंक भीतर चला गया। बेला बैठी हुई तन्मय भाव से बाहर की भीड़ झरोखे से देख रही थी। जब उसने गोली को समीप आते देखा, तो वह काँप उठी। कोई दासी वहाँ न थी। सब खेल देखने में लगी थीं। गोली ने पोटली फेंककर कहा-"बेला! जल्द चलो।"

बेला के हृदय में तीव्र अनुभूति जाग उठी थी। एक क्षण में उस दीन भिखारी की तरह-जो एक मुट्ठी भीख के बदले अपना समस्त सञ्चित आशीर्वाद दे देना चाहता है-वह वरदान देने के लिए प्रस्तुत हो गयी। मन्त्र-मुग्ध की तरह बेला ने उस ओढ़नी का घूँघट बनाया। वह धीरे-धीरे उसके पीछे भीड़ में आ गयी। तालियाँ पिटीं। हँसी का ठहाका लगा। वही घूँघट, न खुलने वाला घूँघट सायंकालीन समीर से हिल कर रह जाता था। ठाकुर साहब हँस रहे थे। गोली दोनों हाथों से सलाम कर रहा था।

रात हो चली थी। भीड़ के बीच गोली बेला को लिये जब फाटक के बाहर पहुँचा, तब एक लड़के ने आकर कहा-"एक्का ठीक है।"

तीनों सीधे उस पर जाकर बैठ गये। एक्का वेग से चल पड़ा।

अभी ठाकुर साहब का दरबार जम रहा था और नट के खेलों की प्रशंसा हो रही थी।

सलीम

१

पश्चिमोत्तर सीमाप्रान्त में एक छोटी-सी नदी के किनारे, पहाड़ियों से घिरे हुए उस छोटे-से गाँव पर, सन्ध्या अपनी धुँधली चादर डाल चुकी थी। प्रेमकुमारी वासुदेव के निमित्त पीपल के नीचे दीपदान करने पहुँची। आर्य-संस्कृति में अश्वत्थ की वह मर्यादा अनार्य-धर्म के प्रचार के बाद भी उस प्रान्त में बची थी, जिसमें अश्वत्थ चैत्य-वृक्ष या वासुदेव का आवास समझकर पूजित होता था। मन्दिरों के अभाव में तो बोधि-वृक्ष ही देवता की उपासना का स्थान था। उसी के पास लेखराम की बहुत पुरानी परचून की दूकान और उसी से सटा हुआ छोटा-सा घर था। बूढ़ा लेखराम एक दिन जब 'रामा राम जै जै रामा' कहता हुआ इस संसार से चला गया, तब से वह दूकान बन्द थी। उसका पुत्र नन्दराम सरदार सन्तसिंह के साथ घोड़ों के व्यापार के लिए यारकन्द गया था। अभी उसके आने में विलम्ब था। गाँव में दस घरों की बस्ती थी, जिसमें दो-चार खत्रियों के और एक घर पण्डित लेखराम मिसर का था। वहाँ के पठान भी शान्तिपूर्ण व्यवसायी थे। इसीलिए वजीरियों के आक्रमण से वह गाँव सदा सशङ्क रहता था। गुलमुहम्मद खाँ-सत्तर वर्ष का बूढ़ा-उस गाँव का मुखिया-प्राय: अपनी चारपाई पर अपनी चौपाल में पड़ा हुआ काले-नीले पत्थरों की चिकनी मनियों की माला अपनी लम्बी-लम्बी उँगलियों में फिराता हुआ दिखाई देता। कुछ लोग अपने-अपने ऊँट लेकर बनिज-व्यापार के लिए पास की मण्डियों में गये थे। लड़के बन्दकें लिये पहाड़ियों के भीतर शिकार के लिए चले गये थे।

प्रेमकुमारी दीप-दान और खीर की थाली वासुदेव को चढ़ाकर अभी नमस्कार कर रही थी कि नदी के उतार में अपनी पतली-दुबली काया में लड़खड़ाता हुआ, एक थका हुआ मनुष्य उसी पीपल के पास आकर बैठ गया। उसने आश्चर्य से प्रेमकुमारी को देखा। उसके मुँह से निकल पड़ा- "काफिर...!"

बन्दक कन्धे पर रक्खे और हाथ में एक मरा हुआ पक्षी लटकाये वह दौड़ता चला आ रहा था। पत्थरों की नुकीली चट्टानें उसके पैर को छूती ही न थीं। मुँह से सीटी बज रही थी। वह था गुलमुहम्मद का सोलह बरस का लड़का अमीर खाँ! उसने आते ही कहा-"प्रेमकुमारी, तू थाली उठाकर भागी क्यों जा रही है? मुझे तो आज खीर खिलाने के तूने कह रक्खा था।"

"हाँ भाई अमीर! मैं अभी और ठहरती; पर क्या करूँ, यह देख न, कौन आ गया है! इसीलिए मैं घर जा रही थी।"

अमीर ने आगन्तुक को देखा। उसे न जाने क्यों क्रोध आ गया। उसने कड़े स्वर से पूछा-"तू कौन है?"

"एक मुसलमान"-उत्तर मिला।

अमीर ने उसकी ओर से मुँह फिराकर कहा-"मालूम होता है कि तू भी भूखा है। चल, तुझे बाबा से कहकर कुछ खाने को दिलवा दूँगा। हाँ, इस खीर में से तो तुझे नहीं मिल सकता। चल न वहीं, जहाँ आग जलती दिखाई दे रही है।" फिर उसने प्रेमकुमारी से कहा-"तू मुझे क्यों नहीं देती? वह सब आ जायँगे, तब तेरी खीर मुझे थोड़ी ही सी मिलेगी।"

सीटियों के शब्द से वायु-मण्डल गूँजने लगा था। नटखट अमीर का हृदय चञ्चल हो उठा। उसने ठुनककर कहा-"तू मेरे हाथ पर ही देती जा और मैं खाता जाऊँ।"

प्रेमकुमारी हँस पड़ी। उसने खीर दी। अमीर ने उसे मुँह से लगाया ही था कि नवागुन्तक मुसलमान चिल्ला उठा। अमीर ने उसकी ओर अबकी बार बड़े क्रोध से देखा। शिकारी लड़के पास आ गये थे। वे सब-के-सब अमीर की तरह लम्बी-चौड़ी हड्डियों वाले स्वस्थ, गोरे और स्फूर्ति से भरे हुए थे। अमीर खीर मुँह में डालते हुए न जाने क्या कह उठा और लड़के आगन्तुक को घेरकर खड़े हो गये। उससे कुछ पूछने लगे। उधर अमीर ने अपना हाथ बढ़ाकर खीर माँगने का संकेत किया। प्रेमकुमारी हँसती जाती थी और उसे खीर देती जाती थी। तब भी अमीर उसे तरेरते हुए अपनी आँखों में और भी देने को कह रहा था। उसकी आँखों में से अनुनय, विनय, हठ, स्नेह सभी तो माँग रहे थे, फिर प्रेमकुमारी सबके लिए एक-एक ग्रास क्यों न देती? नटखट अमीर एक आँख से लड़कों को, दूसरी आँख से प्रेमकुमारी को उलझाये हुए खीर गटकता जाता था। उधर वह नवागन्तुक मुसलमान अपनी टूटी-फूटी पश्तो में लड़के से 'काफिर' का प्रसाद खाने की अमीर की धृष्टता का विरोध कर रहा था। वे आश्चर्य से उसकी बातें सुन रहे थे। एक ने चिल्लाकर कहा-"अरे देखो, अमीर तो सब खीर खा गया।"

फिर सब लड़के घूमकर अब प्रेमकुमारी को घेर कर खड़े हो गये। वह सबके उजले-उजले हाथों पर खीर देने लगी। आगन्तुक ने फिर चिल्लाकर कहा-क्या तुम सब मुसलमान हो?"

लड़कों ने एक स्वर से कहा-"हाँ, पठान।"

"और उस काफिर की दी हुई....?"

"यह मेरी पड़ोसिन है!"-एक ने कहा।

"यह मेरी बहन है।" दूसरे ने कहा।

"नन्दराम बन्दक बहुत अच्छी चलाता है।"-तीसरे ने कहा।

"ये लोग कभी झूठ नहीं बोलते"-चौथे ने कहा।

"हमारे गाँव के लिए इन लोगों ने कई लड़ाइयाँ की है।" -पाँचवें ने कहा।

"हम लोगों को घोड़े पर चढ़ाना नन्दराम ने सिखलाया है। वह बहुत अच्छा सवार है।"-छठे ने कहा।

"और नन्दराम ही तो हम लोगों को गुड़ खिलाता है।"-सातवें ने कहा।

"तुम चोर हो।"-यह कहकर लड़कों ने अपने-अपने हाथ की खीर खा डाली और प्रेमकुमारी हँस पड़ी। सन्ध्या उस पीपल की घनी छाया में पुञ्जीभूत हो रही थी। पक्षियों का कोलाहल शान्त होने लगा था। प्रेमकुमारी ने सब लड़कों से घर चलने के लिए कहा, अमीर ने भी नवागन्तुक से कहा-"तुझे भूख लगी हो, तो हम लोगों के साथ चल।" किन्तु वह तो अपने हृदय के विष से छटपटा रहा था। जिसके लिए वह हिजरत करके भारत से चला आया था, उस धर्म का मुसलमान-देश में भी यह अपमान! वह उदास मुँह से उसी अन्धकार में कट्टर दुर्दान्त वजीरियों के गाँवों की ओर चल पड़ा।

२

नन्दराम पूरा साढ़े छः फुट का बलिष्ठ युवक था। उसके मस्तक में केसर का टीका न लगा रहे, तो कुलाह और सलवार में वह सोलहों आने पठान ही जँचता। छोटी-छोटी भूरी मूँछें खड़ी रहती थीं। उसके हाथ में कोड़ा रहना आवश्यक था। उसके मुख पर संसार की प्रसन्न आकांक्षा हँसी बनकर खेला करती। प्रेमकुमारी उसके हृदय की प्रशान्त नीलिमा में उज्ज्वल बृहस्पति ग्रह की तरह

झलमलाया करती थी। आज वह बड़ी प्रसन्नता में अपने घर की ओर लौट रहा था। सन्तसिंह के घोड़े अच्छे दामों में बिके थे। उसे पुरस्कार भी अच्छा मिला था। वह स्वयं अच्छा घुड़सवार था। उसने अपना घोड़ा भी अधिक मूल्य पाकर बेच दिया था। रुपये पास में थे। वह एक ऊँचे ऊँट पर बैठा हुआ चला आ रहा था। उसके साथी लोग बीच की मण्डी में रुक गये थे; किन्तु काम हो जाने पर, उसे तो प्रेमकुमारी को देखने की धुन सवार थी। ऊपर सूर्य की किरणें झलमला रही थीं। बीहड़ पहाड़ी पथ था। कोसों तक कोई गाँव नहीं था। उस निर्जनता में वह प्रसन्न होकर गाता आ रहा था।

"वह पथिक कैसे रुकेगा, जिसके घर के किवाड़ खुले हैं और जिसकी प्रेममयी युवती स्त्री अपनी काली आँखों से पति की प्रतीक्षा कर रही है।"

"बादल बरसते हैं, बरसने दो। आँधी उसके पथ में बाधा डालती है। वह उड़ जायगी। धूप पसीना बहाकर उसे शीतल कर लेगा, वह तो घर की ओर आ रहा है। उन कोमल भुज-लताओं का स्निग्ध आलिंगन और निर्मल दुलार प्यासे को निर्झर और बर्फीली रातों की गर्मी है।"

"पथिक! तू चल-चल, देख, तेरी प्रियतमा की सहज नशीली आँखे तेरी प्रतीक्षा में जागती हुई अधिक लाल हो गयी हैं। उनमें आँसू की बूँद न आने पावे।"

पहाड़ी प्रान्त को कम्पित करता हुआ बन्दूक का शब्द प्रतिध्वनित हुआ। नन्दराम का सिर घूम पड़ा। गोली सर से कान के पास से निकल गयी। एक बार उसके मुँह से निकल पड़ा-"वजीरी!" वह झुक गया। गोलियाँ चल चुकी थीं। सब खाली गयीं। नन्दराम ने सिर उठाकर देखा, पश्चिम की पहाड़ी में झाड़ों के भीतर दो-तीन सिर दिखायी पड़े। बन्दूक साधकर उसने गोली चला दी।

दोनों तरफ से गोलियाँ चलीं। नन्दराम की जाँघ को छीलती हुई एक गोली निकल गयी। और सब बेकार रहीं। उधर दो वजीरियों की मृत्यु हुई। तीसरा कुछ भयभीत होकर भाग चला। तब नन्दराम ने कहा-"नन्दराम को नहीं पहचानता था? ले, तू भी कुछ लेता जा।" उस वजीरी के भी पैर में गोली लगी। वह बैठ गया। और नन्दराम अपने ऊँट पर घर की ओर चला।

सलीम नन्दराम के गाँव से धर्मोन्माद के नशे में चूर इन्हीं सहधर्मियों में आकर मिल गया था। उसके भाग्य से नन्दराम की गोली उसे नहीं लगी। वह झाड़ियों में छिप गया था। घायल वजीरी ने उससे कहा-"तू परदेशी भूखा बनकर इसके साथ जाकर घर देख आ। इसी नाले से उतर जा। वह तुझे आगे गिल जायगा।" सलीम उधर ही चला।

नन्दराम अब निश्चिन्त होकर धीरे-धीरे घर की ओर बढ़ रहा था। सहसा उसे कराहने का शब्द सुन पड़ा। उसने ऊँट रोककर सलीम से पूछा-"क्या है भाई? तू कौन है?"

सलीम ने कहा-"भूखा परदेशी हूँ। चल भी नहीं सकता। एक रोटी और दो घूँट पानी!"

नन्दराम ने ऊँट बैठाकर उसे अच्छी तरह देखते हुए फिर पूछा-"तुम यहाँ कैसे आ गये?"

"मैं हिन्दुस्तान से हिजरत करके चला आया हूँ।"

"अहो! भले आदमी, ऐसी बातों से भी कोई अपना घर छोड़ देता है? अच्छा, आओ, मेरे ऊँट पर बैठ जाओ।"

सलीम बैठ गया। दिन ढलने लगा था। नन्दराम के ऊँट के गले के बड़े-बड़े घुँघरू उस निस्तब्ध शान्ति में सजीवता उत्पन्न करते हुए बज रहे थे। उल्लास से भरा हुआ नन्दराम उसी की ताल पर कुछ गुनगुनाता जा रहा था। उधर सलीम कुढ़कर मन-ही-मन भुनभुनाता जा रहा था; परन्तु ऊँट चुपचाप अपना पथ अतिक्रमण कर रहा था। धीरे-धीरे बढ़नेवाले अन्धकार में वह अपनी गति से चल रहा था।

सलीम सोचता था-'न हुआ पास में एक छुरा, नहीं तो यहीं अपने साथियों का बदला चुका लेता!' फिर वह अपनी मूर्खता पर झुँझलाकर विचारने लगा-'पागल सलीम! तू उसके घर का पता लगाने

आया है न।' इसी उधेड़बुन में कभी वह अपने को पक्का धार्मिक, कभी सत्य में विश्वास करनेवाला, कभी शरण देनेवाले सहधर्मियों का पक्षपाती बन रहा था। सहसा ऊँट रुका और घर का किवाड़ खुल पड़ा। भीतर से जलते हुए दीपक के प्रकाश के साथ एक सुन्दर मुख दिखायी पड़ा। नन्दराम ऊँट बैठाकर उतर पड़ा। उसने उल्लास से कहा-"प्रेमो!" प्रेमकुमारी का गला भर आया था। बिना बोले ही उसने लपककर नन्दराम के दोनों हाथ पकड़ लिये।

सलीम ने आश्चर्य से प्रेमा को देखकर चीत्कार करना चाहा; पर वह सहसा रुक गया। उधर प्यार से प्रेमा के कन्धों को हिलाते हुए नन्दराम ने उसका चौंकना देख लिया।

नन्दराम ने कहा-"प्रेमा! हम दोनों के लिए रोटियाँ चाहिए! यह एक भूखा परदेशी है। हाँ, पहले थोड़ा-सा पानी और एक कपड़ा तो देना।"

प्रेमा ने चकित होकर पूछा-"क्यों?"

"यों ही कुछ चमड़ा छिल गया है। उसे बाँध लूँ?"

"अरे, तो क्या कहीं लड़ाई भी हुई है?"

"हाँ, तीन-चार वजीरी मिल गये थे।"

"और यह?"-कहकर प्रेमा ने सलीम को देखा। सलीम भय और क्रोध से सूख रहा था! घृणा से उसका मुख विवर्ण हो रहा था।

"एक हिन्द है।" नन्दराम ने कहा।

"नहीं, मुसलमान हूँ।"

"ओहो, हिन्दुस्तानी भाई! हम लोग हिन्दुस्तान के रहने वालों को हिन्द ही सा देखते हैं। तुम बुरा न मानना।"-कहते हुए नन्दराम ने उसका हाथ पकड़ लिया। वह झुँझला उठा और प्रेमकुमारी हँस पड़ी। आज की हँसी कुछ दूसरी थी। उसकी हँसी में हृदय की प्रसन्नता साकार थी। एक दिन और प्रेमा का मुसकाना सलीम ने देखा था, तब जैसे उसमें स्नेह था। आज थी उसमें मादकता, नन्दराम के ऊपर अनुराग की वर्षा! वह और भी जल उठा। उसने कहा-"काफिर, क्या यहाँ कोई मुसलमान नहीं है?"

"है तो, पर आज तो तुमको मेरे ही यहाँ रहना होगा।" दृढ़ता से नन्दराम ने कहा।

सलीम सोच रहा था, घर देखकर लौट आने की बात! परन्तु यह प्रेमा! ओह, कितनी सुन्दर! कितना प्यार-भरा हृदय! इतना सुख! काफिर के पास यह विभूति! तो वह क्यों न यहीं रहे? अपने भाग्य की परीक्षा कर देखे!

सलीम वहीं खा-पीकर एक कोठरी में सो रहा और सपने देखने लगा-उसके हाथ में रक्त से भरा हुआ छुरा है। नन्दराम मरा पड़ा है। वजीरियों का सरदार उसके ऊपर प्रसन्न है। लूट में पकड़ी हुई प्रेमा उसे मिल रही है। वजीरियों का बदला लेने में उसने पूरी सहायता की है। सलीम ने प्रेमा का हाथ पकड़ना चाहा। साथ ही प्रेमा का भरपूर थप्पड़ उसके गाल पर पड़ा। उसने तिलमिला कर आँखें खोल दीं। सूर्य की किरणें उसकी आँखों में घुसने लगीं।

बाहर अमीर चिलम भर रहा था। उसने कहा-"नन्द भाई, तूने मेरे लिए पोस्तीन लाने के लिए कहा था। वह कहाँ है?" वह उछल रहा था। उसका ऊधमी शरीर प्रसन्नता से नाच रहा था।

नन्दराम मुलायम बालों वाली चमड़े की सदरी-जिस पर रेशमी सुनहरा काम था-लिये हुए बाहर निकला। अमीर को पहना कर उसके गालों पर चपत जड़ते हुए कहा-"नटखट, ले, तू अभी छोटा ही रहा। मैंने तो समझा था कि तीन महीनों में तू बहुत बढ़ गया होगा।"

वह पोस्तीन पहनकर उछलता हुआ प्रेमा के पास चला गया। उसका नाचना देखकर वह खिलखिला पड़ी। गुलमुहम्मद भी आ गया था। उसने पूछा-"नन्दराम, तू अच्छी तरह रहा?"

"हाँ जी! यहीं आते हुए कुछ वजीरियों से सामना हो गया। दो को तो ठिकाने लगा दिया। थोड़ी-सी चोट मेरे पैर में भी आ गयी।"

"वजीरी!"-कहकर बूढ़ा एक बार चिन्ता में पड़ गया। तब तक नन्दराम ने उसके सामने रुपये की थैली उलट दी। बूढ़ा अपने घोड़े का दाम सहेजने लगा।

प्रेमा ने कहा-"बाबा! तुमने कुछ और भी कहा था। वह तो नहीं आया!"

बूढ़ा त्योरी बदलकर नन्दराम को देखने लगा। नन्दराम ने कहा-"मुझे घर में अस्तबल के लिए एक दालान बनाना है। इसलिए बालियाँ नहीं ला सका।"

"नहीं नन्दराम! तुझको पेशावर फिर से जाना होगा। प्रेमा के लिए बालियाँ बनवा ला! तू अपनी बात रखता है।"

"अच्छा चाचा! अबकी बार जाऊँगा, तो....ले ही आऊँगा।"

हिजरती सलीम आश्चर्य से उनकी बातें सुन रहा था। सलीम जैसे पागल होने लगा था। मनुष्यता का एक पक्ष वह भी है, जहाँ वर्ण, धर्म और देश को भूलकर मनुष्य, मनुष्य के लिए प्यार करता है। उसके भीतर की कोमल भावना, शायरों की प्रेम-कल्पना, चुटकी लेने लगी! वह प्रेम को 'काफिर' कहता था। आज उसने चपाती खाते हुए मन-ही-मन कहा-"बुते-काफिर!"

३

सलीम घुमक्कड़ी-जीवन की लालसाओं से सन्तप्त, व्यक्तिगत आवश्यकताओं से असन्तुष्ट युक्तप्रान्त का मुसलमान था। कुछ-न-कुछ करते रहने का उसका स्वभाव था। जब वह चारों ओर से असफल हो रहा था, तभी तुर्की की सहानुभूति में हिजरत का आन्दोलन खड़ा हुआ था। सलीम भी उसी में जुट पड़ा। मुसलमानी देशों का आतिथ्य कड़वा होने का अनुभव उसे अफगानिस्तान में हुआ। वह भटकता हुआ नन्दराम के घर पहुँचा था।

मुस्लिम उत्कर्ष का उबाल जब ठण्डा हो चला, तब उसके मन में एक स्वार्थपूर्ण कोगल कल्पना का उदय हुआ। वह सूफी कवियों-सा सौन्दर्योपासक बन गया। नन्दराम के घर का काम करता हुआ वह जीवन बिताने लगा। उसमें भी 'बुते-काफिर' को उसने अपनी संसार-यात्रा का चरम लक्ष्य बना लिया।

प्रेमा उससे साधारणत: हँसती-बोलती और काम के लिए कहती। सलीम उसके लिए खिलौना था। दो मन दो विरुद्ध दिशाओं में चलकर भी नियति से बाध्य थे, एकत्र रहने के लिए।

अमीर ने एक दिन नन्दराम से कहा-"उस पाजी सलीम को अपने यहाँ से भगा दो क्योंकि उसके ऊपर सन्देह करने का पूरा कारण है।"

नन्दराम ने हँसकर कहा-"भाई अमीर! वह परदेश में बिना सहारे आया है। उसके ऊपर सबको दया करनी चाहिए।"

अमीर के निष्कपट हृदय में यह बात न जँची। वह रूठ गया। तब भी नन्दराम ने सलीम को अपने यहाँ रहने दिया।

सलीम अब कभी-कभी दूर-दूर घूमने के लिए भी चला जाता। उसके हृदय में सौन्दर्य के कारण जो स्निग्धता आ गयी थी, वह लालसा में परिणत होने लगी। प्रतिक्रिया आरम्भ हुई। एक दिन उसे लँगड़ा वजीरी मिला। सलीम की उससे कुछ बातें हुईं। वह फिर से कट्टर मुसलमान हो उठा। धर्म की

प्रेरणा से नहीं, लालसा की ज्वाला से!

वह रात बड़ी भयानक थी। कुछ बूँदें पड़ रही थीं। सलीम अभी सशंक होकर जाग रहा था। उसकी आँखें भविष्य का दृश्य देख रही थीं। घोड़ों के पद-शब्द धीरे-धीरे उस निर्जनता को भेदकर समीप आ रहे थे। सलीम ने किवाड़ खोलकर बाहर झाँका। अँधेरी उसके कलुष-सी फैल रही थी। वह ठठाकर हँस पड़ा।

भीतर नन्दराम और प्रेमा का स्नेहालाप बन्द हो चुका था। दोनों तन्द्रालस हो रहे थे। सहसा गोलियों की कड़कड़ाहट सुन पड़ी। सारे गाँव में आतंक फैल गया।

"वजीरी! वजीरी!"

उन दस घरों में जो भी कोई अस्त्र चला सकता था, बाहर निकल पड़ा। अस्सी वजीरियों का दल चारों ओर से गाँव को घेरे में करके भीषण गोलियों की बौछार कर रहा था।

अमीर और नन्दराम बगल में खड़े होकर गोली चला रहे थे। कारतूसों की परतल्ली उनके कन्धों पर थी। नन्दराम और अमीर दोनों के निशाने अचूक थे। अमीर ने देखा कि सलीम पागलों-सा घर में घुसा जा रहा है। वह भी भरी गोली चलाकर उसके पीछे नन्दराम के घर में घुसा। बीसों वजीरी मारे जा चुके थे। गाँववाले भी घायल और मृतक हो रहे थे। उधर नन्दराम की मार से वजीरियों ने मोरचा छोड़ दिया था। सब भागने की धुन में थे। सहसा घर में से चिल्लाहट सुनाई पड़ी।

नन्दराम भीतर चला गया। उसने देखा; प्रेमा के बाल खुले हैं। उसके हाथ में रक्त से रञ्जित एक छुरा है। एक वजीरी वहीं घायल पड़ा है। और अमीर सलीम की छाती पर चढ़ा हुआ कमर से छुरा निकाल रहा है। नन्दराम ने कहा-"यह क्या है, अमीर?"

"चुप रहो भाई! इस पाजी को पहले....।"

"ठहरो अमीर! यह हम लोगों का शरणागत है।"-कहते हुए नन्दराम ने उसका छुरा छीन लिया; किन्तु दुर्दान्त युवक पठान कटकटा कर बोला-

"इस सूअर के हाथ! नहीं नन्दराम! तुम हट जाओ, नहीं तो मैं तुमको ही गोली मार दूँगा। मेरी बहन, पड़ोसिन का हाथ पकड़ कर खींच रहा था। इसके हाथ...."

नन्दराम आश्चर्य से देख रहा था। अमीर ने सलीम की कलाई ककड़ी की तरह तोड़ ही दी। सलीम चिल्लाकर मूर्च्छित हो गया। प्रेमा ने अमीर को पकड़कर खींच लिया। उसका रणचण्डी-वेश शिथिल हो गया था। सहज नारी-सुलभ दया का आविर्भाव हो रहा था। नन्दराम और अमीर बाहर आये।

वजीरी चले गये।

-- --

एक दिन टूटे हाथ को सिर से लगाकर जब प्रेमा को सलाम करते हुए सलीम उस गाँव से विदा हो रहा था, तब प्रेमा को न जाने क्यों उस अभागे पर ममता हो आयी। उसने कहा-"सलीम, तुम्हारे घर पर कोई और नहीं है, तो वहाँ जाकर क्या करोगे? यहीं पड़े रहो।"

सलीम रो रहा था। वह अब भी हिन्दुस्तान जाने के लिए इच्छुक नहीं था; परन्तु अमीर ने कड़ककर कहा-"प्रेमा! इसे जाने दे! इस गाँव में ऐसे पाजियों का काम नहीं।"

सलीम पेशावर में बहुत दिनों तक भीख माँगकर खाता और जीता रहा। उसके 'बुते-काफिर' वाले गीत को लोग बड़े चाव से सुनते थे।

छोटा जादूगर

कार्निवल के मैदान में बिजली जगमगा रही थी। हँसी और विनोद का कलनाद गूँज रहा था। मैं खड़ा था। उस छोटे फुहारे के पास, जहाँ एक लडक़ा चुपचाप शराब पीनेवालों को देख रहा था। उसके गले में फटे कुरते के ऊपर से एक मोटी-सी सूत की रस्सी पड़ी थी और जेब में कुछ ताश के पत्ते थे। उसके मुँह पर गम्भीर विषाद के साथ धैर्य की रेखा थी। मैं उसकी ओर न जाने क्यों आकर्षित हुआ। उसके अभाव में भी सम्पूर्णता थी। मैंने पूछा-"क्यों जी, तुमने इसमं क्या देखा?"

"मैंने सब देखा है। यहाँ चूड़ी फेंकते हैं। खिलौनों पर निशाना लगाते हैं। तीर से नम्बर छेदते हैं। मुझे तो खिलौनों पर निशाना लगाना अच्छा मालूम हुआ। जादूगर तो बिलकुल निकम्मा है। उससे अच्छा तो ताश का खेल मैं ही दिखा सकता हूँ।"-उसने बड़ी प्रगल्भता से कहा। उसकी वाणी में कहीं रुकावट न थी।

मैंने पूछा-"और उस परदे में क्या है? वहाँ तुम गये थे।"

"नहीं, वहाँ मैं नहीं जा सका। टिकट लगता है।"

मैंने कहा-"तो चल, मैं वहाँ पर तुमको लिवा चलूँ।" मैंने मन-ही-मन कहा-"भाई! आज के तुम्हीं मित्र रहे।"

उसने कहा-"वहाँ जाकर क्या कीजिएगा? चलिए, निशाना लगाया जाय।"

मैंने सहमत होकर कहा-"तो फिर चलो, पहिले शरबत पी लिया जाय।" उसने स्वीकार-सूचक सिर हिला दिया।

मनुष्यों की भीड़ से जाड़े की सन्ध्या भी वहाँ गर्म हो रही थी। हम दोनों शरबत पीकर निशाना लगाने चले। राह में ही उससे पूछा-"तुम्हारे और कौन हैं?"

"माँ और बाबूजी।"

"उन्होंने तुमको यहाँ आने के लिए मना नहीं किया?"

"बाबूजी जेल में है।"

"क्यों?"

"देश के लिए।"-वह गर्व से बोला।

"और तुम्हारी माँ?"

"वह बीमार है।"

"और तुम तमाशा देख रहे हो?"

उसके मुँह पर तिरस्कार की हँसी फूट पड़ी। उसने कहा-"तमाशा देखने नहीं, दिखाने निकला हूँ। कुछ पैसे ले जाऊँगा, तो माँ को पथ्य दूँगा। मुझे शरबत न पिलाकर आपने मेरा खेल देखकर मुझे कुछ दे दिया होता, तो मुझे अधिक प्रसन्नता होती।"

मैं आश्चर्य से उस तेरह-चौदह वर्ष के लड़के को देखने लगा।

"हाँ, मैं सच कहता हूँ बाबूजी! माँ जी बीमार है; इसलिए मैं नहीं गया।"

"कहाँ?"

"जेल में! जब कुछ लोग खेल-तमाशा देखते ही हैं, तो मैं क्यों न दिखाकर माँ की दवा करूँ और अपना पेट भरूँ।"

मैंने दीर्घ निश्वास लिया। चारों ओर बिजली के लट् नाच रहे थे। मन व्यग्र हो उठा। मैंने उससे कहा-"अच्छा चलो, निशाना लगाया जाय।"

हम दोनों उस जगह पर पहुँचे, जहाँ खिलौने को गेंद से गिराया जाता था। मैंने बारह टिकट खरीदकर उस लड़के को दिये।

वह निकला पक्का निशानेबाज। उसका कोई गेंद खाली नहीं गया। देखनेवाले दंग रह गये। उसने बारह खिलौनों को बटोर लिया; लेकिन उठाता कैसे? कुछ मेरी रुमाल में बँधे, कुछ जेब में रख लिए गये।

लड़के ने कहा-"बाबूजी, आपको तमाशा दिखाऊँगा। बाहर आइए, मैं चलता हूँ।" वह नौ-दो ग्यारह हो गया। मैंने मन-ही-मन कहा-"इतनी जल्दी आँख बदल गयी।"

मैं घूमकर पान की दूकान पर आ गया। पान खाकर बड़ी देर तक इधर-उधर टहलता देखता रहा। झूले के पास लोगों का ऊपर-नीचे आना देखने लगा। अकस्मात् किसी ने ऊपर के हिंडोले से पुकारा-"बाबूजी!"

मैंने पूछा-"कौन?"

"मैं हूँ छोटा जादूगर।"

-- ---

कलकत्ते के सुरम्य बोटानिकल-उद्यान में लाल कमलिनी से भरी हुई एक छोटी-सी-झील के किनारे घने वृक्षों की छाया में अपनी मण्डली के साथ बैठा हुआ मैं जलपान कर रहा था। बातें हो रही थीं। इतने में वही छोटा जादूगर दिखाई पड़ा। हाथ में चारखाने की खादी का झोला। साफ जाँघिया और आधी बाँहों का कुरता। सिर पर मेरी रुमाल सूत की रस्सी से बँधी हुई थी। मस्तानी चाल से झूमता हुआ आकर कहने लगा- "बाबूजी, नमस्ते! आज कहिए, तो खेल दिखाऊँ।"

"नहीं जी, अभी हम लोग जलपान कर रहे हैं।"

"फिर इसके बाद क्या गाना-बजाना होगा, बाबूजी?"

"नहीं जी-तुमको....", क्रोध से मैं कुछ और कहने जा रहा था। श्रीमती ने कहा-"दिखलाओ जी, तुम तो अच्छे आये। भला, कुछ मन तो बहले।" मैं चुप हो गया; क्योंकि श्रीमती की वाणी में वह माँ की-सी मिठास थी, जिसके सामने किसी भी लड़के को रोका जा नहीं सकता। उसने खेल आरम्भ किया।

उस दिन कार्निवल के सब खिलौने उसके खेल में अपना अभिनय करने लगे। भालू मनाने लगा। बिल्ली रूठने लगी। बन्दर घुड़कने लगा।

गुड़िया का ब्याह हुआ। गुड्डा वर काना निकला। लड़के की वाचालता से ही अभिनय हो रहा था। सब हँसते-हँसते लोट-पोट हो गये।

मैं सोच रहा था। बालक को आवश्यकता ने कितना शीघ्र चतुर बना दिया। यही तो संसार है।

ताश के सब पत्ते लाल हो गये। फिर सब काले हो गये। गले की सूत की डोरी टुकड़े-टुकड़े होकर जुट गयी। लट् अपने से नाच रहे थे। मैंने कहा-"अब हो चुका। अपना खेल बटोर लो, हम लोग भी अब जायँगे।"

श्रीमती जी ने धीरे से उसे एक रुपया दे दिया। वह उछल उठा।

मैंने कहा-"लड़के!"

"छोटा जादूगर कहिए। यही मेरा नाम है। इसी से मेरी जीविका है।"

मैं कुछ बोलना ही चाहता था कि श्रीमती ने कहा-"अच्छा, तुम इस रुपये से क्या करोगे?"

"पहले भर पेट पकौड़ी खाऊँगा। फिर एक सूती कम्बल लूँगा।"

मेरा क्रोध अब लौट आया। मैं अपने पर बहुत क्रुद्ध होकर सोचने लगा-'ओह! कितना स्वार्थी हूँ मैं। उसके एक रुपये पाने पर मैं ईर्ष्या करने लगा था न!"

वह नमस्कार करके चला गया। हम लोग लता-कुञ्ज देखने के लिए चले।

उस छोटे-से बनावटी जंगल में सन्ध्या साँय-साँय करने लगी थी। अस्ताचलगामी सूर्य की अन्तिम किरण वृक्षों की पत्तियों से विदाई ले रही थी। एक शान्त वातावरण था। हम लोग धीरे-धीरे मोटर से हावड़ा की ओर आ रहे थे।

रह-रहकर छोटा जादूगर स्मरण होता था। सचमुच वह एक झोपड़ी के पास कम्बल कन्धे पर डाले खड़ा था। मैंने मोटर रोककर उससे पूछा-"तुम यहाँ कहाँ?"

"मेरी माँ यहीं है न। अब उसे अस्पताल वालों ने निकाल दिया है।" मैं उतर गया। उस झोपड़ी में देखा, तो एक स्त्री चिथड़ों से लदी हुई काँप रही थी।

छोटे जादूगर ने कम्बल ऊपर से डालकर उसके शरीर से चिमटते हुए कहा-"माँ।"

मेरी आँखों से आँसू निकल पड़े।

-- --

बड़े दिन की छुट्टी बीत चली थी। मुझे अपने आफिस में समय से पहुँचना था। कलकत्ते से मन ऊब गया था। फिर भी चलते-चलते एक बार उस उद्यान को देखने की इच्छा हुई। साथ-ही-साथ जादूगर भी दिखाई पड़ जाता, तो और भी..... मैं उस दिन अकेले ही चल पड़ा। जल्द लौट आना था।

दस बज चुका था। मैंने देखा कि उस निर्मल धूप में सड़क के किनारे एक कपड़े पर छोटे जादूगर का रंगमंच सजा था। मोटर रोककर उतर पड़ा। वहाँ बिल्ली रूठ रही थी। भालू मनाने चला था। ब्याह की तैयारी थी; यह सब होते हुए भी जादूगर की वाणी में वह प्रसन्नता की तरी नहीं थी। जब वह औरों को हँसाने की चेष्टा कर रहा था, तब जैसे स्वयं कँप जाता था। मानो उसके रोएँ रो रहे थे। मैं आश्चर्य से देख रहा था। खेल हो जाने पर पैसा बटोरकर उसने भीड़ में मुझे देखा। वह जैसे क्षण-भर के लिए स्फूर्तिमान हो गया। मैंने उसकी पीठ थपथपाते हुए पूछा-"आज तुम्हारा खेल जमा क्यों नहीं?"

"माँ ने कहा है कि आज तुरन्त चले आना। मेरी घड़ी समीप है।"-अविचल भाव से उसने कहा।

"तब भी तुम खेल दिखलाने चले आये!" मैंने कुछ क्रोध से कहा। मनुष्य के सुख-दुःख का माप अपना ही साधन तो है। उसी के अनुपात से वह तुलना करता है।

उसके मुँह पर वही परिचित तिरस्कार की रेखा फूट पड़ी।

उसने कहा-"न क्यों आता!"

और कुछ अधिक कहने में जैसे वह अपमान का अनुभव कर रहा था।

क्षण-भर में मुझे अपनी भूल मालूम हो गयी। उसके झोले को गाड़ी में फेंककर उसे भी बैठाते हुए मैंने कहा-"जल्दी चलो।" मोटरवाला मेरे बताये हुए पथ पर चल पड़ा।

कुछ ही मिनटों में मैं झोपड़े के पास पहुँचा। जादूगर दौड़कर झोपड़े में माँ-माँ पुकारते हुए घुसा। मैं भी पीछे था; किन्तु स्त्री के मुँह से, 'बे...' निकलकर रह गया। उसके दुर्बल हाथ उठकर गिर गये। जादूगर उससे लिपटा रो रहा था, मैं स्तब्ध था। उस उज्ज्वल धूप में समग्र संसार जैसे जादू-सा मेरे चारों ओर नृत्य करने लगा।

नूरी

१

“ऐ; तुम कौन?

“......”

“बोलते नहीं?”

“......”

“तो मैं बुलाऊँ किसी को—” कहते हुए उसने छोटा-सा मुँह खोला ही था कि युवक ने एक हाथ उसके मुँह पर रखकर उसे दूसरे हाथ से दबा लिया। वह विवश होकर चुप हो गयी। और भी, आज पहला ही अवसर था, जब उसने केसर, कस्तूरी और अम्बर से बसा हुआ यौवनपूर्ण उद्वेलित आलिंगन पाया था। उधर किरणें भी पवन के एक झोंके के साथ किसलयों को हटाकर घुस पड़ीं। दूसरे ही क्षण उस कुञ्ज के भीतर छनकर आती हुई चाँदनी में जौहर से भरी कटार चमचमा उठी। भयभीत मृग-शावक-सी काली आँखें अपनी निरीहता में दया की—प्राणों की भीख माँग रही थीं। युवक का हाथ रुक गया। उसने मुँह पर उँगली रखकर चुप रहने का संकेत किया। नूरी काश्मीर की कली थी। सिकरी के महलों में उसके कोमल चरणों की नृत्य-कला प्रसिद्ध थी। उस कलिका का आमोद-मकरन्द अपनी सीमा में मचल रहा था। उसने समझा, कोई मेरा साहसी प्रेमी है, जो महाबली अकबर की आँख-मिचौनी-क्रीड़ा के समय पतंग-सा प्राण देने आ गया है। नूरी ने इस कल्पना के सुख में अपने को धन्य समझा और चुप रहने का संकेत पाकर युवक के मधुर अधरों पर अपने अधर रख दिये। युवक भी आत्म-विस्मृत-सा उस सुख में पल-भर के लिए तल्लीन हो गया। नूरी ने धीरे से कहा—“यहाँ से जल्द चले जाओ। कल बाँध पर पहले पहर की नौबत बजने के समय मौलसिरी के नीचे मिलूँगी।”

युवक धीरे-धीरे वहाँ से खिसक गया। नूरी शिथिल चरण से लड़खड़ाती हुई दूसरे कुञ्ज की ओर चली; जैसे कई प्याले अंगूरी चढ़ा ली हो! उसकी जैसी कितनी ही सुन्दरियाँ अकबर को खोज रही थीं। आकाश का सम्पूर्ण चन्द्र इस खेल को देखकर हँस रहा था। नूरी अब किसी कुञ्ज में घुसने का साहस नहीं रखती थी। नरगिस दूसरे कुञ्ज से निकलकर आ रही थी। उसने नूरी से पूछा—

“क्यों, उधर देख आयी?”

“नहीं, मुझे तो नहीं मिले।”

“तो फिर चल, इधर कामिनी के झाड़ों में देखूँ।”

“तू ही जा, मैं थक गयी हूँ।”

नरगिस चली गयी। मालती की झुकी हुई डाल की अँधेरी छाया में धड़कते हुए हृदय को हाथों से दबाये नूरी खड़ी थी! पीछे से किसी ने उसकी आँखों को बन्द कर लिया। नूरी की धड़कन और बढ़ गयी। उसने साहस से कहा—

“मैं पहचान गयी।”

"....."

'जहाँपनाह' उसके मुँह से निकला ही था कि अकबर ने उसका मुँह बन्द कर लिया और धीरे से उसके कानों मे कहा—

"मरियम को बता देना, सुलताना को नहीं; समझी न! मैं उस कुञ्ज में जाता हूँ।"

अकबर के जाने के बाद ही सुलताना वहाँ आयी। नूरी उसी की छत्र-छाया में रहती थी; पर अकबर की आज्ञा! उसने दूसरी ओर सुलताना को बहका दिया। मरियम धीरे-धीरे वहाँ आयी। वह ईसाई बेगम इस आमोद-प्रमोद से परिचित न थी। तो भी यह मनोरंजन उसे अच्छा लगा। नूरी ने अकबरवाला कुञ्ज उसे बता दिया।

घण्टों के बाद जब सब सुन्दरियाँ थक गयी थीं, तब मरियम का हाथ पकड़े अकबर बाहर आये। उस समय नौबतखाने से मीठी-मीठी सोहनी बज रही थी। अकबर ने एक बार नूरी को अच्छी तरह देखा। उसके कपोलों को थपथपाकर उसको पुरस्कार दिया। आँख-मिचौनी हो गयी!

२

सिकरी की झील जैसे लहरा रही है, वैसा ही आन्दोलन नूरी के हृदय में हो रहा है। वसन्त की चाँदनी में भ्रम हुआ कि उसका प्रेमी युवक आया है। उसने चौककर देखा; किन्तु कोई नहीं था। मौलसिरी के नीचे बैठे हुए उसे एक घड़ी से अधिक हो गया। जीवन में आज पहले ही वह अभिसार का साहस कर सकी है। भय से उसका मन काँप रहा है; पर लौट जाने का मन नहीं चाहता। उत्कण्ठा और प्रतीक्षा कितनी पागल सहेलियाँ हैं! दोनों उसे उछालने लगीं।

किसी ने पीछे से आकर कहा—"मैं आ गया।"

नूरी ने घूमकर देखा, लम्बा-सा, गौर वर्ण का युवक उसकी बगल में खड़ा है। वह चाँदनी रात में उसे पहचान गयी। उसने कहा—"शाहजादा याकूब खाँ?"

"हाँ, मैं ही हूँ! कहो, तुमने क्यों बुलाया है?"

नूरी सन्नाटे में आ गयी। इस प्रश्न में प्रेम की गंध भी नहीं थी। वह भी महलों में रह चुकी थी। उसने भी पैंतरा बदल दिया।

"आप वहाँ क्यों गये थे?"

"मैं इसका जवाब न दूँ, तो?"

नूरी चुप रही। याकूब खाँ ने कहा—"तुम जानना चाहती हो?"

"न बताइए।"

"बताऊँ तो मुझे...."

"आप डरते हैं, तो न बताइए।"

"अच्छा, तो तुम सच बताओ कि कहाँ की रहने वाली हो?"

"मैं काश्मीर में पैदा हुई हूँ।"

याकूब खाँ अब उसके समीप ही बैठ गया। उसने पूछा—"कहाँ?"

"श्रीनगर के पास ही मेरा घर है।"

"यहाँ क्या करती हो?"

"नाचती हूँ। मेरा नाम नूरी है।"

"काश्मीर जाने को मन नहीं करता?"

"नहीं।"

"क्यों?"

"वहाँ जाकर क्या करूँगी? सुलतान यूसुफ खाँ ने मेरा घर-बार छीन लिया है। मेरी माँ बेड़ियों में जकड़ी हुई दम तोड़ती होगी या मर गयी होगी।"

"मैं कहकर छुड़वा दूँगा, तुम यहाँ से चलो।"

"नहीं, मैं यहाँ से नहीं जा सकती; पर शाहजादा साहब, आप वहाँ क्यों गये थे, मैं जान गयी।"

"नूरी, तुम जान गयी हो, तो अच्छी बात है। मैं भी बेड़ियों में पड़ा हूँ। यहाँ अकबर के चंगुल में छटपटा रहा हूँ। मैं कल रात को उसी के कलेजे में कटार भोंक देने के लिए गया था।"

"शाहंशाह को मारने के लिए?"—भय से चौंककर नूरी ने कहा।

"हाँ नूरी, वहाँ तुम न आती, तो मेरा काम न बिगड़ता। काश्मीर को हड़पने की उसकी...." याकूब रुककर पीछे देखने लगा। दूर कोई चला जा रहा था। नूरी भी उठ खड़ी हुई। दोनों और नीचे झील की ओर उतर गये। जल के किनारे बैठकर नूरी ने कहा—"अब ऐसा न करना।"

"क्यों न करूँ?" मुझे काश्मीर से बढ़कर और कौन प्यारा है?" मैं उसके लिए क्या नहीं कर सकता?" यह कहकर याकूब ने लम्बी साँस ली। उसका सुन्दर मुख वेदना से विवर्ण हो गया। नूरी ने देखा, वह प्यार की प्रतिमा है। उसके हृदय में प्रेम-लीला करने की वासना बलवती हो चली थी। फिर यह एकान्त और वसन्त की नशीली रात! उसने कहा—"आप चाहे काश्मीर को प्यार करते हों! पर कुछ लोग ऐसे भी हो सकते हैं, जो आपको प्यार करते हों!"

"पागल! मेरे सामने एक ही तसवीर है। फूलों से भरी, फलों से लदी हुई, सिन्ध और झेलम की घाटियों की हरियाली! मैं इस प्यार को छोड़कर दूसरी ओर....?"

"चुप रहिए, शाहजादा साहब! आप धीरे से नहीं बोल सकते, तो चुप रहिए।"

यह कहकर नूरी ने एक बार फिर पीछे की ओर देखा। वह चञ्चल हो रही थी, मानो आज ही उसके वसन्त-पूर्ण यौवन की सार्थकता है। और वह विद्रोही युवक सम्राट अकबर के प्राण लेने और अपने प्राण देने पर तुला है। कहते हैं कि तपस्वी को डिगाने के लिए स्वर्ग की अप्सराएँ आती हैं। आज नूरी अप्सरा बन रही थी। उसने कहा—"तो मुझे काश्मीर ले चलिएगा?" याकूब के समीप और सटकर भयभीत-सी होकर वह बोली—"बोलिए, मुझे ले चलिएगा। मैं भी इन सुनहरी बेड़ियों को तोड़ना चाहती हूँ।"

"तुम मुझको प्यार करती हो, नूरी?"

"दोनों लोकों से बढ़कर?" नूरी उन्मादिनी हो रही थी।

"पर मुझे तो अभी एक बार फिर वही करना है, जिसके लिए तुम मना करती हो। बच जाऊँगा, तो देखा जायगा।"—यह कहकर याकूब ने उसका हाथ पकड़ लिया। नूरी नीचे से ऊपर तक थरथराने लगी। उसने अपना सुन्दर मुख याकूब के कन्धे पर रखकर कहा—"नहीं, अब ऐसा न करो, तुमको मेरी कसम!"

सहसा चौंककर युवक फुर्ती से उठ खड़ा हुआ। और नूरी जब तक सँभली, तब तक याकूब वहाँ न था। अभी नूरी दो पग भी बढ़ने न पायी थी कि मादम तातारी का कठोर हाथ उसके कन्धों पर आ पहुँचा। तातारी ने कहा—"सुलताना तुमको कब से खोज रही है?"

३

सुलताना बेगम और बादशाह चौसरी खेल रहे थे। उधर पचीसी के मैदान में सुन्दरियाँ गोटें बनकर चाल चल रही थीं। नौबतखाने से पहले पहर की सुरीली शहनाई बज रही थी। नगाड़े पर अकबर की बाँधी हुई गति में लड़की थिरक रही थी, जिसकी धुन में अकबर चाल भूल गये। उनकी गोट पिट गयी।

पिटी हुई गोट दूसरी न थी, वह थी नूरी। उस दिन की थपकियों ने उसको साहसी बना दिया था। वह मचलती हुई बिसात के बाहर तिबारी में चली आयी। पाँसे हाथ में लिए हुए अकबर उसकी ओर देखने लगे। नूरी ने अल्हड़पन से कहा—"तो मैं मर गयी?"

"तू जीती रह, मरेगी क्यों?" फिर दक्षिण नायक की तरह उसका मनोरंजन करने में चतुर अकबर ने सुलताना की ओर देखकर कहा—"इसका नाम क्या है?" मन में सोच रहे थे, उस रात की आँख-मिचौनी वाली घटना!

"यह काश्मीर की रहनेवाली है। इसका नाम नूरी है। बहुत अच्छा नाचती है।"—सुलताना ने कहा।

"मैंने तो कभी नहीं देखा।"

"तो देखिए न।"

"नूरी? तू इसी शहनाई की गत पर नाच सकेगी?"

"क्यों नहीं, जहाँपनाह!"

गोटें अपने-अपने घर में जहाँ-की-तहाँ बैठी रहीं। नूरी का वासना और उन्माद से भरा हुआ नृत्य आरम्भ हुआ। उसके नूपुर खुले हुए बोल रहे थे। वह नाचने लगी, जैसे जलतरंग। वागीश्वरी के विलम्बित स्वरों में अंगों के अनेक मरोड़ों के बाद जब कभी वह चुन-चुनकर एक-दो घुँघुरू बजा देती, तब अकबर "वाह! वाह!" कह उठता। घड़ी-भर नाचने के बाद जब शहनाई बन्द हुई, तब अकबर ने उसे बुलाकर कहा—"नूरी! तू कुछ चाहती है?"

"नहीं, जहाँपनाह!"

"कुछ भी?"

"मैं अपनी माँ को देखना चाहती हूँ। छुट्टी मिले, तो!"—सिर नीचे किये हुए नूरी ने कहा।

"दुत् — और कुछ नहीं।"

"और कुछ नहीं।"

"अच्छा, तो जब मैं काबुल चलने लगूँगा, तब तू भी वहाँ चल सकेगी।"

फिर गोटें चलने लगीं। खेल होने लगा। सुलताना और शांहशाह दोनों ही इस चिन्ता में थे कि दूसरा हारे। यही तो बात है, संसार चाहता है कि तुम मेरे साथ खेलो; पर सदा तुम्हीं हारते रहो। नूरी फिर गोट बन गयी थी। अब की वही फिर पिटी। उसने कहा—"मैं मर गयी।"

अकबर ने कहा—"तू अलग जा बैठ।" छुट्टी पाते ही थकी हुई नूरी पचीसी के समीप अमराई में जा घुसी। अभी वह नाचने की थकावट से अँगड़ाई ले रही थी। सहसा याकूब ने आकर उसे पकड़ लिया। उसके शिथिल सुकुमार अंगों को दबाकर उसने कहा—"नूरी, मैं तुम्हारे प्यार को लौटा देने के लिए आया हूँ।"

व्याकुल होकर नूरी ने कहा—"नहीं, नहीं, ऐसा न करो।"

"मैं आज मरने-मारने पर तुला हूँ।"

"तो क्या फिर तुम आज उसी काम के लिए...."

"हाँ नूरी!"

"नहीं, शाहजादा याकूब! ऐसा न करो। मुझे आज शांहशाह ने काश्मीर जाने की छुट्टी दे दी है। मैं तुम्हारे साथ भी चल सकती हूँ।"

"पर मैं वहाँ न जाऊँगा। नूरी! मुझे भूल जाओ।"

नूरी उसे अपने हाथों में जकड़े थी; किन्तु याकूब का देश-प्रेम उसकी प्रतिज्ञा की पूर्ति माँग रहा था। याकूब ने कहा—"नूरी! अकबर सिर झुकाने से मान जाय सो नहीं। वह तो झुके हुए सिर पर भी चढ़ बैठना चाहता है। मुझे छुट्टी दो। मैं यही सोचकर सुख से मर सकूँगा कि कोई मुझे प्यार करता है।"

नूरी सिसककर रोने लगी। याकूब का कन्धा उसके आँसुओं की धारा से भीगने लगा। अपनी कठोर भावनाओं से उन्मत्त और विद्रोही युवक शाहजादा ने बलपूर्वक अभी अपने को रमणी के बाहुपाश से छुड़ाया ही था कि चार तातारी दासियों ने अमराई के अन्धकार से निकलकर दोनों को पकड़ लिया।

अकबर की बिसात अभी बिछी थी। पासे अकबर के हाथ में थे। दोनों अपराधी सामने लाये गये। अकबर ने आश्चर्य से पूछा—"याकूब खाँ?"

याकूब के नतमस्तक की रेखाएँ ऐंठी जा रही थीं। वह चुप था। फिर नूरी की ओर देखकर शाहंशाह ने कहा—"तो इसीलिए तू काश्मीर जाने की छुट्टी माँग रही थी?"

वह भी चुप।

"याकूब! तुम्हारा यह लड़कपन यूसुफ खाँ भी न सहते; लेकिन मैं तुम्हें छोड़ देता हूँ। जाने की तैयारी करो। मैं काबुल से लौटकर काश्मीर आऊँगा।"

संकेत पाते ही तातारियाँ याकूब को ले चलीं। नूरी खड़ी रही। अकबर ने उसकी ओर देखकर कहा—"इसे बुर्ज में ले जाओ।"

नूरी बुर्ज के तहखाने में बन्दिनी हुई।

४

अट्ठारह बरस बाद!

जब अकबर की नवरत्न-सभा उजड़ चुकी थी, उसके प्रताप की ज्योति आने-वाले अन्तिम दिन की उदास और धुँधली छाया में विलीन हो रही थी, हिन्द और मुस्लिम-एकता का उत्साह शीतल हो रहा था, तब अकबर को अपने पुत्र सलीम से भी भय उत्पन्न हुआ। सलीम ने अपनी स्वतन्त्रता की घोषणा की थी, इसीलिए पिता-पुत्र में मेल होने पर भी आगरा में रहने के लिए सलीम को जगह नहीं थी। उसने दुखी होकर अपनी जन्म-भूमि में रहने की आज्ञा माँगी।

सलीम फतेहपुर-सीकरी आया। मुगल साम्राज्य का वह अलौकिक इन्द्रजाल! अकबर की यौवन-निशा का सुनहरा स्वप्न—सीकरी का महल—पथरीली चट्टानों पर बिखरा पड़ा था। इतना आकस्मिक उत्थान और पतन! जहाँ एक विश्वजनीन धर्म की उत्पत्ति की सूचना हुई, जहाँ उस धर्मान्धता के युग में एक छत के नीचे ईसाई, पारसी, जैन, इस्लाम और हिन्द आदि धर्मों पर वाद-विवाद हो रहा था, जहाँ सन्त सलीम की समाधि थी, जहाँ शाह सलीम का जन्म हुआ था, वहीं अपनी अपूर्णता और खँडहरों में अस्त-व्यस्त सीकरी का महल अकबर के जीवन-काल में ही, निर्वासिता सुन्दरी की तरह दया का

पात्र, शृंगारविहीन और उजड़ा पड़ा था। अभी तक अकबर के शून्य शयन-मन्दिर में विक्रमादित्य के नवरत्नों का छाया-पूर्ण अभिनय चल रहा था! अभी तक सराय में कोई यात्री सन्त की समाधि का दर्शन करने को आता ही रहता! अभी तक बुर्जों के तहखानों में कैदियों का अभाव न था!

सीकरी की दशा देखकर सलीम का हृदय व्यथित हो उठा। अपूर्ण शिल्प बिलख रहे थे। गिरे हुए कँगूरे चरणों में लोट रहे थे। अपनी माता के महल में जाकर सलीम भरपेट रोया। वहाँ जो इने-गिने दास और दासियाँ और उनके दारोगे बच रहे थे, भिखमंगों की-सी दशा में फटे-चीथड़ों में उसके सामने आये। सब समाधि के लंगरखाने से भोजन पाते थे। सलीम ने समाधि का दर्शन करके पहली आज्ञा दी कि तहखानों में जितने बन्दी हैं, सब छोड़ दिये जायँ। सलीम को मालूम था कि यहाँ कोई राजनैतिक बन्दी नहीं है। दुर्गन्ध से सने हुए कितने ही नर-कंकाल सन्त सलीम की समाधि पर आकर प्रसन्नता से हिचकी लेने लगे और युवराज सलीम के चरणों को चूमने लगे।

उन्हीं में एक नूरी भी थी। उसका यौवन कारागार की कठिनाइयों से कुचल गया था। सौन्दर्य अपने दो-चार रेखा-चिह्न छोड़कर समय के पंखों पर बैठकर उड़ गया था।

सब लोगों को जीविका बँटने लगी। लंगरखाने का नया प्रबन्ध हुआ। उसमें से नूरी को सराय में आये हुये यात्रियों को भोजन देने का कार्य मिला।

वैशाख की चाँदनी थी। झील के किनारे मौलसिरी के नीचे कौवालों का जमघट था। लोग मस्ती में झूम-झूमकर गा रहे थे।

"मैंने अपने प्रियतम को देखा था।"

"वह सौन्दर्य, मदिरा की तरह नशीला, चाँदनी-सा उज्ज्वल, तरंगों-सा यौवनपूर्ण और अपनी हँसी-सा निर्मल था।"

"किन्तु हलाहल भरी उसकी अपांगधारा! आह निर्दय!"

"मरण और जीवन का रहस्य उन संकेतों में छिपा था।"

"आज भी न जाने क्यों भूलने में असमर्थ हूँ।"

"कुञ्जों में फूलों के झुरमुट में तुम छिप सकोगे। तुम्हारा वह चिर विकासमय सौन्दर्य! वह दिगन्तव्यापी सौरभ! तुमको छिपने देगा?"

"मेरी विकलता को देखकर प्रसन्न होनेवाले! मैं बलिहारी!"

नूरी वहीं खड़ी होकर सुन रही थी। वह कौवालों के लिए भोजन लिवाकर आयी थी। गाढ़े का पायजामा और कुर्ता, उस पर गाढ़े की ओढ़नी। उदास और दयनीय मुख पर निरीहता की शान्ति! नूरी में विचित्र परिवर्तन था। उसका हृदय अपनी विवश पराधीनता भोगते-भोगते शीतल और भगवान् की करुणा का अवलम्बी बन गया था। जब सन्त सलीम की समाधि पर वह बैठकर भगवान् की प्रार्थना करती थी, तब उसके हृदय में किसी प्रकार की सांसारिक वासना या अभाव-अभियोग का योग न रहता।

आज न जाने क्यों, इस संगीत ने उसकी सोयी हुई मनोवृत्ति को जगा दिया। वही मौलसिरी का वृक्ष था। संगीत का वह अर्थ चाहे किसी अज्ञात लोक की परम सीमा तक पहुँचता हो; किन्तु आज तो नूरी अपने संकेतस्थल की वही घटना स्मरण कर रही थी, जिसमें एक सुन्दर युवक से अपने हृदय की बातों के खोल देने का रहस्य था।

वह काश्मीर का शाहजादा आज कहाँ होगा? नूरी ने चञ्चल होकर वहीं थालों को रखवा दिया और स्वयं धीरे-धीरे अपने उत्तेजित हृदय को दबाये हुए सन्त की समाधि की ओर चल पड़ी।

संगमरमर की जालियों से टिककर वह बैठ गयी। सामने चन्द्रमा की किरणों का समारोह था।

वह ध्यान में निमग्न थी। उसकी निश्चल तन्मयता के सुख को नष्ट करते हुए किसी ने कहा—"नूरी! क्या अभी सराय में खाना न जायगा?"

वह सावधान होकर उठ खड़ी हुई। लंगरखाने से रोटियों का थाल लेकर सराय की ओर चल पड़ी। सराय के फाटक पर पहुँचकर वह निराश्रित भूखों को खोज-खोज कर रोटियाँ देने लगी।

एक कोठरी के समीप पहुँचकर उसने देखा कि एक युवक टूटी हुई खाट पर पड़ा कराह रहा है। उसने पूछा—"क्या है? भाई, तुम बीमार हो क्या? मैं तुम्हारे लिए कुछ कर सकती हूँ तो बताओ।"

"बहुत कुछ"—टूटे स्वर से युवक ने कहा।

नूरी भीतर चली गयी। उसने पूछा—"क्या है, कहिए?"

"पास में पैसा न होने से ये लोग मेरी खोज नहीं लेते। आज सवेरे से मैंने जल नहीं पिया। पैर इतने दुख रहे हैं कि उठ नहीं सकता।"

"कुछ खाया भी न होगा।"

"कल रात को यहाँ पहुँचने पर थोड़ा-सा खा लिया था। पैदल चलने से पैर सूज आये हैं। तब से यों ही पड़ा हूँ।"

नूरी थाल रखकर बाहर चली गयी। पानी लेकर आयी। उसने कहा—"लो, अब उठकर कुछ रोटियाँ खाकर पानी पी लो।"

युवक उठ बैठा। कुछ अन्न-जल पेट में जाने के बाद जैसे उसे चेतना आ गयी। उसने पूछा—"तुम कौन हो?"

"मैं लंगरखाने से रोटियाँ बाँटती हूँ। मेरा नाम नूरी है। जब तक तुम्हारी पीड़ा अच्छी न होगी, मैं तुम्हारी सेवा करूँगी। रोटियाँ पहुँचाऊँगी। जल रख जाऊँगी। घबराओ नहीं। यह मालिक सबको देखता है।"

युवक की विवर्ण आँखे प्रार्थना में ऊपर की ओर उठ गयीं। फिर दीर्घ निःश्वास लेकर उसने पूछा—"क्या नाम बतलाया? नूरी न?"

"हाँ, यही तो!"

"अच्छा, तुम यहाँ महलों में जाती होगी।"

"महल! हाँ, महलों की दीवारें तो खड़ी हैं।"

"तब तुम नहीं जानती होगी। उसका भी नाम नूरी था! वह काश्मीर की रहने वाली थी।"

"उससे आपको क्या काम है?"—मन-ही-मन काँप कर नूरी ने पूछा।

"मिले तो कह देना कि एक अभागे ने तुम्हारे प्यार को ठुकरा दिया था। वह काश्मीर का शाहजादा था। पर अब तो भिखमंगे से भी...." कहते-कहते उसकी आँखों से आँसू बहने लगे।

नूरी ने उसके आँसू पोंछकर पूछा—"क्या अब भी उससे मिलने का मन करता है?"

वह सिसककर कहने लगा—"मेरा नाम याकूब खाँ है। मैंने अकबर के सामने तलवार उठायी और लड़ा भी। जो कुछ मुझसे हो सकता था, वह काश्मीर के लिए मैंने किया। इसके बाद विहार के भयानक तहखाने में बेड़ियों से जकड़ा हुआ कितने दिनों तक पड़ा रहा। सुना है कि सुल्तान सलीम ने वहाँ के अभागों को फिर से धूप देखने के लिए छोड़ दिया है। मैं वहीं से ठोकरें खाता हुआ चला आ रहा हूँ। हथकड़ियों से छूटने पर किसी अपने प्यार करनेवाले को देखना चाहता था। इसी से सीकरी चला आया। देखता हूँ कि मुझे वह भी न मिलेगा।"

याकूब अपनी उखड़ी हुई साँसों को सँभालने लगा था और नूरी के मन में विगत काल की घटना, अपने प्रेम-समर्पण का उत्साह, फिर उस मनस्वी युवक की अवहेलना सजीव हो उठी।

आज जीवन का क्या रूप होता? आशा से भरी संसार-यात्रा किस सुन्दर विश्राम-भवन में पहुँचती? अब तक संसार के कितने सुन्दर रहस्य फूलों की तरह अपनी पँखुड़ियाँ खोल चुके होते? अब प्रेम करने का दिन तो नहीं रहा। हृदय में इतना प्यार कहाँ रहा, जो दूँगी, जिससे यह ठूँठ हरा हो जायगा। नहीं, नूरी ने मोह का जाल छिन्न कर दिया है। वह अब उसमें न पड़ेगी। तो भी इस दयनीय मनुष्य की सेवा; किन्तु यह क्या! याकूब हिचकियाँ ले रहा था। उसकी पुकार का सन्तोष-जनक उत्तर नहीं मिला। निर्मम-हृदय नूरी ने विलम्ब कर दिया। वह विचार करने लगी थी और याकूब को इतना अवसर नहीं था!

नूरी उसका सिर हाथों पर लेकर उसे लिटाने लगी। साथ ही अभागे याकूब के खुले हुए प्यासे मुँह में, नूरी की आँखों के आँसू टपाटप गिरने लगे!

परिवर्तन

१

चन्द्रदेव ने एक दिन इस जनाकीर्ण संसार में अपने को अकस्मात् ही समाज के लिए अत्यन्त आवश्यक मनुष्य समझ लिया और समाज भी उसकी आवश्यकता का अनुभव करने लगा। छोटे-से उपनगर में, प्रयाग विश्वविद्यालय से लौटकर, जब उसने अपनी ज्ञान-गरिमा का प्रभाव, वहाँ के सीधे-सादे निवासियों पर डाला, तो लोग आश्चर्य-चकित होकर सम्भ्रम से उसकी ओर देखने लगे, जैसे कोई जौहरी हीरा-पन्ना परखता हो। उसकी थोड़ी-सी सम्पत्ति, बिसातखाने की दूकान और रुपयों का लेन-देन, और उसका शारीरिक गठन सौन्दर्य का सहायक बन गया था।

कुछ लोग तो आश्चर्य करते थे कि वह कहीं का जज और कलेक्टर न होकर यह छोटी-सी दुकानदारी क्यों चला रहा है, किन्तु बातों में चन्द्रदेव स्वतन्त्र व्यवसाय की प्रशंसा के पुल बाँध देता और नौकरी की नरक से उपमा दे देता, तब उसकी कर्तव्य-परायणता का वास्तविक मूल्य लोगों की समझ में आ जाता।

यह तो हुई बाहर की बात। भीतर अपने अन्तःकरण में चन्द्रदेव इस बात को अच्छी तरह तोल चुका था कि जज-कलेक्टर तो क्या, वह कहीं 'किरानी' होने की भी क्षमता नहीं रखता था। तब थोड़ा-सा विनय और त्याग का यश लेते हुए संसार के सहज-लब्ध सुख को वह क्यों छोड़ दे? अध्यापकों के रटे हुए व्याख्यान उसके कानों में अभी गूँज रहे थे। पवित्रता, मलिनता, पुण्य और पाप उसके लिए गम्भीर प्रश्न न थे। वह तर्कों के बल पर उनसे नित्य खिलवाड़ किया करता और भीतर घर में जो एक सुन्दरी स्त्री थी, उसके प्रति अपने सम्पूर्ण असन्तोष को दार्शनिक वातावरण में ढँककर निर्मल वैराग्य की, संसार से निर्लिप्त रहने की चर्चा भी उन भोले-भाले सहयोगियों में किया ही करता।

चन्द्रदेव की इस प्रकृति से ऊबकर उसकी पत्नी मालती प्रायः अपनी माँ के पास अधिक रहने लगी; किन्तु जब लौटकर आती, तो गृहस्थी में उसी कृत्रिम वैराग्य का अभिनय उसे खला करता। चन्द्रदेव ग्यारह बजे तक दूकान का काम देखकर, गप लड़ाकर, उपदेश देकर और व्याख्यान सुनाकर जब घर में आता, तब एक बड़ी दयनीय परिस्थिति उत्पन्न होकर उस साधारणतः सजे हुए मालती के कमरे को और भी मलिन बना देती। फिर तो मालती मुँह ढँककर आँसू गिराने के अतिरिक्त और कर ही क्या सकती थी? यद्यपि चन्द्रदेव का बाह्य आचरण उसके चरित्र के सम्बन्ध में सशंक होने का किसी को अवसर नहीं देता था, तथापि मालती अपनी चादर से ढँके हुए अन्धकार में अपनी सौत की कल्पना करने के लिए स्वतन्त्र थी ही।

वह धीरे-धीरे रुग्णा हो गयी।

२

एक दिन चन्द्रदेव के पास बैठने वालों ने सुना कि वह कहीं बाहर जानेवाला है। दूसरे दिन चन्द्रदेव की स्त्री-भक्ति की चर्चा छिड़ी। सब लोग कहने लगे—"चन्द्रदेव कितना उदार, सहृदय व्यक्ति है। स्त्री के स्वास्थ्य के लिए कौन इतना रुपया खर्च करके पहाड़ जाता है। कम-से-कम ... नगर में

तो कोई भी नहीं।"

चन्द्रदेव ने बहुत गम्भीरता से मित्रों में कहा-"भाई, क्या करूँ, मालती को जब यक्ष्मा हो गया है, तब तो पहाड़ लिवा जाना अनिवार्य है। रुपया-पैसा तो आता-जाता रहेगा।" सब लोगों ने इसका समर्थन किया।

चन्द्रदेव पहाड़ चलने को प्रस्तुत हुआ। विवश होकर मालती को भी जाना ही पड़ा। लोक-लाज भी तो कुछ है। और जब कि सम्मानपूर्वक पति अपना कर्तव्य पालन कर रहा हो तो स्त्री अस्वीकार कैसे कर सकती?

इस एकान्त में जब कि पति और पत्नी दोनों ही एक-दूसरे के सामने चौबीसों घण्टे रहने लगे, तब आवरण का व्यापार अधिक नहीं चल सकता था। बाध्य होकर चन्द्रदेव को सहायता-तत्पर बनना पड़ा। सहायता में तत्पर होना सामाजिक प्राणी का जन्म-सिद्ध स्वभाव, सम्भवत: मनुष्यता का पूर्ण निदर्शन है। परन्तु चन्द्रदेव के पास तो दूसरा उपाय ही नहीं था; इसलिए सहायता का बाह्य प्रदर्शन धीरे-धीरे वास्तविक होने लगा।

एक दिन मालती चीड़ के वृक्ष की छाया में बैठी हुई बादलों की दौड़-धूप देख रही थी और मन-ही-मन विचार कर रही थी चन्द्रदेव के सेवा-अभिनय पर। सहसा उसका जी भर आया। वह पहाड़ी रंगीन सन्ध्या की तरह किसी मानसिक वेदना से लाल-पीली हो उठी। उसे अपने ऊपर क्रोध आया। उसी समय चन्द्रदेव ने जो उससे कुछ दूर बैठा था, पुकार कर कहा-"मालती, अब चलो न! थक गयी हो न!"

"वहीं सामने तो पहुँचना है, तुम्हें जल्दी हो तो चले जाओ, 'बूटी' को भेज दो, मैं उसके साथ चली आऊँगी।"

"अच्छा", कहकर चन्द्रदेव आज्ञाकारी अनुचर की तरह चला। वह तनिक भी विरोध करके अपने स्नेह-प्रदर्शन में कमी करना नहीं चाहता था। मालती अविचल बैठी रही। थोड़ी देर में बूटी आयी; परन्तु मालती को उसके आने में विलम्ब समझ पड़ा। वह इसके पहले भी पहुँच सकती थी। मालती के लिए पहाड़ी युवती बूटी, परिचारिका के रूप में रख ली गई थी। यह नाटी-सी गोल-मटोल स्त्री गेंद की तरह उछलती चलती थी। बात-बात पर हँसती और फिर उस हँसी को छिपाने का प्रयत्न करती रहती। बूटी ने कहा- "चलिए, अब तो किरनें डूब रही हैं, और मुझे भी काम निपटाकर छुट्टी पर जाना है।"

"छुट्टी!" आश्चर्य से झल्लाकर मालती ने कहा।

"हाँ, अब मैं काम न करूँगी!"

"क्यों? तुझे क्या हो गया बूटी!"

"मेरा ब्याह इसी महीने में हो जायगा।"-कहते हुए उस स्वतन्त्र युवती ने हँस दिया। 'वन की हरिणी अपने आप जाल में फँसने क्यों जा रही है?' मालती को आश्चर्य हुआ। उसने चलते-चलते पूछा-"भला, तुझे दूल्हा कहाँ मिल गया?"

"ओहो, तब आप क्या जानें कि हम लोगों के ब्याह की बात पक्की हुए आठ बरस हो गये? नीलधर चला गया था, लखनऊ कमाने, और मैंने भी हर साल यहीं नौकरी करके कुछ-न-कुछ यही पाँच सौ रुपये बचा लिए हैं। अब वह भी एक हजार और गहने लेकर परसों पहुँच जायगा। फिर हम लोग ऊँचे पहाड़ पर अपने गाँव में चले जायँगे। वहीं हम लोगों का घर बसेगा। खेती कर लूँगी। बाल-बच्चों के लिए भी तो कुछ चाहिए। फिर चाहिए बुढ़ापे के लिए, जो इन पहाड़ों में कष्टपूर्ण जीवन-यात्रा के लिए अत्यन्त आवश्यक है।"

वह प्रसन्नता से बातें करती, उछलती हुई चली जा रही थी और मालती हाँफने लगी थी। मालती

ने कहा-"तो क्यों दौड़ी जा रही है? अभी ही तेरा दूल्हा नहीं मिला जा रहा है।"

३

कमरे में दोनों ओर पलँग बिछे थे। मच्छरदानी में दो व्यक्ति सोने का अभिनय कर रहे थे। चन्द्रदेव सोच रहे थे-'यह बूटी! अपनी कमाई से घर बसाने जा रही है। कितना प्रगाढ़ प्रेम इन दोनों में होगा? और मालती! बिना कुछ हाथ-पैर हिलाये-डुलाये अपनी सम्पूर्ण शक्ति से निष्क्रिय प्रतिरोध करती हुई, सुखभोग करने पर भी असन्तुष्ट!' चन्द्रदेव था तार्किक। वह सोचने लगा, 'तब क्या मुझे इसे प्रसन्न करने की चेष्टा छोड़ देनी चाहिए? मरे चाहे जिये! मैंने क्या नहीं किया इसके लिए, फिर भी भौंहें चढ़ी ही रहें, तो मैं क्या करूँ? मुझे क्या मिलता है इस हृदयहीन बोझ को ढोने से! बस, अब मैं घर चलूँगा। फिर-मालती के .... बाद एक दूसरी स्त्री। अरे! वह कितनी आज्ञाकारिणी-किन्तु क्या यह मर जायगी! मनुष्य कितना स्वार्थी है। फिर मैं ही क्यों नहीं मर जाऊँ। किन्तु पहले कौन मरे? मेरे मर जाने पर वह जीती रहेगी। इसके लिए लोग कितने तरह के कलंक, कितनी बुराई की बातें सोचेंगे। और यही जाने क्या कर बैठे! तब इसे तो लज्जित होना ही पड़ेगा। मुझे भी स्वर्ग में कितना अपमान भोगना पड़ेगा! मालती के मरने पर लोकापवाद से मुक्त मैं दूसरा ब्याह करूँगा। और पतिव्रता मालती स्वर्ग में भी मेरी शुभ-कामना करेगी। तो फिर यही ठीक रहा। मान की रक्षा के लिए लोग कितने बड़े-बड़े बलिदान कर चुके हैं। क्या मैं उनका अनुकरण नहीं कर सकता! मालती सम्मान की वेदी पर बलि चढ़े। वही-पहले मरे-फिर देखा जायगा! राम की तरह एक पत्नीव्रत कर सकूँगा, तो कर लूँगा, नहीं तो उँहूँ-' चन्द्रदेव की खुली आँखों के सामने मच्छरदानी के जालीदार कपड़े पर एक चित्र खिंचा-एक युवती मुस्कराती हुई चाय की प्याली बढ़ा रही है। चन्द्रदेव ने न पीने की सूचना पहले ही दे दी थी। फिर भी उसके अनुनय में बड़ी तरावट थी। उस युवती के रोम-रोम कहते थे, 'ले लो!'

चन्द्रदेव यह स्वप्न देखकर निश्चिन्त सो गया। उसने अपने बनावटी उपचार का-सेवा-भाव का अन्त कर लिया था।

दूसरी मच्छरदानी में थकी हुई मालती थी। सोने के पहले उसे अपने ही ऊपर रोष आ गया था-'वह क्यों न ऐसी हुई कि चन्द्रदेव उसके चरणों में लोटता, उसके मान को, उसके प्रणयरोष को धीरे-धीरे सहलाया करता! तब क्या वैसी होने की चेष्टा करे; किन्तु अब करके क्या होगा? जब यौवन का उल्लास था, कुसुम में मकरन्द था, चाँदनी पर मेघ की छाया न थी, तब न कर सकी, तो अब क्या? बूटी साधारण मजूरी करके स्वस्थ, सुन्दर, आकर्षण और आदर की पात्र बन सकती है। उसका यौवन ढालवें पथ की ओर मुँह किये है, फिर भी उसमें कितना उल्लास है!

'यह आत्म-विश्वास! यही तो जीवन है; किन्तु, क्या मैं पा सकती हूँ! क्या मेरे अंग फिर से गुदगुदे हो जायेंगे। लाली दौड़ आवेगी? हृदय में उच्छृंखल उल्लास, हँसी से भरा आनन्द नाचने लगेगा?' उसने एक बार अपने दुर्बल हाथों को उठाकर देखा कि चूड़ियाँ कलाई से बहुत नीचे खिसक आयी थीं। सहसा उसे स्मरण हुआ कि वह बूटी से अभी दो बरस छोटी है। दो बरस में वह स्वस्थ, सुन्दर, हृष्ट-पुष्ट और हँसमुख हो सकती है, होकर रहेगी। वह मरेगी नहीं। ना, कभी नहीं, चन्द्रदेव को दूसरे का न होने देगी। विचार करते-करते फिर सो गयी।

सवेरे दोनों मच्छरदानियाँ उठीं। चन्द्रदेव ने मालती को देखा-वह प्रसन्न थी। उसके कपोलों का रंग बदल गया था। उसे भ्रम हुआ, 'क्या?' उसने आँखें मिचमिचाकर फिर देखा! इस क्रिया पर मालती हँस पड़ी। चन्द्रदेव झल्लाकर उठ बैठा। वह कहना चाहता था कि "मैं चलना चाहता हूँ। रुपये का अभाव है! कब तक यहाँ पहाड़ पर पड़ा रहूँगा? तुम्हारा अच्छा होना असम्भव है। मजूरनी भी छोड़कर चली गयी। और भी अनेक असुविधाएँ हैं। मैं तो चलूँगा।"

परन्तु वह कह न पाया। कुछ सोच रहा था। निष्ठुर प्रहार करने में हिचक रहा था। सहसा मालती पास चली आयी। मच्छरदानी उठाकर मुस्कराती हुई बोली-"चलो, घर चलें! अब तो मैं अच्छी हूँ?"

चन्द्रदेव ने आश्चर्य से देखा कि-मालती दुर्बल है-किन्तु रोग के लक्षण नहीं रहे। उसके अंग-अंग पर स्वाभाविक रंग प्रसन्नता बनकर खेल रहा था!

संदेह

रामनिहाल अपना बिखरा हुआ सामान बाँधने में लगा। जँगले से धूप आकर उसके छोटे-से शीशे पर तड़प रही थी। अपना उज्ज्वल आलोक-खण्ड, वह छोटा-सा दर्पण बुद्ध की सुन्दर प्रतिमा को अर्पण कर रहा था। किन्तु प्रतिमा ध्यानमग्न थी। उसकी आँखें धूप से चौंधियाती न थीं। प्रतिमा का शान्त गम्भीर मुख और भी प्रसन्न हो रहा था। किन्तु रामनिहाल उधर देखता न था। उसके हाथों में था एक कागजों का बण्डल, जिसे सन्दक में रखने के पहले वह खोलना चाहता था। पढ़ने की इच्छा थी, फिर भी न जाने क्यों हिचक रहा था और अपने को मना कर रहा था, जैसे किसी भयानक वस्तु से बचने के लिए कोई बालक को रोकता हो।

बण्डल तो रख दिया पर दूसरा बड़ा-सा लिफाफा खोल ही डाला। एक चित्र उसके हाथों में था और आँखों में थे आँसू। कमरे में अब दो प्रतिमा थीं। बुद्धदेव अपनी विराग-महिमा में निमग्न। रामनिहाल रागशैल-सा अचल, जिसमें से हृदय का द्रव आँसुओं की निर्झरिणी बनकर धीरे-धीरे बह रहा था।

किशोरी ने आकर हल्ला मचा दिया-"भाभी, अरे भाभी! देखा नहीं तूने, न! निहाल बाबू रो रहे हैं। अरे, तू चल भी!"

श्यामा वहाँ आकर खड़ी हो गयी। उसके आने पर भी रामनिहाल उसी भाव में विस्मृत-सा अपनी करुणा-धारा बहा रहा था। श्यामा ने कहा-"निहाल बाबू!"

निहाल ने आँखें खोलकर कहा-"क्या है? .... अरे, मुझे क्षमा कीजिए।" फिर आँसू पोछने लगा।

"बात क्या है, कुछ सुनूँ भी। तुम क्यों जाने के समय ऐसे दुखी हो रहे हो? क्या हम लोगों से कुछ अपराध हुआ?"

"तुमसे अपराध होगा? यह क्या कह रही हो? मैं रोता हूँ, इसमें मेरी ही भूल है। प्रायश्चित करने का यह ढंग ठीक नहीं, यह मैं धीरे-धीरे समझ रहा हूँ। किन्तु करूँ क्या? यह मन नहीं मानता।"

श्यामा जैसे सावधान हो गयी। उसने पीछे फिरकर देखा कि किशोरी खड़ी है। श्यामा ने कहा-"जा बेटी! कपड़े धूप में फैले हैं, वहीं बैठ।" किशोरी चली गई। अब जैसे सुनने के लिए प्रस्तुत होकर श्यामा एक चटाई खींचकर बैठ गयी। उसके सामने छोटी-सी बुद्धप्रतिमा सागवान की सुन्दर मेज पर धूप के प्रतिबिम्ब में हँस रही थी। रामनिहाल कहने लगा- "श्यामा! तुम्हारा कठोर व्रत, वैधव्य का आदर्श देखकर मेरे हृदय में विश्वास हुआ कि मनुष्य अपनी वासनाओं का दमन कर सकता है। किन्तु तुम्हारा अवलम्ब बड़ा दृढ़ है। तुम्हारे सामने बालकों का झुण्ड हँसता, खेलता, लड़ता, झगड़ता है। और तुमने जैसे बहुत-सी देव-प्रतिमाएँ, शृंगार से सजाकर हृदय की कोठरी को मन्दिर बना दिया। किन्तु मुझको वह कहाँ मिलता। भारत के भिन्न-भिन्न प्रदेशों में, छोटा-मोटा व्यवसाय, नौकरी और पेट पालने की सुविधाओं को खोजता हुआ जब तुम्हारे घर में आया, तो मुझे विश्वास हुआ कि मैंने घर पाया। मैं जब से संसार को जानने लगा, तभी से मैं गृहहीन था। मेरा सन्दक और ये थोड़े-से सामान, जो मेरे उत्तराधिकार का अंश था, अपनी पीठ पर लादे हुए घूमता रहा। ठीक उसी तरह, जैसे कञ्जर अपनी गृहस्थी टट् पर लादे हुए घूमता है।

"मैं चतुर था, इतना चतुर जितना मनुष्य को न होना चाहिए; क्योंकि मुझे विश्वास हो गया है कि मनुष्य अधिक चतुर बनकर अपने को अभागा बना लेता है, और भगवान् की दया से वञ्चित हो जाता है।

"मेरी महत्वाकांक्षा, मेरे उन्नतिशील विचार मुझे बराबर दौड़ाते रहे। मैं अपनी कुशलता से अपने भाग्य को धोखा देता रहा। यह भी मेरा पेट भर देता था। कभी-कभी मुझे ऐसा मालूम होता कि यह दाँव बैठा कि मैं अपने आप पर विजयी हुआ। और मैं सुखी होकर, सन्तुष्ट होकर चैन से संसार के एक कोने में बैठ जाऊँगा; किन्तु वह मृग-मरीचिका थी।

"मैं जिनके यहाँ नौकरी अब तक करता रहा, वे लोग बड़े ही सुशिक्षित और सज्जन हैं। मुझे मानते भी बहुत हैं। तुम्हारे यहाँ घर का-सा सुख है; किन्तु यह सब मुझे छोड़ना पड़ेगा ही।"-इतनी बात कहकर रामनिहाल चुप हो गया।

"तो तुम काम की एक बात न कहोगे। व्यर्थ ही इतनी...." श्यामा और कुछ कहना चाहती थी कि उसे रोककर रामनिहाल कहने लगा, "तुमको मैं अपना शुभचिन्तक मित्र और रक्षक समझता हूँ, फिर तुमसे न कहूँगा, तो यह भार कब तक ढोता रहूँगा? लो सुनो। यह चैत है न, हाँ ठीक! कार्तिक की पूर्णिमा थी। मैं काम-काज से छुट्टी पाकर सन्ध्या की शोभा देखने के लिए दशाश्वमेघ घाट पर जाने के लिए तैयार था कि ब्रजकिशोर बाबू ने कहा-'तुम तो गंगा-किनारे टहलने जाते ही हो। आज मेरे एक सम्बन्धी आ गये हैं, इन्हें भी एक बजरे पर बैठाकर घुमाते आओ, मुझे आज छुट्टी नहीं है।

"मैंने स्वीकार कर लिया। आफिस में बैठा रहा। थोड़ी देर में भीतर से एक पुरुष के साथ एक सुन्दरी स्त्री निकली और मैं समझ गया कि मुझे इन्हीं लोगों के साथ जाना होगा। ब्रजकिशोर बाबू ने कहा-'मानमन्दिर घाट पर बजरा ठीक है। निहाल आपके साथ जा रहे हैं। कोई असुविधा न होगी। इस समय मुझे क्षमा कीजिए। आवश्यक काम है।'

"पुरुष के मुँह पर की रेखाएँ कुछ तन गयीं। स्त्री ने कहा-'अच्छा है। आप अपना काम कीजिए। हम लोग तब तक घूम आते हैं।'

"हम लोग मानमन्दिर पहुँचे। बजरे पर चाँदनी बिछी थी। पुरुष-'मोहन बाबू' जाकर ऊपर बैठ गये। पैड़ी लगी थी। मनोरमा को चढ़ने में जैसे डर लग रहा था। मैं बजरे के कोने पर खड़ा था। हाथ बढ़ाकर मैंने कहा, आप चली आइए, कोई डर नहीं। उसने हाथ पकड़ लिया। ऊपर आते ही मेरे कान में धीरे से उसने कहा-'मेरे पति पागल बनाये जा रहे हैं। कुछ-कुछ हैं भी। तनिक सावधान रहिएगा। नाव की बात है।'

"मैंने कह दिया-'कोई चिन्ता नहीं' किन्तु ऊपर जाकर बैठ जाने पर भी मेरे कानों के समीप उस सुन्दर मुख का सुरभित निश्वास अपनी अनुभूति दे रहा था। मैंने मन को शान्त किया। चाँदनी निकल आयी थी। घाट पर आकाश-दीप जल रहे थे और गंगा की धारा में भी छोटे-छोटे दीपक बहते हुए दिखाई देते थे।

"मोहन बाबू की बड़ी-बड़ी गोल आँखें और भी फैल गयीं। उन्होंने कहा-'मनोरमा, देखो, इस दीपदान का क्या अर्थ है, तुम समझती हो?'

'गंगाजी की पूजा, और क्या?'-मनोरमा ने कहा।

'यही तो मेरा और तुम्हारा मतभेद है। जीवन के लघु दीप को अनन्त की धारा में बहा देने का यह संकेत है। आह! कितनी सुन्दर कल्पना!'-कहकर मोहन बाबू जैसे उच्छ्वसित हो उठे। उनकी शारीरिक चेतना मानसिक अनुभूति से मिलकर उत्तेजित हो उठी। मनोरमा ने मेरे कानों में धीरे से कहा-'देखा न आपने!'

"मैं चकित हो रहा था। बजरा पञ्चगंगा घाट के समीप पहुँच गया था। तब हँसते हुए मनोरमा ने

अपने पति से कहा-'और यह बाँसों में जो टँगे हुए दीपक हैं, उन्हें आप क्या कहेंगे?'

"तुरन्त ही मोहन बाबू ने कहा-'आकाश भी असीम है न। जीवन-दीप को उसी ओर जाने के लिए यह भी संकेत है।' फिर हाँफते हुए उन्होंने कहना आरम्भ किया-'तुम लोगों ने मुझे पागल समझ लिया है, यह मैं जानता हूँ। ओह! संसार की विश्वासघात की ठोकरों ने मेरे हृदय को विक्षिप्त बना दिया है। मुझे उससे विमुख कर दिया है। किसी ने मेरे मानसिक विप्लवों में मुझे सहायता नहीं दी। मैं ही सबके लिए मरा करूँ। यह अब मैं नहीं सह सकता। मुझे अकपट प्यार की आवश्यकता है। जीवन में वह कभी नहीं मिला! तुमने भी मनोरमा! तुमने, भी मुझे....'

मनोरमा घबरा उठी थी। उसने कहा-'चुप रहिए, आपकी तबीयत बिगड़ रही है, शान्त हो जाइए!'

"क्यों शान्त हो जाऊँ? रामनिहाल को देख कर चुप रहूँ। वह जान जायँ, इसमें मुझे कोई भय नहीं। तुम लोग छिपाकर सत्य को छलना क्यों बनाती हो?' मोहन बाबू के श्वासों की गति तीव्र हो उठी। मनोरमा ने हताश भाव से मेरी ओर देखा। वह चाँदनी रात में विशुद्ध प्रतिमा-सी निश्चेष्ट हो रही थी।

"मैंने सावधान होकर कहा-'माँझी, अब घूम चलो।' कार्तिक की रात चाँदनी से शीतल हो चली थी। नाव मानमन्दिर की ओर घूम चली। मैं मोहन बाबू के मनोविकार के सम्बन्ध में सोच रहा था। कुछ देर चुप रहने के बाद मोहन बाबू फिर अपने आप कहने लगे- 'ब्रजकिशोर को मैं पहचानता हूँ। मनोरमा, उसने तुम्हारे साथ मिलकर जो षड्यन्त्र रचा है, मुझे पागल बना देने का जो उपाय हो रहा है, उसे मैं समझ रहा हूँ। तो ....'

'ओह! आप चुप न रहेंगे? मैं कहती हूँ न! यह व्यर्थ का संदेह आप मन से निकाल दीजिए या मेरे लिए संखिया मँगा दीजिए। छुट्टी हो।'

"स्वस्थ होकर बड़ी कोमलता से मोहन बाबू कहने लगे-'तुम्हारा अपमान होता है! सबके सामने मुझे यह बातें न कहनी चाहिए। यह मेरा अपराध है। मुझे क्षमा करो, मनोरमा!' सचमुच मनोरमा के कोमल चरण मोहन बाबू के हाथ में थे! वह पैर छुड़ाती हुई पीछे खिसकी। मेरे शरीर से उसका स्पर्श हो गया। वह क्षुब्ध और संकोच में ऊभ-चूभ रमणी जैसे किसी का आश्रय पाने के लिए व्याकुल हो गयी थी। मनोरमा ने दीनता से मेरी ओर देखते हुए कहा-'आप देखते हैं?'

"सचमुच मैं देख रहा था। गंगा की घोर धारा पर बजरा फिसल रहा था। नक्षत्र बिखर रहे थे। और एक सुन्दरी युवती मेरा आश्रय खोज रही थी। अपनी सब लज्जा और अपमान लेकर वह दुर्वह संदेह-भार से पीड़ित स्त्री जब कहती थी कि 'आप देखते हैं न', तब वह मानो मुझसे प्रार्थना करती थी कि कुछ मत देखो, मेरा व्यंग्य-उपहास देखने की वस्तु नहीं।

"मैं चुप था। घाट पर बजरा लगा। फिर वह युवती मेरा हाथ पकड़कर पैड़ी पर से सम्हलती हुई उतरी। और मैंने एक बार न जाने क्यों धृष्टता से मन में सोचा कि 'मैं धन्य हूँ।' मोहन बाबू ऊपर चढ़ने लगे। मैं मनोरमा के पीछे-पीछे था। अपने पर भारी बोझ डालकर धीरे-धीरे सीढ़ियों पर चढ़ रहा था।

"उसने धीरे से मुझसे कहा, 'रामनिहालजी, मेरी विपत्ति में आप सहायता न कीजिएगा!' मैं अवाक् था।

श्यामा ने एक गहरी दृष्टि से रामनिहाल को देखा। वह चुप हो गया। श्यामा ने आज्ञा भरे स्वर में कहा, "आगे और भी कुछ है या बस?"

रामनिहाल ने सिर झुका कर कहा, "हाँ, और भी कुछ है।"

"वही कहो न!!"

"कहता हूँ। मुझे धीरे-धीरे मालूम हुआ कि ब्रजकिशोर बाबू यह चाहते हैं कि मोहनलाल अदालत से पागल मान लिये जायँ और ब्रजकिशोर उनकी सम्पत्ति के प्रबन्धक बना दिये जायँ, क्योंकि वे ही

मोहनलाल के निकट सम्बन्धी थे। भगवान् जाने इसमें क्या रहस्य है, किन्तु संसार तो दूसरे को मूर्ख बनाने के व्यवसाय पर चल रहा है। मोहन अपने संदेह के कारण पूरा पागल बन गया है। तुम जो यह चिट्ठियों का बण्डल देख रही हो, वह मनोरमा का है।"

रामनिहाल फिर रुक गया। श्यामा ने फिर तीखी दृष्टि से उसकी ओर देखा। रामनिहाल कहने लगा, "तुमको भी संदेह हो रहा है। सो ठीक ही है। मुझे भी कुछ संदेह हो रहा है, मनोरमा क्यों मुझे इस समय बुला रही है।"

अब श्यामा ने हँसकर कहा, "तो क्या तुम समझते हो कि मनोरमा तुमको प्यार करती है और वह दुश्चरित्रा है? छि: रामनिहाल, यह तुम क्यों सोच रहे हो? देखूँ तो, तुम्हारे हाथ में यह कौन-सा चित्र है, क्या मनोरमा का ही?" कहते-कहते श्यामा ने रामनिहाल के हाथ से चित्र ले लिया। उसने आश्चर्य-भरे स्वर में कहा, "अरे, यह तो मेरा ही है? तो क्या तुम मुझसे प्रेम करने का लड़कपन करते हो? यह अच्छी फाँसी लगी है तुमको। मनोरमा तुमको प्यार करती है और तुम मुझको। मन के विनोद के लिए तुमने अच्छा साधन जुटाया है। तभी कायरों की तरह यहाँ से बोरिया-बँधना लेकर भागने की तैयारी कर ली है!"

रामनिहाल हत्बुद्धि अपराधी-सा श्यामा को देखने लगा। जैसे उसे कहीं भागने की राह न हो। श्यामा दृढ़ स्वर में कहने लगी- "निहाल बाबू! प्यार करना बड़ा कठिन है। तुम इस खेल को नहीं जानते। इसके चक्कर में पड़ना भी मत। हाँ, एक दुखिया स्त्री तुमको अपनी सहायता के लिए बुला रही है। जाओ, उसकी सहायता करके लौट आओ। तुम्हारा सामान यहीं रहेगा। तुमको अभी यहीं रहना होगा। समझे। अभी तुमको मेरी संरक्षता की आवश्यकता है। उठो। नहा-धो लो। जो ट्रेन मिले, उससे पटने जाकर ब्रजकिशोर की चालाकियों से मनोरमा की रक्षा करो। और फिर मेरे यहाँ चले आना। यह सब तुम्हारा भ्रम था। संदेह था।"

रामनिहाल धीरे से उठकर नहाने चला गया।

भीख में

खपरैल दालान में, कम्बल पर मिन्नू के साथ बैठा हुआ ब्रजराज मन लगाकर बातें कर रहा था। सामने ताल में कमल खिल रहे थे। उस पर से भीनी-भीनी महक लिये हुए पवन धीरे-धीरे उस झोपड़ी में आता और चला जाता था।

"माँ कहती थी ...", मिन्नू ने कमल की केसरों को बिखराते हुए कहा।

"क्या कहती थी?"

"बाबूजी परदेश जायँगे। तेरे लिये नैपाली टट् लायँगे।"

"तू घोड़े पर चढ़ेगा कि टट् पर! पागल कहीं का।"

"नहीं, मैं टट् पर चढ़ूंगा। वह गिरता नहीं।"

"तो फिर मैं नहीं जाऊँगा?"

"क्यों नहीं जाओगे? ऊँ-ऊँ-ऊँ, मैं अब रोता हूँ।"

"अच्छा, पहले यह बताओ कि जब तुम कमाने लगोगे, तो हमारे लिए क्या लाओगे?"

"खूब ढेर-सा रुपया"-कहकर मिन्नू ने अपना छोटा-सा हाथ जितना ऊँचा हो सकता था, उठा लिया।

"सब रुपया मुझको ही दोगे न!"

"नहीं, माँ को भी दूँगा।"

"मुझको कितना दोगे?"

"थैली-भर!"

"और माँ को?"

"वही बड़ी काठवाली सन्दक में जितना भरेगा।"

"तब फिर माँ से कहो; वही नैपाली टट् ला देगी।"

मिन्नू ने झुँझलाकर ब्रजराज को ही टट् बना लिया। उसी के कन्धों पर चढक़र अपनी साध मिटाने लगा। भीतर दरवाजे में से इन्दो झाँककर पिता-पुत्र का विनोद देख रही थी। उसने कहा- "मिन्नू! यह टट् बड़ा अड़ियल है।"

ब्रजराज को यह विसम्वादी स्वर की-सी हँसी खटकने लगी। आज ही सवेरे इन्दो से कड़ी फटकार सुनी थी। इन्दो अपने गृहिणी-पद की मर्यादा के अनुसार जब दो-चार खरी-खोटी सुना देती, तो उसका मन विरक्ति से भर जाता। उसे मिन्नू के साथ खेलने में, झगड़ा करने में और सलाह करने में ही संसार की पूर्ण भावमयी उपस्थिति हो जाती। फिर कुछ और करने की आवश्यकता ही क्या है? यही बात उसकी समझ में नहीं आती। रोटी-बिना भूखों मरने की सम्भावना न थी। किन्तु इन्दो को

उतने ही से सन्तोष नहीं। इधर ब्रजराज को निठल्ले बैठे हुए मालो के साथ कभी-कभी चुहल करते देखकर तो वह और भी जल उठती। ब्रजराज यह सब समझता हुआ भी अनजान बन रहा था। उसे तो अपनी खपरैल में मिन्ना के साथ सन्तोष-ही-सन्तोष था; किन्तु आज वह न जाने क्यों भिन्ना उठा-

"मिन्ना! अड़ियल टट् भागते हैं, तो रुकते नहीं। और राह-कराह भी नहीं देखते। तेरी माँ अपने भीगे चने पर रोब गाँठती है। कहीं इस टट् को हरी-हरी दूब की चाट लगी, तो...।"

"नहीं मिन्ना! रूखी-सूखी पर निभा लेनेवाले ऐसा नहीं कर सकते!"

"कर सकते हैं मिन्ना! कह दो, हाँ!"

मिन्ना घबरा उठा था। यह तो बातों का नया ढंग था। वह समझ न सका। उसने कह दिया-"हाँ, कर सकते हैं।"

"चल देख लिया। ऐसे ही करनेवाले!"-कहकर जोर से किवाड़ बन्द करती हुई इन्दो चली गयी। ब्रजराज के हृदय में विरक्ति चमकी। बिजली की तरह कौंध उठी घृणा। उसे अपने अस्तित्व पर सन्देह हुआ। वह पुरुष है या नहीं? इतना कशाघात! इतना सन्देह और चतुर सञ्चालन! उसका मन घर से विद्रोही हो रहा था। आज तक बड़ी सावधानी से कुशल महाजन की तरह वह अपना सूद बढ़ाता रहा। कभी स्नेह का प्रतिदान लेकर उसने इन्दो को हल्का नहीं होने दिया था। इसी घड़ी सूद-दर-सूद लेने के लिए उसने अपनी विरक्ति की थैली का मुँह खोल दिया।

मिन्ना को एक बार गोद में चिपका कर वह खड़ा हो गया। जब गाँव के लोग हलों को कन्धों पर लिये घर लौट रहे थे, उसी समय ब्रजराज ने घर छोड़ने का निश्चय कर लिया।

जालन्धर से जो सड़क ज्वालामुखी को जाती है, उस पर इसी साल से एक सिक्ख पेन्शनर ने लारी चलाना आरम्भ किया। उसका ड्राइवर कलकत्ते से सीखा हुआ फुर्तीला आदमी है। सीधे-सादे देहाती उछल पड़े। जिनकी मनौती कई साल से रुकी थी, बैल-गाड़ी की यात्रा के कारण जो अब तब टाल-मटोल करते थे, वे उत्साह से भरकर ज्वालामुखी के दर्शन के लिए प्रस्तुत होने लगे।

गोटेदार ओढ़नियों, अच्छी काट की शलवारों, किमख्वाब की झकाझक सदरियों की बहार, आये दिन उसकी लारी में दिखलाई पड़ती। किन्तु वह मशीन का प्रेमी ड्राइवर किसी ओर देखता नहीं। अपनी मोटर, उसका हार्न, ब्रेक और मडगार्ड पर उसका मन टिका रहता। चक्का हाथ में लिए हुए जब उस पहाड़ी-प्रान्त में वह अपनी लारी चलाता, तो अपनी धुन में मस्त किसी की ओर देखने का विचार भी न कर पाता। उसके सामान में एक बड़ा-सा कोट, एक कम्बल और एक लोटा। हाँ, बैठने की जगह में जो छिपा हुआ बक्स था, उसी में कुल रुपये-पैसे बचाकर वह फेंकता जाता। किसी पहाड़ी पर ऊँचे वृक्षों से लिपटी हुई जंगली गुलाब की लता को वह देखना नहीं चाहता। उसकी कोसों तक फैलनेवाली सुगन्ध ब्रजराज के मन को मथ देती; परन्तु वह शीघ्र ही अपनी लारी में मन को उलझा देता और तब निर्विकार भाव से उस जनविरल प्रान्त में लारी की चाल तीव्र कर देता। इसी तरह कई बरस बीत गये।

बूढ़ा सिख उससे बहुत प्रसन्न रहता; क्योंकि ड्राइवर कभी बीड़ी-तमाखू नहीं पीता और किसी काम में व्यर्थ पैसा नहीं खर्च करता। उस दिन बादल उमड़ रहे थे। थोड़ी-थोड़ी झीसी पड़ रही थी। वह अपनी लारी दौड़ाये पहाड़ी प्रदेश के बीचोंबीच निर्जन सड़क पर चला जा रहा था, कहीं-कहीं दो-चार घरों के गाँव दिखाई पड़ते थे। आज उसकी लारी में भीड़ नहीं थी। सिख पेंशनर की जान-पहचान का एक परिवार उस दिन ज्वालामुखी का दर्शन करने जा रहा था। उन लोगों ने पूरी लारी भाड़े पर कर ली थी, किन्तु अभी तक उसे यह जानने की आवश्यकता न हुई थी कि उसमें कितने आदमी थे। उसे इंजिन में पानी की कमी मालूम हुई कि लारी रोक दी गयी। ब्रजराज बाल्टी लेकर पानी लाने गया। उसे पानी लाते देखकर लारी के यात्रियों को भी प्यास लग गयी। सिख ने कहा- "ब्रजराज! इन लोगों को भी थोड़ा पानी दे देना।"

जब बाल्टी लिये वह यात्रियों की ओर गया, तो उसको भ्रम हुआ कि जो सुन्दरी स्त्री पानी के लिए लोटा बढ़ा रही है, वह कुछ पहचानी-सी है। उसने लोटे में पानी उँड़ेलते हुए अन्यमनस्क की तरह कुछ जल गिरा भी दिया, जिससे स्त्री की ओढ़नी का कुछ अंश भीग गया। यात्री ने झिड़ककर कहा-

"भाई, जरा देखकर।"

किन्तु वह स्त्री भी उसे कनखियों से देख रही थी। 'ब्रजराज!' शब्द उसके भी कानों में गूँज उठा था। ब्रजराज अपनी सीट पर जा बैठा।

बूढ़े सिख और यात्री दोनों को ही उसका यह व्यवहार अशिष्ट-सा मालूम हुआ; पर कोई कुछ बोला नहीं। लारी चलने लगी। काँगड़ा की तराई का यह पहाड़ी दृश्य, चित्रपटों की तरह क्षण-क्षण पर बदल रहा था। उधर ब्रजराज की आँखें कुछ दूसरे ही दृश्य देख रही थीं।

गाँव का वह ताल, जिसमें कमल खिल रहे थे, मिन्ना के निर्मल प्यार की तरह तरंगायित हो रहा था। और उस प्यार में विश्राम की लालसा, बीच-बीच में उसे देखते ही, मालती का पैर के अँगूठों के चाँदी के मोटे छल्लों को खटखटाना, सहसा उसकी स्त्री का सन्दिग्ध भाव से उसको बाहर भेजने की प्रेरणा, साधारण जीवन में बालक के प्यार से जो सुख और सन्तोष उसे मिल रहा था, वह भी छिन गया; क्यों सन्देह हो न! इन्दो को विश्वास हो चला था कि ब्रजराज मालो को प्यार करता है। और गाँव में एक ही सुन्दरी, चञ्चल, हँसमुख और मनचली भी थी, उसका ब्याह नहीं हुआ था। हाँ, वही तो मालो?-और यह ओढ़नीवाली! ऐं, पंजाबी में? असम्भव! नहीं तो-वही है-ठीक-ठीक वही है। वह चक्का पकड़े हुए पीछे घूमकर अपनी स्मृतिधारा पर विश्वास कर लेना चाहता था। ओह! कितनी भूली हुई बातें इस मुख ने स्मरण दिला दीं। वही तो-वह अपने को न रोक सका। पीछे घूम ही पड़ा और देखने लगा।

लारी टकरा गई एक वृक्ष से। कुछ अधिक हानि न होने पर भी, किसी को कहीं चोट न लगने पर भी सिख झल्ला उठा। ब्रजराज भी फिर लारी पर न चढ़ा। किसी को किसी से सहानुभूति नहीं। तनिक-सी भूल भी कोई सह नहीं सकता, यही न! ब्रजराज ने सोचा कि मैं ही क्यों न रूठ जाऊँ? उसने नौकरी को नमस्कार किया।

-- --

ब्रजराज को वैराग्य हो गया हो, सो तो बात नहीं। हाँ, उसे गार्हस्थ्य-जीवन के सुख के आरंभ में ही ठोकर लगी। उसकी सीधी-सादी गृहस्थी में कोई विशेष आनन्द न था। केवल मिन्ना की अटपटी बातों से और राह चलते-चलते कभी-कभी मालती की चुहल से, हलके शरबत में, दो बूँद हरे नीबू के रस की-सी सुगन्ध तरावट में मिल जाती थी।

वह सब गया, इधर कलकत्ते के कोलाहल में रहकर उसने ड्राइवरी सीखी। पहाड़ियों की गोद में उसे एक प्रकार की शान्ति मिली। दो-चार घरों के छोटे-छोटे-से गाँवों को देखकर उसके मन में विरागपूर्ण दुलार होता था। वह अपनी लारी पर बैठा हुआ उपेक्षा से एक दृष्टि डालता हुआ निकल जाता। तब वह अपने गाँव पर मानो प्रत्यक्ष रूप से प्रतिशोध ले लेता; किन्तु नौकरी छोड़कर वह क्या जाने कैसा हो गया। ज्वालामुखी के समीप ही पण्डों की बस्ती में जाकर रहने लगा।

पास में कुछ रुपये बचे थे। उन्हें वह धीरे-धीरे खर्च करने लगा। उधर उसके मन का निश्चिन्त भाव और शरीर का बल धीरे-धीरे क्षीण होने लगा। कोई कहता, तो उसका काम कर देता; पर उसके बदले में पैसा न लेता। लोग कहते-बड़ा भलामानुस है। उससे बहुत-से लोगों की मित्रता हो गयी। उसका दिन ढलने लगा। वह घर की कभी चिन्ता न करता। हाँ, भूलने का प्रयत्न करता; किन्तु मिन्ना? फिर सोचता 'अब बड़ा हो गया होगा ही, जिसने मुझे काम करने के लिए परदेश भेज दिया, वह मिन्ना को ठीक कर लेगी। खेती-बारी से काम चल ही जायगा। मैं ही गृहस्थी में अतिरिक्त व्यक्ति था और मालती! न, न! पहले उसके कारण संदिग्ध बनकर मुझे घर छोड़ना पड़ा। उसी का फिर से स्मरण करते ही मैं नौकरी से छुड़ाया गया। कहाँ से उस दिन मुझे फिर उसका सन्देह हुआ। वह पंजाब में

कहाँ आती! उसका नाम भी न लूँ!"

"इन्दो तो मुझे परदेश भेजकर सुख से नींद लेगी ही।"

पर यह नशा दो-ही-तीन बरसों में उखड़ गया। इस अर्थयुग में सब सम्बल जिसका है, वही उट्ठी बोल गया। आज ब्रजराज अकिञ्चन कंगाल था। आज ही से उसे भीख माँगना चाहिए। नौकरी न करेगा, हाँ भीख माँग लेगा। किसी का काम कर देगा, तो यह देगा वह अपनी भीख। उसकी मानसिक धारा इसी तरह चल रही थी।

वह सवेरे ही आज मन्दिर के समीप ही जा बैठा। आज उसके हृदय से भी वैसी ही एक ज्वाला भक् से निकल कर बुझ जाती है। और कभी विलम्ब तक लपलपाती रहती है; किन्तु कभी उसकी ओर कोई नहीं देखता। और उधर तो यात्रियों के झुण्ड जा रहे थे।

चैत्र का महीना था। आज बहुत-से यात्री आये थे। उसने भी भीख के लिए हाथ फैलाया। एक सज्जन गोद में छोटा-सा-बालक लिये आगे बढ़ गये, पीछे एक सुन्दरी अपनी ओढ़नी सम्हालती हुई क्षणभर के लिए रुक गयी थी। स्त्रियाँ स्वभाव की कोमल होती हैं। पहली ही बार पसारा हुआ हाथ खाली न रह जाय, इसी से ब्रजराज ने सुन्दरी से याचना की।

वह खड़ी हो गयी। उसने पूछा-"क्या तुम अब लारी नहीं चलाते?"

अरे, वही तो ठीक मालती का-सा स्वर!

हाथ बटोरकर ब्रजराज ने कहा-"कौन, मालो?"

"तो यह तुम्हीं हो, ब्रजराज!"

"हाँ तो"-कहकर ब्रजराज ने एक लम्बी साँस ली।

मालती खड़ी रही। उसने कहा-"भीख माँगते हो?"

"हाँ, पहले मैं सुख का भिखारी था। थोड़ा-सा मित्रा का स्नेह, इन्दो का प्रणय, दस-पाँच बीघों की कामचलाऊ उपज और कहे जानेवाले मित्रों की चिकनी-चुपड़ी बातों से सन्तोष की भीख माँगकर अपने चिथड़ों में बाँधकर मैं सुखी बन रहा था। कंगाल की तरह जन-कोलाहल से दूर एक कोने में उसे अपनी छाती से लगाये पड़ा था; किन्तु तुमने बीच में थोड़ा-सा प्रसन्न-विनोद मेरे ऊपर ढाल दिया, वही तो मेरे लिए..."

"ओहो, पागल इन्दो! मुझ पर सन्देह करने लगी। तुम्हारे चले आने पर मुझसे कई बार लड़ी भी। मैं तो अब यहाँ आ गयी हूँ।"-कहते-कहते वह भय से आगे चले जानेवाले सज्जन को देखने लगी।

"तो, वह तुम्हारा ही बच्चा है न! अच्छा-अच्छा!" हूँ' कहती हुई मालो ने कुछ निकाला उसे देने के लिए! ब्रजराज ने कहा-"मालो! तुम जाओ। देखो, वह तुम्हारे पति आ रहे हैं!" बच्चे को गोद में लिये हुए मालो के पंजाबी पति लौट आये। मालती उस समय अन्यमनस्क, क्षुब्ध और चञ्चल हो रही थी। उसके मुँह पर क्षोभ, भय और कुतूहल से मिली हुई करुणा थी। पति ने डाँटकर पूछा-"क्यों, वह भिखमंगा तंग कर रहा था?"

पण्डाजी की ओर घूमकर मालो के पति ने कहा-"ऐसे उच्चकों को आप लोग मन्दिर के पास बैठने देते हैं।"

धनी जजमान का अपमान वह पण्डा कैसे सहता! उसने ब्रजराज का हाथ पकड़कर घसीटते हुए कहा- "उठ बे, यहाँ फिर दिखाई पड़ा, तो तेरी टाँग ही लँगड़ी कर दूँगा!"

बेचारा ब्रजराज यहाँ धक्के खाकर सोचने लगा-"फिर मालती! क्या सचमुच मैंने कभी उससे कुछ....और मेरा दुर्भाग्य! यही तो आज तक अयाचित भाव से वह देती आयी है। आज उसने पहले

दिन की भीख में भी वही दिया।

चित्रवाले पत्थर

मैं 'संगमहाल' का कर्मचारी था। उन दिनों मुझे विन्ध्य शैल-माला के एक उजाड़ स्थान में सरकारी काम से जाना पड़ा। भयानक वन-खण्ड के बीच, पहाड़ी से हटकर एक छोटी-सी डाक बँगलिया थी। मैं उसी में ठहरा था। वहीं की एक पहाड़ी में एक प्रकार का रंगीन पत्थर निकला था। मैं उनकी जाँच करने और तब तक पत्थर की कटाई बन्द करने के लिए वहाँ गया था। उस झाड़-खण्ड में छोटी-सी सन्दक की तरह मनुष्य-जीवन की रक्षा के लिए बनी हुई बँगलिया मुझे विलक्षण मालूम हुई; क्योंकि वहाँ पर प्रकृति की निर्जन शून्यता, पथरीली चट्टानों से टकराती हुई हवा के झोंके के दीर्घ-निःश्वास, उस रात्रि में मुझे सोने न देते थे। मैं छोटी-सी खिड़की से सिर निकालकर जब कभी उस सृष्टि के खँडहर को देखने लगता, तो भय और उद्वेग मेरे मन पर इतना बोझ डालते कि मैं कहानियों में पढ़ी हुई अतिरञ्जित घटनाओं की सम्भावना से ठीक संकुचित होकर भीतर अपने तकिये पर पड़ा रहता था। अन्तरिक्ष के गह्वर में न-जाने कितनी ही आश्चर्य-जनक लीलाएँ करके मानवी आत्माओं ने अपना निवास बना लिया है। मैं कभी-कभी आवेश में सोचता कि भत्ते के लोभ से मैं ही क्यों यहाँ चला आया? क्या वैसी ही कोई अद्भुत घटना होनेवाली है? मैं फिर जब अपने साथी नौकर की ओर देखता, तो मुझे साहस हो जाता और क्षण-भर के लिए स्वस्थ होकर नींद को बुलाने लगता; किन्तु कहाँ, वह तो सपना हो रही थी।

रात कट गयी। मुझे कुछ झपकी आने लगी। किसी ने बाहर से खटखटाया और मैं घबरा उठा। खिड़की खुली हुई थी। पूरब की पहाड़ी के ऊपर आकाश में लाली फैल रही थी। मैं निडर होकर बोला-"कौन है? इधर खिड़की के पास आओ।"

जो व्यक्ति मेरे पास आया, उसे देखकर मैं दंग रह गया। कभी वह सुन्दर रहा होगा; किन्तु आज तो उसके अंग-अंग से, मुँह की एक-एक रेखा से उदासीनता और कुरूपता टपक रही थी। आँखें गड्ढे में जलते हुए अंगारे की तरह धक्-धक् कर रही थीं। उसने कहा-"मुझे कुछ खिलाओ।"

मैंने मन-ही-मन सोचा कि यह आपत्ति कहाँ से आयी! वह भी रात बीत जाने पर! मैंने कहा-"भले आदमी! तुमको इतने सबेरे भूख लग गयी?"

उसकी दाढ़ी और मूँछों के भीतर छिपी हुई दाँतों की पँक्ति रगड़ उठी। वह हँसी थी या थी किसी कोने की मर्मान्तक पीड़ा की अभिव्यक्ति, कह नहीं सकता। वह कहने लगा-"व्यवहार-कुशल मनुष्य, संसार के भाग्य से उसकी रक्षा के लिए, बहुत थोड़े-से उत्पन्न होते हैं। वे भूखे पर संदेह करते हैं। एक पैसा देने के साथ नौकर से कह देते हैं, देखो इसे चना दिला देना। वह समझते हैं, एक पैसे की मलाई से पेट न भरेगा। तुम ऐसे ही व्यवहार-कुशल मनुष्य हो। जानते हो कि भूखे को कब भूख लगनी चाहिए। जब तुम्हारी मनुष्यता स्वाँग बनाती है, तो अपने पशु पर देवता की खाल चढ़ा देती है, और स्वयं दूर खड़ी हो जाती है।" मैंने सोचा कि यह दार्शनिक भिखमंगा है। और कहा-"अच्छा, बाहर बैठो।"

बहुत शीघ्रता करने पर भी नौकर के उठने और उसके लिए भोजन बनाने में घण्टों लग गये। जब मैं नहा-धोकर पूजा-पाठ से निवृत्त होकर लौटा, तो वह मनुष्य एकान्त मन से अपने खाने पर जुटा हुआ था। अब मैं उसकी प्रतीक्षा करने लगा। वह भोजन समाप्त करके जब मेरे पास आया, तो मैंने

पूछा-"तुम यहाँ क्या कर रहे थे?" उसने स्थिर दृष्टि से एक बार मेरी ओर देखकर कहा-"बस, इतना ही पूछिएगा या और भी कुछ?" मुझे हँसी आ गयी। मैंने कहा-"मुझे अभी दो घण्टे का अवसर है। तुम जो कुछ कहना चाहो, कहो।"

वह कहने लगा- "मेरे जीवन में उस दिन अनुभूतिमयी सरसता का सञ्चार हुआ, मेरी छाती में कुसुमाकर की वनस्थली अंकुरित, पल्लवित, कुसुमित होकर सौरभ का प्रसार करने लगी। ब्याह के निमन्त्रण में मैंने देखा उसे, जिसे देखने के लिए ही मेरा जन्म हुआ था। वह थी मंगला की यौवनमयी ऊषा। सारा संसार उन कपोलों की अरुणिमा की गुलाबी छटा के नीचे मधुर विश्राम करने लगा। वह मादकता विलक्षण थी। मंगला के अंग-कुसुम से मकरन्द छलका पड़ता था। मेरी धवल आँखे उसे देखकर ही गुलाबी होने लगीं।

ब्याह की भीड़भाड़ में इस ओर ध्यान देने की किसको आवश्यकता थी, किन्तु हम दोनों को भी दूसरी ओर देखने का अवकाश नहीं था। सामना हुआ और एक घूँट। आँखे चढ़ जाती थीं। अधर मुस्कराकर खिल जाते और हृदय-पिण्ड पारद के समान, वसन्त-कालीन चल-दल-किसलय की तरह काँप उठता।

देखते-ही-देखते उत्सव समाप्त हो गया। सब लोग अपने-अपने घर चलने की तैयारी करने लगे; परन्तु मेरा पैर तो उठता ही न था। मैं अपनी गठरी जितनी ही बाँधता, वह खुल जाती। मालूम होता था कि कुछ छूट गया है। मंगला ने कहा-"मुरली, तुम भी जाते हो?"

"जाऊँगा ही-तो भी तुम जैसा कहो।"

"अच्छा, तो फिर कितने दिनों में आओगे?"

"यह तो भाग्य जाने!"

"अच्छी बात है"-वह जाड़े की रात के समान ठण्डे स्वर में बोली। मेरे मन को ठेस लगी। मैंने भी सोचा कि फिर यहाँ क्यों ठहरूँ? चल देने का निश्चय किया। फिर भी रात तो बितानी ही पड़ी। जाते हुए अतिथि को थोड़ा और ठहरने के लिए कहने से कोई भी चतुर गृहस्थ नही चूकता। मंगला की माँ ने कहा और मैं रात भर ठहर गया; पर जागकर रात बीती। मंगला ने चलने के समय कहा-"अच्छा तो-" इसके बाद नमस्कार के लिए दोनों सुन्दर हाथ जुड़ गये। चिढ़कर मन-ही-मन मैंने कहा-यही अच्छा है, तो बुरा ही क्या है? मैं चल पड़ा। कहाँ-घर नहीं! कहाँ और!-मेरी कोई खोज लेनेवाला न था।

मैं चला जा रहा था। कहाँ जाने के लिए, यह न बताऊँगा। वहाँ पहुँचने पर सन्ध्या हो गयी। चारों ओर वनस्थली साँय-साँय करने लगी। थका भी था, रात को पाला पड़ने की सम्भावना थी। किस छाया में बैठता? सोच-विचारकर मैं सूखी झलासियों से झोपड़ी बनाने लगा। लतरों को काटकर उस पर छाजन हुई। रात का बहुत-सा अंश बीत चुका था। परिश्रम की तुलना में विश्राम कहाँ मिला! प्रभात होने पर आगे बढ़ने की इच्छा न हुई। झोपड़ी की अधूरी रचना ने मुझे रोक लिया। जंगल तो था ही। लकड़ियों की कमी न थी। पास ही नाले की मिट्टी भी चिकनी थी। आगे बढ़कर नदी-तट से मुझे नाला ही अच्छा लगा। दूसरे दिन से झोपड़ी उजाड़कर अच्छी-सी कोठरी बनाने की धुन लगी। अहेर से पेट भरता और घर बनाता। कुछ ही दिनों में वह बन गया। जब घर बन चुका, तो मेरा मन उचटने लगा। घर की ममता और उसके प्रति छिपा हुआ अविश्वास दोनों का युद्ध मन में हुआ। मैं जाने की बात सोचता, फिर ममता कहती कि विश्राम करो। अपना परिश्रम था, छोड़ न सका। इसका और भी कारण था। समीप ही सफेद चट्टानों पर जलधारा के लहरीले प्रवाह में कितना संगीत था! चाँदनी में वह कितना सुन्दर हो जाता है! जैसे इस पृथ्वी का छाया-पथ। मेरी उस झोपड़ी से उसका सब रूप दिखाई पड़ता था न! मैं उसे देखकर सन्तोष का जीवन बिताने लगा। वह मेरे जीवन के सब रहस्यों की प्रतिमा थी। कभी उसे मैं आँसू की धारा समझता, जिसे निराश प्रेमी अपने आराध्य की कठोर छाती पर व्यर्थ ढुलकाता हो। कभी उसे अपने जीवन की तरह निर्मम संसार की कठोरता पर छटपटाते हुए

देखता। दूसरे का दुःख देखकर मनुष्य को सन्तोष होता ही है। मैं भी वहीं पड़ा जीवन बिताने लगा।

कभी सोचता कि मैं क्यों पागल हो गया! उस स्त्री के सौन्दर्य ने क्यों अपना प्रभाव मेरे हृदय पर जमा लिया? विधवा मंगला, वह गरल है या अमृत? अमृत है, तो उसमें इतनी ज्वाला क्यों है, ज्वाला है तो मैं जल क्यों नहीं गया? यौवन का विनोद! सौन्दर्य की भ्रान्ति! वह क्या है? मेरा यही स्वाध्याय हो गया।

शरद की पूर्णिमा में बहुत-से लोग उस सुन्दर दृश्य को देखने के लिए दूर-दूर से आते। युवती और युवकों के रहस्यालाप करते हुए जोड़े, मित्रों की मण्डलियाँ, परिवारों का दल, उनके आनन्द-कोलाहल को मैं उदास होकर देखता। डाह होती, जलन होती। तृष्णा जग जाती। मैं उस रमणीय दृश्य का उपभोग न करके पलकों को दबा लेता। कानों को बन्द कर लेता; क्यों? मंगला नहीं। और क्या एक दिन के लिए, एक क्षण के लिए मैं उस सुख का अधिकारी नहीं! विधाता का अभिशाप! मैं सोचता-अच्छा, दूसरों के ही साथ कभी वह शरद-पूर्णिमा के दृश्य को देखने के लिए क्यों नहीं आयी? क्या वह जानती है कि मैं यहीं हूँ? मैंने भी पूर्णिमा के दिन वहाँ जाना छोड़ दिया। और लोग जब वहाँ जाते, मैं न जाता। मैं रूठता था। यह मूर्खता थी मेरी! वहाँ किससे मान करता था मैं? उस दिन मैं नदी की ओर न जाने क्यों आकृष्ट हुआ।

मेरी नींद खुल गयी थी। चाँदनी रात का सबेरा था। अभी चन्द्रमा में फीका प्रकाश था। मैं वनस्थली की रहस्यमयी छाया को देखता हुआ नाले के किनारे-किनारे चलने लगा। नदी के संगम पर पहुँचकर सहसा एक जगह रुक गया। देखा कि वहाँ पर एक स्त्री और पुरुष शिला पर सो रहे है। वहाँ तक तो घूमने वाले आते नहीं। मुझे कुतूहल हुआ। मैं वहीं स्नान करने के बहाने रुक गया। आलोक की किरणों से आँखे खुल गयीं। स्त्री ने गर्दन घुमाकर धारा की ओर देखा। मै सन्न रह गया। उसकी धोती साधारण और मैली थी। सिराहने एक छोटी-सी पोटली थी। पुरुष अभी सो रहा था। मेरी-उसकी आँखे मिल गयीं। मैंने तो पहचान लिया कि वह मंगला थी। और उसने-नहीं, उसे भ्रान्ति बनी रही। वह सिमटकर बैठ गयी। और मैं उसे जानकर भी अनजान बनते हुए देखकर मन-ही-मन कुढ़ गया। मैं धीरे-धीरे ऊपर चढने लगा।

"सुनिए तो!" मैंने घूमकर देखा कि मंगला पुकार रही है। वह पुरुष भी उठ बैठा है। मैं वहीं खड़ा रह गया। कुछ बोलने पर भी मैं प्रश्न की प्रतीक्षा में यथास्थित रह गया। मंगला ने कहा-'महाशय, कहीं रहने की जगह मिलेगी?"

"महाशय!" ऐं! तो सचमुच मंगला ने मुझे नहीं पहचाना क्या? चलो अच्छा हुआ, मेरा चित्र भी बदल गया था। एकान्तवास करते हुए और कठोर जीवन बिताते हुए जो रेखाएँ बन गयी थीं, वह मेरे मनोनुकूल ही हुई। मन में क्रोध उमड़ रहा था, गला भरनि लगा था। मैंने कहा-"जंगलों में क्या आप कोई धर्मशाला खोज रही हैं?" वह कठोर व्यंग था। मंगला ने घायल होकर कहा-"नहीं, कोई गुफा-कोई झोपड़ी महाशय, धर्मशाला खोजने के लिए जंगल में क्यों आती?"

पुरुष कुछ कठोरता से सजग हो रहा था; किन्तु मैंने उसकी ओर न देखते हुए कहा-"झोपड़ी तो मेरी है। यदि विश्राम करना हो तो वहीं थोड़ी देर के लिए जगह मिल जायगी।"

"थोड़ी देर के लिए सही। मंगला, उठो? क्या सोच रही हो? देखो, रात भर यहाँ पड़े-पड़े मेरी सब नसें अकड़ गयी हैं।" पुरुष ने कहा। मैंने देखा कि वह कोई सुखी परिवार के प्यार में पला हुआ युवक है; परन्तु उसका रंग-रूप नष्ट हो गया है। कष्टों के कारण उसमें एक कटुता आ गयी है। मैंने कहा-"तो फिर चलो, भाई!"

दोनों मेरे पीछे-पीछे चलकर झोपड़ी में पहुँचे।

मंगला मुझे पहचान सकी कि नहीं, कह नहीं सकता। कितने बरस बीत गये। चार-पाँच दिनों की देखा-देखी। सम्भवत: मेरा चित्र उसकी आँखों में उतरते-उतरते किसी और छवि ने अपना आसन

जमा लिया हो; किन्तु मैं कैसे भूल सकता था! घर पर और कोई था ही नहीं। जीवन जब किसी स्नेह-छाया की खोज में आगे बढ़ा, तो मंगला का हरा-भरा यौवन और सौन्दर्य दिखाई पड़ा। वहीं रम गया। मैं भावना के अतिवाद में पड़कर निराश व्यक्ति-सा विरागी बन गया था, उसी के लिए। यह मेरी भूल हो; पर मैं तो उसे स्वीकार कर चुका था।

हाँ, तो वह बाल-विधवा मंगला ही थी। और पुरुष! वह कौन है? यही मैं सोचता हुआ झोपड़ी के बाहर साखू की छाया में बैठा हुआ था। झोपड़ी में दोनों विश्राम कर रहे थे। उन लोगों ने नहा-धोकर कुछ जल पीकर सोना आरम्भ किया। सोने की होड़ लग रही थी। वे इतने थके थे कि दिन-भर उठने का नाम नहीं लिया। मैं दूसरे दिन का धरा हुआ नमक लगा मांस का टुकड़ा निकालकर आग पर सेंकने की तैयारी में लगा क्योंकि अब दिन ढल रहा था। मैं अपने तीर से आज एक पक्षी मार सका था। सोचा कि ये लोग भी कुछ माँग बैठें तब क्या दूँगा? मन में तो रोष की मात्रा कुछ न थी, फिर भी वह मंगला थी न!

कभी जो भूले-भटके पथिक उधर से आ निकलते, उनसे नमक और आटा मिल जाता था। मेरी झोपड़ी में रात बिताने का किराया देकर लोग जाते। मुझे भी लालच लगा था! अच्छा, जाने दीजिए। वहाँ उस दिन जो कुछ बचा था, वह सब लेकर बैठा मैं भोजन बनाने।

मैं अपने पर झुँझलाता भी था और उन लोगों के लिए भोजन भी बनाता जाता था। विरोध के सहस्र फणों की छाया में न जाने दुलार कब से सो रहा था! वह जग पड़ा।

जब सूर्य उन धवल शिलाओं पर बहती हुई जल-धारा को लाल बनाने लगा था, तब उन लोगों की आँखें खुलीं। मंगला ने मेरी सुलगायी हुई आग की शिखा को देखकर कहा-"आप क्या बना रहे हैं, भोजन! तो क्या यहाँ पास में कुछ मिल सकेगा?" मैंने सिर हिलाकर 'नहीं' कहा। न जाने क्यों! पुरुष अभी अँगड़ाई ले रहा था। उसने कहा-"तब क्या होगा, मंगला?" मंगला हताश होकर बोली-"क्या करूँ?" मैंने कहा-"इसी में जो कुछ अँटे-बँटे, वह खा-पीकर आज आप लोग विश्राम कीजिए न!"

पुरुष निकल आया। उसने सिकी हुई बाटियाँ और मांस के टुकड़ों को देखकर कहा-"तब और चाहिए क्या? मैं तो आपको धन्यवाद ही दूँगा।" मंगला जैसे व्यथित होकर अपने साथी को देखने लगी; उसकी यह बात उसे अच्छी न लगी; किन्तु अब वह द्विविधा में पड़ गयी। वह चुपचाप खड़ी रही। पुरुष ने झिड़ककर कहा-"तो आओ मंगला। मेरा अंग-अंग टूट रहा है। देखो तो बोतली में आज भर के लिए तो बची है?"

जलती हुई आग के धुँधले प्रकाश में वन-भोज का प्रसंग छिड़ा। सभी बातों पर मुझसे पूछा गया; पर शराब के लिए नहीं। मंगला को भी थोड़ी-सी मिली। मैं आश्चर्य से देख रहा था ... मंगला का वह प्रगल्भ आचरण और पुरुष का निश्चिन्त शासन। दासी की तरह वह प्रत्येक बात मान लेने के लिए प्रस्तुत थी! और मैं तो जैसे किसी अद्भुत स्थिति में अपनेपन को भूल चुका था। क्रोध, क्षोभ और डाह सब जैसे मित्र बनने लगे थे। मन में एक विनीत प्यार नहीं; आज्ञाकारिता-सी जग गयी थी।

पुरुष ने डटकर भोजन किया। तब एक बार मेरी ओर देखकर डकार ली। वही मानो मेरे लिए धन्यवाद था। मैं कुढ़ता हुआ भी वहीं साखू के नीचे आसन लगाने की बात सोचने लगा और पुरुष के साथ मंगला गहरी अँधियारी होने के पहले ही झोपड़ी में चली गयी। मैं बुझती हुई आग को सुलगाने लगा। मन-ही-मन सोच रहा था, 'कल ही इन लोगों को यहाँ से चले जाना चाहिए। नहीं तो-'फिर नींद आ चली। रजनी की निस्तब्धता, टकराती हुई लहरों का कलनाद, विस्मृति में गीत की तरह कानों में गूँजने लगा।

दूसरे दिन मुझमें कोई कटुता का नाम नहीं-झिड़कने का साहस नहीं। आज्ञाकारी दास के समान मैं सविनय उनके सामने खड़ा हुआ।

"महाशय! कई मील तो जाना पड़ेगा, परन्तु थोड़ा-सा कष्ट कीजिए न। कुछ सामान खरीद लाइए

आज-" मंगला को अधिक कहने का अवसर न देकर मैं उसके हाथ से रुपया लेकर चल पड़ा। मुझे नौकर बनने में सुख प्रतीत हुआ और लीजिए, मैं उसी दिन से उनके आज्ञाकारी भृत्य की तरह अहेर कर लाता। मछली मारता। एक नाव पर जाकर दूर बाजार से आवश्यक सामग्री खरीद लाता। हाँ, उस पुरुष को मदिरा नित्य चाहिए। मैं उसका भी प्रबन्ध करता और यह सब प्रसन्नता के साथ। मनुष्य को जीवन में कुछ-न-कुछ काम करना चाहिए। वह मुझे मिल गया था। मैंने देखते-देखते एक छोटा-सा छप्पर अलग डाल दिया। प्याज-मेवा, जंगली शहद और फल-फूल सब जुटाता रहता। यह मेरा परिवर्तन निर्लिप्त भाव से मेरी आत्मा ने ग्रहण कर लिया। मंगला की उपासना थी।

कई महीने बीत गये; किन्तु छविनाथ-यही उस पुरुष का नाम था-को भोजन करके, मदिरा पिये पड़े रहने के अतिरिक्त कोई काम नहीं। मंगला की गाँठ खाली हो चली। जो दस-बीस रुपये थे वह सब खर्च हो गये, परन्तु छविनाथ की आनन्द निद्रा टूटी नहीं। वह निरंकुश, स्वच्छ पान-भोजन में सन्तुष्ट व्यक्ति था। मंगला इधर कई दिनों से घबरायी हुई दीखती थी; परन्तु मैं चुपचाप अपनी उपासना में निरत था। एक सुन्दर चाँदनी रात थी। सरदी पड़ने लगी थी। वनस्थली सन्न-सन्न कर रही थी। मैं अपने छप्पर के नीचे दूर से आने वाली नदी का कलनाद सुन रहा था। मंगला सामने आकर खड़ी हो गयी। मैं चौंक उठा। उसने कहा-"मुरली!"

मैं चुप रहा।

"बोलते क्यों नहीं?"

मैं फिर भी चुप रहा।

"ओह! तुम समझते हो कि मैं तुम्हें नहीं पहचानती। यह तुम्हारे बायें गाल पर जो दाढ़ी के पास चोट है, वह तुमको पहचानने से मुझे वञ्चित कर ले, ऐसा नहीं हो सकता। तुम मुरली हो! हो न! बोलो।"

"हाँ।" मुझसे कहते ही बना।

"अच्छा तो सुनो, मैं इस पशु से ऊब गयी हूँ। और अब मेरे पास कुछ नहीं बचा। जो कुछ लेकर मैं घर से चली थी, वह सब खर्च हो गया।"

"तब?"-मैंने विरक्त होकर कहा।

"यही कि मुझे यहाँ से ले चलो। वह जितनी शराब थी, सब पीकर आज बेसुध-सा है। मैं तुमको इतने दिनों तक भी पहचान कर क्यों नहीं बोली, जानते हो?"

"नहीं।"

"तुम्हारी परीक्षा ले रही थी। मुझे विश्वास हो गया कि तुम मेरे सच्चे चाहने वाले हो।"

"इसकी भी परीक्षा कर ली थी तुमने?" मैंने व्यंग से कहा।

"उसे भूल जाओ। वह सब बड़ी दुःखद कथा है। मैं किस तरह घरवालों की सहायता से इसके साथ भागने के लिए बाध्य हुई, उसे सुनकर क्या करोगे? चलो, मैं अभी चलना चाहती हूँ। स्त्री-जीवन की भूख कब जग जाती है, इसको कोई नहीं जानता; जान लेने पर तो उसको बहाली देना असम्भव है। उसी क्षण को पकड़ना पुरुषार्थ है।"

भयानक स्त्री! मेरा सिर चकराने लगा। मैंने कहा-"आज तो मेरे पैरों में पीड़ा है। मैं उठ नहीं सकता।" उसने मेरा पैर पकड़कर कहा-"कहाँ दुखता है, लाओ मैं दाब दूँ।" मेरे शरीर में बिजली-सी दौड़ गयी। पैर खींचकर कहा-"नहीं-नहीं, तुम जाओ; सो रहो, कल देखा जायगा।"

"तुम डरते हो न?"-यह कहकर उसने कमर में से छुरा निकाल लिया। मैंने कहा-"यह क्या?"

"अभी झगड़ा छुड़ाये देती हूँ।" यह कहकर झोपड़ी की ओर चली। मैंने लपककर उसका हाथ

पकड़ लिया और कहा–"आज ठहरो, मुझे सोच लेने दो।"

"सोच लो"–कहकर छुरा कमर में रख, वह झोपड़ी में चली गयी। मैं हवाई हिंडोले पर चक्कर खाने लगा। स्त्री! यह स्त्री है? यही मंगला है, मेरे प्यार की अमूल्य निधि! मैं कैसा मूर्ख था! मेरी आँखों में नींद नहीं। सवेरा होने के पहले ही जब दोनों सो रहे थे, मैं अपने पथ पर दूर भागा जा रहा था।

कई बरस के बाद, जब मेरा मन उस भावना को भुला चुका था, तो धुली हुई शिला के समान स्वच्छ हो गया। मैं उसी पथ से लौटा। नाले के पास नदी की धारा के समीप खड़ा होकर देखने लगा। वह अभी उसी तरह शिला-शय्या पर छटपटा रही थी। हाँ, कुछ व्याकुलता बढ़-सी गयी थी। वहाँ बहुत-से पत्थर के छोटे-छोटे टुकड़े लुढ़कते हुए दिखाई पड़े, जो घिसकर अनेक आकृति धारण कर चुके थे। स्रोत से कुछ ऐसा परिवर्तन हुआ होगा। उनमें रंगीन चित्रों की छाया दिखाई पड़ी। मैंने कुछ बटोरकर उनकी विचित्रता देखी, कुछ पास भी रख लिये। फिर ऊपर चला। अकस्मात् वहीं पर जा पहुँचा, जहाँ पर मेरी झोपड़ी थी। उसकी सब कड़ियाँ बिखर गयी थीं। एक लकड़ी के टुकड़े पर लोहे की नोक से लिखा था– "देवता छाया बना देते हैं। मनुष्य उसमें रहता है। और मुझ-सी राक्षसी उसमें आश्रय पाकर भी उसे उजाड़कर ही फेंकती है।"

क्या यह मंगला का लिखा हुआ है? क्षण-भर के लिए सब बातें स्मरण हो आयीं। मैं नाले में उतरने लगा। वहीं पर यह पत्थर मिला।

"देखते हैं न बाबूजी!"–इतना कहकर मुरली ने एक बड़ा-सा और कुछ छोटे-छोटे पत्थर सामने रख दिये। वह फिर कहने लगा–"इसे घिसकर और भी साफ किये जाने पर वही चित्र दिखाई दे रहा है। एक स्त्री की धुँधली आकृति राक्षसी-सी! यह देखिए, छुरा है हाथ में, और वह साखू का पेड़ है, और यह हूँ मैं। थोड़ा-सा ही मेरे शरीर का भाग इसमें आ सका है। यह मेरी जीवनी का आंशिक चित्र है। मनुष्य का हृदय न जाने किस सामग्री से बना है! वह जन्म-जन्मान्तर की बात स्मरण कर सकता है, और एक क्षण में सब भूल सकता है; किन्तु जड़ पत्थर-उस पर तो जो रेखा बन गयी, सो बन गयी। वह कोई क्षण होता होगा, जिसमें अन्तरिक्ष-निवासी कोई नक्षत्र अपनी अन्तर्भेदिनी दृष्टि से देखता होगा और अपने अदृश्य करों से शून्य में से रंग आहरण करके वह चित्र बना देता है। इसे जितना घिसिए, रेखाएँ साफ होकर निकलेंगी। मैं भूल गया था। इसने मुझे स्मरण करा दिया। अब मैं इसे आपको देकर वह बात एक बार ही भूल जाना चाहता हूँ। छोटे पत्थरों से तो आप बटन इत्यादि बनाइए; पर यह बड़ा पत्थर आपकी चाँदी की पानवाली डिबिया पर ठीक बैठ जायगा। यह मेरी भेंट है। इसे आप लेकर मेरे मन का बोझ हलका कर दीजिए।"

-- --

मैं कहानी सुनने में तल्लीन हो रहा था और वह मुरली धीरे से मेरी आँखों के सामने से खिसक गया। मेरे सामने उसके दिये हुए चित्रवाले पत्थर बिखरे पड़े रह गये।

उस दिन जितने लोग आये, मैंने उन्हें उन पत्थरों को दिखलाया और पूछा कि यह कहाँ मिलते हैं? किसी ने कुछ ठीक-ठीक नहीं बतलाया। मैं कुछ काम न कर सका। मन उचट गया था। तीसरे पहर कुछ दूर घूमकर जब लौट आया, तो देखा कि एक स्त्री मेरी बँगलिया के पास खड़ी है। उसका अस्त-व्यस्त भाव, उन्मत्त-सी तीव्र आँखें देखकर मुझे डर लगा। मैंने कहा–"क्या है?" उसने कुछ माँगने के लिए हाथ फैला दिया। मैंने कहा–"भूखी हो क्या? भीतर आओ।" वह भयाकुल और सशंक दृष्टि से मुझे देखती लौट पड़ी। मैंने कहा–"लेती जाओ।" किन्तु वह कब सुननेवाली थी!

चित्रवाला बड़ा पत्थर सामने दिखाई पड़ा। मुझे तुरन्त ही स्त्री की आकृति का ध्यान हुआ; किन्तु जब तक उसे खोजने के लिए नौकर जाय, वह पहाड़ियों की सन्ध्या की उदास छाया में छिप गयी थी।

चित्र-मंदिर

१

प्रकृति तब भी अपने निर्माण और विनाश में हँसती और रोती थी। पृथ्वी का पुरातन पर्वत विन्ध्य उसकी सृष्टि के विकास में सहायक था। प्राणियों का सञ्चार उसकी गम्भीर हरियाली में बहुत धीरे-धीरे हो रहा था। मनुष्यों ने अपने हाथों की पृथ्वी से उठाकर अपने पैरों पर खड़े होने की सूचना दे दी थी। जीवन-देवता की आशीर्वाद-रश्मि उन्हें आलोक में आने के लिए आमन्त्रित कर चुकी थी।

यौवन-जल से भरी हुई कादम्बिनी-सी युवती नारी रीछ की खाल लपेटे एक वृक्ष की छाया में बैठी थी। उसके पास चकमक और सूखी लकड़ियों का ढेर था। छोटे-छोटे हिरनों का झुण्ड उसी स्रोत के पास जल पीने के लिए आता। उन्हें पकड़ने की ताक में युवती बड़ी देर से बैठी थी; क्योंकि उस काल में भी शस्त्रों से आखेट नर ही करते थे और उनकी नारियाँ कभी-कभी छोटे-मोटे जन्तुओं को पकड़ लेने में अभ्यस्त हो रही थीं।

स्रोत में जल कम था। वन्य कुसुम धीरे-धीरे बहते हुए एक के बाद एक आकर माला की लड़ी बना रहे थे। युवती ने उनकी विलक्षण पँखड़ियों को आश्चर्य से देखा। वे सुन्दर थे, किन्तु उसने इन्हें अपनी दो आरम्भिक आवश्यकताओं काम और भूख से बाहर की वस्तु समझा। वह फिर हिरनों की प्रतीक्षा करने लगी। उनका झुण्ड आ रहा था। युवती की आँखे प्रलोभन की रंगभूमि बन रही थीं। उसने अपनी ही भुजाओं से छाती दबाकर आनन्द और उल्लास का प्रदर्शन किया।

दूर से एक कूक सुनाई पड़ी और एक भद्दे फलवाला भाला लक्ष्य से चूककर उसी के पास के वृक्ष के तने में धँसकर रह गया। हाँ, भाले के धँसने पर वह जैसे न जाने क्या सोचकर पुलकित हो उठी। हिरन उसके समीप आ रहे थे; परन्तु उसकी भूख पर दूसरी प्रबल इच्छा विजयनी हुई। पहाड़ी से उतरते हुए नर को वह सतृष्ण देखने लगी। नर अपने भाले के पीछे आ रहा था। नारी के अंग में कम्प, पुलक और स्वेद का उद्भ्रम हुआ।

'हाँ, वही तो है, जिसने उस दिन भयानक रीछ को अपने प्रचण्ड बल से परास्त किया था। और, उसी की खाल युवती आज लपेटे थी। कितनी ही बार तब से युवक और युवती की भेंट निर्जन कन्दराओं और लताओं के झुरमुट में हो चुकी थी। नारी के आकर्षण से खिंचा हुआ वह युवा दूसरी शैलमाला से प्राय: इधर आया करता और तब उस जंगली जीवन में दोनों का सहयोग हुआ करता। आज नर ने देखा कि युवती की अन्यमनस्कता से उसका लक्ष्य पशु निकल गया। विहार के प्राथमिक उपचार की सम्भावना न रही, उसे इस सन्ध्या में बिना आहार के ही लौटना पड़ेगा। "तो क्या जान-बूझकर उसने अहेर को बहका दिया, और केवल अपनी इच्छा की पूर्ति का अनुरोध लेकर चली आ रही है। लो, उसकी बाँहें व्याकुलता से आलिंगन के लिए बुला रही हैं। नहीं, उसे इस समय अपना आहार चाहिए।" उसके बाहुपाश से युवक निकल गया। नर के लिए दोनों ही अहेर थे, नारी हो या पशु। इस समय नर को नारी की आवश्यकता न थी। उसकी गुफा में मांस का अभाव था।

सन्ध्या आ गयी। नक्षत्र ऊँचे आकाश-गिरि पर चढ़ने लगे। आलिंगन के लिए उठी हुई बाँहें गिर गयीं। इस दृश्य जगत् के उस पार से, विश्व के गम्भीर अन्तस्तल से एक करुण और मधुर अन्तर्नाद

गूँज उठा। नारी के हृदय में प्रत्याख्यान की पहली ठेस लगी थी। वह उस काल के साधारण जीवन से एक विलक्षण अनुभूति थी। वन-पथ में हिंस्र पशुओं का सञ्चार बढ़ने लगा; परन्तु युवती उस नदी-तट से न उठी। नदी की धारा में फूलों की श्रेणी बिगड़ चुकी थी—और नारी की आकांक्षा की गति भी विच्छिन्न हो रही थी। आज उसके हृदय में एक अपूर्व परिचित भाव जग पड़ा, जिसे वह समझ नहीं पाती थी। अपने दलों के दूर गये हुए लोगों को बुलाने की पुकार वायुमण्डल में गूँज रही थी; किन्तु नारी ने अपनी बुलाहट को पहचानने का प्रयत्न किया। वह कभी नक्षत्र से चित्रित उस स्रोत के जल को देखती और कभी अपने समीप की उस तिकोनी और छोटी-सी गुफा को, जिसे वह अपना अधिवास समझ लेने के लिए बाध्य हो रही थी।

२

रजनी का अन्धकार क्रमश: सघन हो रहा था। नारी बारम्बार अँगड़ाई लेती हुई सो गयी। तब भी आलिंगन के लिए उसके हाथ नींद में उठते और गिरते थे।

-- --

जब नक्षत्रों की रश्मियाँ उज्ज्वल होने लगीं, और वे पुष्ट होकर पृथ्वी पर परस्पर चुम्बन करने लगीं, तब जैसे अन्तरिक्ष में बैठकर किसी ने अपने हाथों से उनकी डोरियाँ बट दीं और उस पर झूलती हुई दो देवकुमारियाँ उतरीं।

एक ने कहा—"सखि विधाता, तुम बड़ी निष्ठर हो। मैं जिन प्राणियों की सृष्टि करती हूँ, तुम उनके लिए अलग-अलग विधान बनाकर उसी के अनुसार कुछ दिनों तक जीने, अपने संकेत पर चलने और फिर मर जाने के लिए विवश कर देती हो।"

दूसरी ने कहा—"धाता, तुम भी बड़ी पगली हो। यदि समस्त प्राणियों की व्यवस्था एक-सी ही की जाती, तो तुम्हारी सृष्टि कैसी नीरस होती और फिर यह तुम्हारी क्रीड़ा कैसे चलती? देखो न, आज की ही रात है। गंधमादन में देव-बालाओं का नृत्य और असुरों के देश में राज्य-विप्लव हो रहा है। अतलान्त समुद्र सूख रहा है। महामरुस्थल में जल की धाराएँ बहने लगी हैं, और आर्यावर्त के दक्षिण विन्ध्य के अञ्चल में एक हिरन न पाने पर एक युवा नर अपनी प्रेयसी नारी को छोड़कर चला जाता है। उसे है भूख, केवल भूख।"

धाता ने कहा—"हाँ बहन, इन्हें उत्पन्न हुए बहुत दिन हो चुके; पर ये अभी तक अपने सहचारी पशुओं की तरह रहते हैं।"

विधाता ने कहा—"नहीं जी, आज ही मैंने इस वर्ग के एक प्राणी के मन में ललित कोमल आन्दोलन का आरम्भ किया है। इनके हृदय में अब भावलोक की सृष्टि होगी।"

धाता ने प्रसन्न होकर पूछा—"तो अब इनकी जड़ता छूटेगी न?"

विधाता ने कहा—"हाँ, बहुत धीरे-धीरे। मनोभावों को अभिव्यक्त करने के लिए अभी इनके पास साधनों का अभाव है।"

धाता कुछ रूठ-सी गयी। उसने कहा—"चलो बहन, देवनृत्य देखें। मुझे तुम्हारी कठोरता के कारण अपनी ही सृष्टि अच्छी नहीं लगती। कभी-कभी तो ऊब जाती हूँ।"

विधाता ने कहा—"तो चुपचाप बैठ जाओ, अपना काम बन्द कर दो, मेरी भी जलन छूटे।"

धाता ने खिन्न होकर कहा—"अभ्यास क्या एक दिन में छूट जायगा, बहन?"

"तब क्या तुम्हारी सृष्टि एक दिन में स्वर्ग बन जायगी? चलो, सुर-बालाओं का सोमपान हो रहा है। एक-एक चषक हम लोग भी लें।"—कहकर विधाता ने किरनों की रस्सी पकड़ ली और धाता ने

भी! दोनों पेंग बढ़ाने लगीं। ऊँचे जाते-जाते अन्तरिक्ष में वे छिप गयीं।

-- --

नारी जैसे सपना देखकर उठ बैठी। प्रभात हो रहा था। उसकी आँखों में मधुर स्वप्न की मस्ती भरी थी। नदी का जल धीरे-धीरे बह रहा था। पूर्व में लाली छिटक रही थी। मलयवात से बिखरे हुए केशपाश को युवती ने पीछे हटाया। हिरनों का झुण्ड फिर दिखाई पड़ा। उसका हृदय सम्वेदनशील हो रहा था। उस दृश्य को नि:स्पृह देखने लगी।

ऊषा के मधुर प्रकाश में हिरनों का दल छलाँग भरता हुआ स्रोत लाँघ गया; किन्तु एक शावक चकित-सा वहीं खड़ा रह गया। पीछे आखेट करनेवालों का दल आ रहा था। युवती ने शावक को गोद में उठा लिया। दल के और लोग तो स्रोत के संकीर्ण तट की ओर दौड़े; किन्तु वह परिचित युवक युवती के पास चला आया। नारी ने उसे देखने के लिए मुँह फिराया था कि शावक की बड़ी-बड़ी आँखों में उसे अपना प्रतिबिम्ब दिखाई पड़ा। क्षण-भर के लिए तन्मय होकर उन निरीह नयनों में नारी अपनी छाया देखने लगी।

नर की पाशव प्रवृत्ति जग पड़ी। वह अब भी सन्ध्या की घटना को भूल न सका था। उसने शावक छीन लेना चाहा। सहसा नारी में अद्भुत परिवर्तन हुआ। शावक को गोद में चिपकाये जिधर हिरन गये थे, उसी ओर वह भी दौड़ी। नर चकित-सा खड़ा रह गया।

नारी हिरनों का अनुसरण कर रही थी। नाले, खोह और छोटी पहाड़ियाँ, फिर नाला और समतल भूमि। वह दूर हिरनों का झुण्ड, वहीं कुछ दूर! बराबर आगे बढ़ी जा रही थी। आखेट के लिए उन आदिम नरों का झुण्ड बीच-बीच में मिलता। परन्तु उसे क्या? वह तो उस झुण्ड के पीछे चली जा रही थी, जिसमें काली पीठवाले दो हिरन आगे-आगे चौकड़ी भर रहे थे।

एक बड़ी नदी के तट पर जिसे लाँघना असम्भव समझकर हिरनों का झुण्ड खड़ा हो गया था, नारी रुक गयी। शावक को उनके बीच में उसने छोड़ दिया। नर और पशुओं के जीवन में वह एक आश्चर्यपूर्ण घटना थी। शावक अपनी माता का स्तन-पान करने लगा। युवती पहले-पहल मुस्कुरा उठी। हिरनों ने सिर झुका दिये। उनका विरोध-भाव जैसे नष्ट हो चुका था। वह लौटकर अपनी गुफा में आयी। चुपचाप थकी-सी पड़ रही। उसके नेत्रों के सामने दो दृश्य थे। एक में प्रकाण्ड शरीरवाला प्रचण्ड बलशाली युवक चकमक के फल का भाला लिये पशुओं का अहेर कर रहा था। दूसरे में वह स्वयं हिरनों के झुण्ड में घिरी हुई खड़ी थी। एक में भय था, दूसरे में स्नेह। दोनों में कौन अच्छा है, वह निश्चय न कर सकी।

३

नारी की दिनचर्या बदल रही थी। उसके हृदय में एक ललित भाव की सृष्टि हो रही थी। मानस में लहरें उठने लगी थीं। पहला युवक प्राय: आता, उसके पास बैठता और अनेक चेष्टाएँ करता; किन्तु युवती अचल पाषाण-प्रतिमा की तरह बैठी रहती। एक दूसरा युवक भी आने लगा था। वह भी अहेर का मांस या फल कुछ-न-कुछ रख ही जाता। पहला इसे देखकर दाँत पीसता, नस चटकाता, उछलता, कूदता और हाथ-पैर चलाता था। तब भी नारी न तो विरोध करती, न अनुरोध। उन क्रोधपूर्ण हुँकारों को जैसे वह सुनती ही न थी। यह लीला प्राय: नित्य हुआ करती। वह एक प्रकार से अपने दल से निर्वासित उसी गुफा में अपनी इंठोर साधना में जैसे निमग्न थी।

एक दिन उसी गुफा के नीचे नदी के पुलिन में एक वराह के पीछे पहला युवक अपना भाला लिये दौड़ता आ रहा था। सामने से दूसरा युवक भी आ गया और उसने अपना भाला चला ही दिया। चोट से विकल वराह पहले युवक की ओर लौट पड़ा, जिसके सामने दो अहेर थे। उसने भी अपना सुदीर्घ भाला कुछ-कुछ जान में और कुछ अनजान में फेंका। वह क्रोध-मूर्ति था। दूसरा युवक छाती

ऊँची किये आ रहा था। भाला उसमें घुस गया। उधर वराह ने अपनी पैनी डाढ़ पहले युवक के शरीर में चुभो दी। दोनों युवक गिर पड़े। वराह निकल गया। युवती ने देखा, वह दौड़कर पहले युवक को उठाने लगी; किन्तु दल के लोग वहाँ पहुँच गये। उनकी घृणापूर्ण दृष्टि से आहत होकर नारी गुफा में लौट गयी।

आज उसकी आँखों से पहले-पहल आँसू भी गिरे। एक दिन वह हँसी भी थी। मनुष्य-जीवन की ये दोनो प्रधान अभिव्यक्तियाँ उसके सामने क्रम से आयीं। वह रोती थी और हँसती थी, हँसती थी फिर रोती थी।

वसन्त बीत चुका था। प्रचण्ड ग्रीष्म का आरम्भ था। पहाड़ियों से लाल और काले धातुराग बहने लगे थे। युवती जैसे उस जड़ प्रकृति से अपनी तुलना करने लगी। उसकी एक आँख से हँसी और दूसरे से आँसू का उद्गम हुआ करता, और वे दोनों दृश्य उसे प्रेरित किये रहते।

नारी ने इन दोनों भावों की अभिव्यक्ति को स्थायी रूप देना चाहा। शावक की आँखों में उसने पहला चित्र देखा था। कुचली हुई वेतस की लता को उसने धातुराग में डुबोया और अपनी तिकोनी गुफा में पहली चितेरिन चित्र बनाने बैठी। उसके पास दो रंग थे, एक गैरिक, दूसरा कृष्ण। गैरिक से उसने अपना चित्र बनाया, जिसमें हिरनों के झुण्ड में स्वयं वही खड़ी थी, और कृष्ण धातुराग से आखेट का चित्र, जिसमें पशुओं के पीछे अपना भाला ऊँचा किये हुए भीष्म आकृति का नर था।

नदी का वह तट, अमंगलजनक स्थान बहुत काल तक नर-सञ्चार-वर्जित रहा; किन्तु नारी वहीं अपने जीवनपर्यन्त उन दोनों चित्रों को देखती रहती और अपने को कृतकृत्य समझती।

-- --

विन्ध्य के अञ्चल में मनुष्यों के कितने ही दल वहाँ आये और गये। किसी ने पहले उस चित्र-मन्दिर को भय से देखा, किसी ने भक्ति से।

मानव-जीवन के उस काल का वह स्मृतिचिह्न—जब कि उसने अपने हृदय-लोक में संसार के दो प्रधान भावों को प्रतिष्ठा की थी—आज भी सुरक्षित है। उस प्रान्त के जंगली लोग उसे राजधानी की गुफा और ललितकला के खोजी उसे पहला चित्र-मन्दिर कहते हैं।

गुंडा

१

वह पचास वर्ष से ऊपर था। तब भी युवकों से अधिक बलिष्ठ और दृढ़ था। चमड़े पर झुर्रियाँ नहीं पड़ी थीं। वर्षा की झड़ी में, पूस की रातों की छाया में, कड़कती हुई जेठ की धूप में, नंगे शरीर घूमने में वह सुख मानता था। उसकी चढ़ी मूँछें बिच्छू के डंक की तरह, देखनेवालों की आँखों में चुभती थीं। उसका साँवला रंग, साँप की तरह चिकना और चमकीला था। उसकी नागपुरी धोती का लाल रेशमी किनारा दूर से ही ध्यान आकर्षित करता। कमर में बनारसी सेल्हे का फेंटा, जिसमें सीप की मूठ का बिछुआ खुँसा रहता था। उसके घुँघराले बालों पर सुनहले पल्ले के साफे का छोर उसकी चौड़ी पीठ पर फैला रहता। ऊँचे कन्धे पर टिका हुआ चौड़ी धार का गँड़ासा, यह भी उसकी धज! पंजों के बल जब वह चलता, तो उसकी नसें चटाचट बोलती थीं। वह गुंडा था।

ईसा की अठारहवीं शताब्दी के अन्तिम भाग में वही काशी नहीं रह गयी थी, जिसमें उपनिषद् के अजातशत्रु की परिषद् में ब्रह्मविद्या सीखने के लिए विद्वान ब्रह्मचारी आते थे। गौतम बुद्ध और शंकराचार्य के धर्म-दर्शन के वाद-विवाद, कई शताब्दियों से लगातार मंदिरों और मठों के ध्वंस और तपस्वियों के वध के कारण, प्राय: बन्द-से हो गये थे। यहाँ तक कि पवित्रता और छुआछूत में कट्टर वैष्णव-धर्म भी उस विश्रृंखलता में, नवागन्तुक धर्मोन्माद में अपनी असफलता देखकर काशी में अघोर रूप धारण कर रहा था। उसी समय समस्त न्याय और बुद्धिवाद को शस्त्र-बल के सामने झुकते देखकर, काशी के विच्छिन्न और निराश नागरिक जीवन ने, एक नवीन सम्प्रदाय की सृष्टि की। वीरता जिसका धर्म था। अपनी बात पर मिटना, सिंह-वृत्ति से जीविका ग्रहण करना, प्राण-भिक्षा माँगनेवाले कायरों तथा चोट खाकर गिरे हुए प्रतिद्वन्द्वी पर शस्त्र न उठाना, सताये निर्बलों को सहायता देना और प्रत्येक क्षण प्राणों को हथेली पर लिये घूमना, उसका बाना था। उन्हें लोग काशी में गुंडा कहते थे।

जीवन की किसी अलभ्य अभिलाषा से वञ्चित होकर जैसे प्राय: लोग विरक्त हो जाते हैं, ठीक उसी तरह किसी मानसिक चोट से घायल होकर, एक प्रतिष्ठित जमींदार का पुत्र होने पर भी, नन्हकूसिंह गुंडा हो गया था। दोनों हाथों से उसने अपनी सम्पत्ति लुटायी। नन्हकूसिंह ने बहुत-सा रुपया खर्च करके जैसा स्वाँग खेला था, उसे काशी वाले बहुत दिनों तक नहीं भूल सके। वसन्त ऋतु में यह प्रहसनपूर्ण अभिनय खेलने के लिए उन दिनों प्रचुर धन, बल, निर्भीकता और उच्छृंखलता की आवश्यकता होती थी। एक बार नन्हकूसिंह ने भी एक पैर में नूपुर, एक हाथ में तोड़ा, एक आँख में काजल, एक कान में हजारों के मोती तथा दूसरे कान में फटे हुए जूते का तल्ला लटकाकर, एक जड़ाऊ मूठ की तलवार, दूसरा हाथ आभूषणों से लदी हुई अभिनय करनेवाली प्रेमिका के कन्धे पर रखकर गाया था—

"कहीं बैगनवाली मिले तो बुला देना।"

प्राय: बनारस के बाहर की हरियालियों में, अच्छे पानीवाले कुओं पर, गंगा की धारा में मचलती हुई डोंगी पर वह दिखलाई पड़ता था। कभी-कभी जूआखाने से निकलकर जब वह चौक में आ जाता, तो काशी की रँगीली वेश्याएँ मुस्कराकर उसका स्वागत करतीं और उसके दृढ़ शरीर को सस्पृह

देखतीं। वह तमोली की ही दूकान पर बैठकर उनके गीत सुनता, ऊपर कभी नहीं जाता था। जूए की जीत का रुपया मुठ्ठियों में भर-भरकर, उनकी खिड़की में वह इस तरह उछालता कि कभी-कभी समाजी लोग अपना सिर सहलाने लगते, तब वह ठठाकर हँस देता। जब कभी लोग कोठे के ऊपर चलने के लिए कहते, तो वह उदासी की साँस खींचकर चुप हो जाता।

वह अभी वंशी के जूआखाने से निकला था। आज उसकी कौड़ी ने साथ न दिया। सोलह परियों के नृत्य में उसका मन न लगा। मन्नू तमोली की दूकान पर बैठते हुए उसने कहा-"आज सायत अच्छी नहीं रही, मन्नू!"

"क्यों मालिक! चिन्ता किस बात की है। हम लोग किस दिन के लिए हैं। सब आप ही का तो है।"

"अरे, बुद् ही रहे तुम! नन्हकूसिंह जिस दिन किसी से लेकर जूआ खेलने लगे उसी दिन समझना वह मर गये। तुम जानते नहीं कि मैं जूआ खेलने कब जाता हूँ। जब मेरे पास एक पैसा नहीं रहता; उसी दिन नाल पर पहुँचते ही जिधर बड़ी ढेरी रहती है, उसी को बदता हूँ और फिर वही दाँव आता भी है। बाबा कीनाराम का यह बरदान है!"

"तब आज क्यों, मालिक?"

"पहला दाँव तो आया ही, फिर दो-चार हाथ बदने पर सब निकल गया। तब भी लो, यह पाँच रुपये बचे हैं। एक रुपया तो पान के लिए रख लो और चार दे दो मलूकी कथक को, कह दो कि दुलारी से गाने के लिए कह दे। हाँ, वही एक गीत-

"विलमि विदेश रहे।"

नन्हकूसिंह की बात सुनते ही मलूकी, जो अभी गाँजे की चिलम पर रखने के लिए अँगारा चूर कर रहा था, घबराकर उठ खड़ा हुआ। वह सीढ़ियों पर दौड़ता हुआ चढ़ गया। चिलम को देखता ही ऊपर चढ़ा, इसलिए उसे चोट भी लगी; पर नन्हकूसिंह की भृकुटी देखने की शक्ति उसमें कहाँ। उसे नन्हकूसिंह की वह मूर्ति न भूली थी, जब इसी पान की दूकान पर जूएखाने से जीता हुआ, रुपये से भरा तोड़ा लिये वह बैठा था। दूर से बोधीसिंह की बारात का बाजा बजता हुआ आ रहा था। नन्हकू ने पूछा-"यह किसकी बारात है?"

"ठाकुर बोधीसिंह के लड़के की।"-मन्नू के इतना कहते ही नन्हकू के ओठ फड़कने लगे। उसने कहा-"मन्नू! यह नहीं हो सकता। आज इधर से बारात न जायगी। बोधीसिंह हमसे निपटकर तब बारात इधर से ले जा सकेंगे।"

मन्नू ने कहा-"तब मालिक, मैं क्या करूँ?"

नन्हकू गँड़ासा कन्धे पर से और ऊँचा करके मलूकी से बोला-"मलुकिया देखता है, अभी जा ठाकुर से कह दे, कि बाबू नन्हकूसिंह आज यहीं लगाने के लिए खड़े हैं। समझकर आवें, लड़के की बारात है।" मलुकिया काँपता हुआ ठाकुर बोधीसिंह के पास गया। बोधीसिंह और नन्हकू से पाँच वर्ष से सामना नहीं हुआ है। किसी दिन नाल पर कुछ बातों में ही कहा-सुनी होकर, बीच-बचाव हो गया था। फिर सामना नहीं हो सका। आज नन्हकू जान पर खेलकर अकेला खड़ा है। बोधीसिंह भी उस आन को समझते थे। उन्होंने मलूकी से कहा-"जा बे, कह दे कि हमको क्या मालूम कि बाबू साहब वहाँ खड़े हैं। जब वह हैं ही, तो दो समधी जाने का क्या काम है।" बोधीसिंह लौट गये और मलूकी के कन्धे पर तोड़ा लादकर बाजे के आगे नन्हकूसिंह बारात लेकर गये। ब्याह में जो कुछ लगा, खर्च किया। ब्याह कराकर तब, दूसरे दिन इसी दूकान तक आकर रुक गये। लड़के को और उसकी बारात को उसके घर भेज दिया।

मलूकी को भी दस रुपया मिला था उस दिन। फिर नन्हकूसिंह की बात सुनकर बैठे रहना और यम को न्योता देना एक ही बात थी। उसने जाकर दुलारी से कहा-"हम ठेका लगा रहे हैं, तुम गाओ,

तब तक बल्लू सारंगीवाला पानी पीकर आता है।"

"बाप रे, कोई आफत आयी है क्या बाबू साहब? सलाम!"-कहकर दुलारी ने खिड़की से मुस्कराकर झाँका था कि नन्हकूसिंह उसके सलाम का जवाब देकर, दूसरे एक आनेवाले को देखने लगे।

हाथ में हरौती की पतली-सी छड़ी, आँखों में सुरमा, मुँह में पान, मेंहदी लगी हुई लाल दाढ़ी, जिसकी सफेद जड़ दिखलाई पड़ रही थी, कुव्वेदार टोपी; छकलिया अँगरखा और साथ में लैसदार परतवाले दो सिपाही! कोई मौलवी साहब हैं। नन्हकू हँस पड़ा। नन्हकू की ओर बिना देखे ही मौलवी ने एक सिपाही से कहा-"जाओ, दुलारी से कह दो कि आज रेजिडेण्ट साहब की कोठी पर मुजरा करना होगा, अभी चले, देखो तब तक हम जानअली से कुछ इत्र ले रहे हैं।" सिपाही ऊपर चढ़ रहा था और मौलवी दूसरी ओर चले थे कि नन्हकू ने ललकारकर कहा-"दुलारी! हम कब तक यहाँ बैठे रहें! क्या अभी सरंगिया नहीं आया?"

दुलारी ने कहा-"वाह बाबू साहब! आपही के लिए तो मैं यहाँ आ बैठी हूँ, सुनिए न! आप तो कभी ऊपर..." मौलवी जल उठा। उसने कड़ककर कहा-"चोबदार! अभी वह सुअर की बच्ची उतरी नहीं। जाओ, कोतवाल के पास मेरा नाम लेकर कहो कि मौलवी अलाउद्दीन कुबरा ने बुलाया है। आकर उसकी मरम्मत करें। देखता हूँ तो जब से नवाबी गयी, इन काफिरों की मस्ती बढ़ गयी है।"

कुबरा मौलवी! बाप रे-तमोली अपनी दूकान सम्हालने लगा। पास ही एक दूकान पर बैठकर ऊँघता हुआ बजाज चौंककर सिर में चोट खा गया! इसी मौलवी ने तो महाराज चेतसिंह से साढ़े तीन सेर चींटी के सिर का तेल माँगा था। मौलवी अलाउद्दीन कुबरा! बाजार में हलचल मच गयी। नन्हकूसिंह ने मन्नू से कहा-"क्यों, चुपचाप बैठोगे नहीं!" दुलारी से कहा-"वहीं से बाईजी! इधर-उधर हिलने का काम नहीं। तुम गाओ। हमने ऐसे घसियारे बहुत-से देखे हैं। अभी कल रमल के पास फेंककर अधेला-अधेला माँगता था, आज चला है रोब गाँठने।"

अब कुबरा ने घूमकर उसकी ओर देखकर कहा-"कौन है यह पाजी!"

"तुम्हारे चाचा बाबू नन्हकूसिंह!"-के साथ ही पूरा बनारसी झापड़ पड़ा। कुबरा का सिर घूम गया। लैस के परतले वाले सिपाही दूसरी ओर भाग चले और मौलवी साहब चौंधिया कर जानअली की दूकान पर लडख़ड़ाते, गिरते-पड़ते किसी तरह पहुँच गये।

जानअली ने मौलवी से कहा-"मौलवी साहब! भला आप भी उस गुण्डे के मुँह लगने गये। यह तो कहिए कि उसने गँड़ासा नहीं तौल दिया।" कुबरा के मुँह से बोली नहीं निकल रही थी। उधर दुलारी गा रही थी" .... विलमि विदेस रहे ...." गाना पूरा हुआ, कोई आया-गया नही। तब नन्हकूसिंह धीरे-धीरे टहलता हुआ, दूसरी ओर चला गया। थोड़ी देर में एक डोली रेशमी परदे से ढँकी हुई आयी। साथ में एक चोबदार था। उसने दुलारी को राजमाता पन्ना की आज्ञा सुनायी।

दुलारी चुपचाप डोली पर जा बैठी। डोली धूल और सन्ध्याकाल के धुएँ से भरी हुई बनारस की तंग गलियों से होकर शिवालय घाट की ओर चली।

२

श्रावण का अन्तिम सोमवार था। राजमाता पन्ना शिवालय में बैठकर पूजन कर रही थी। दुलारी बाहर बैठी कुछ अन्य गानेवालियों के साथ भजन गा रही थी। आरती हो जाने पर, फूलों की अञ्जलि बिखेरकर पन्ना ने भक्तिभाव से देवता के चरणों में प्रणाम किया। फिर प्रसाद लेकर बाहर आते ही उन्होंने दुलारी को देखा। उसने खड़ी होकर हाथ जोड़ते हुए कहा-"मैं पहले ही पहुँच जाती। क्या करूँ, वह कुबरा मौलवी निगोड़ा आकर रेजिडेण्ट की कोठी पर ले जाने लगा। घण्टों इसी झंझट में बीत गया, सरकार!"

"कुबरा मौलवी! जहाँ सुनती हूँ, उसी का नाम। सुना है कि उसने यहाँ भी आकर कुछ...."-फिर न जाने क्या सोचकर बात बदलते हुए पन्ना ने कहा-"हाँ, तब फिर क्या हुआ? तुम कैसे यहाँ आ सकीं?"

"बाबू नन्हकूसिंह उधर से आ गये।" मैंने कहा-"सरकार की पूजा पर मुझे भजन गाने को जाना है। और यह जाने नहीं दे रहा है। उन्होंने मौलवी को ऐसा झापड़ लगाया कि उसकी हेकड़ी भूल गयी। और तब जाकर मुझे किसी तरह यहाँ आने की छुट्टी मिली।"

"कौन बाबू नन्हकूसिंह!"

दुलारी ने सिर नीचा करके कहा-"अरे, क्या सरकार को नहीं मालूम? बाबू निरंजनसिंह के लड़के! उस दिन, जब मैं बहुत छोटी थी, आपकी बारी में झूला झूल रही थी, जब नवाब का हाथी बिगड़कर आ गया था, बाबू निरंजनसिंह के कुँवर ने ही तो उस दिन हम लोगों की रक्षा की थी।"

राजमाता का मुख उस प्राचीन घटना को स्मरण करके न जाने क्यों विवर्ण हो गया। फिर अपने को सँभालकर उन्होंने पूछा-"तो बाबू नन्हकूसिंह उधर कैसे आ गये?"

दुलारी ने मुस्कराकर सिर नीचा कर लिया! दुलारी राजमाता पन्ना के पिता की जमींदारी में रहने वाली वेश्या की लडक़ी थी। उसके साथ ही कितनी बार झूले-हिण्डोले अपने बचपन में पन्ना झूल चुकी थी। वह बचपन से ही गाने में सुरीली थी। सुन्दरी होने पर चञ्चल भी थी। पन्ना जब काशीराज की माता थी, तब दुलारी काशी की प्रसिद्ध गानेवाली थी। राजमहल में उसका गाना-बजाना हुआ ही करता। महाराज बलवन्तसिंह के समय से ही संगीत पन्ना के जीवन का आवश्यक अंश था। हाँ, अब प्रेम-दु:ख और दर्द-भरी विरह-कल्पना के गीत की ओर अधिक रुचि न थी। अब सात्विक भावपूर्ण भजन होता था। राजमाता पन्ना का वैधव्य से दीप्त शान्त मुखमण्डल कुछ मलिन हो गया।

बड़ी रानी की सापत्न्य ज्वाला बलवन्तसिंह के मर जाने पर भी नहीं बुझी। अन्त:पुर कलह का रंगमंच बना रहता, इसी से प्राय: पन्ना काशी के राजमंदिर में आकर पूजा-पाठ में अपना मन लगाती। रामनगर में उसको चैन नहीं मिलता। नयी रानी होने के कारण बलवन्तसिंह की प्रेयसी होने का गौरव तो उसे था ही, साथ में पुत्र उत्पन्न करने का सौभाग्य भी मिला, फिर भी असवर्णता का सामाजिक दोष उसके हृदय को व्यथित किया करता। उसे अपने ब्याह की आरम्भिक चर्चा का स्मरण हो आया।

छोटे-से मञ्च पर बैठी, गंगा की उमड़ती हुई धारा को पन्ना अन्य-मनस्क होकर देखने लगी। उस बात को, जो अतीत में एक बार, हाथ से अनजाने में खिसक जानेवाली वस्तु की तरह गुप्त हो गयी हो; सोचने का कोई कारण नहीं। उससे कुछ बनता-बिगड़ता भी नहीं; परन्तु मानव-स्वभाव हिसाब रखने की प्रथानुसार कभी-कभी कहीं बैठता है, "कि यदि वह बात हो गयी होती तो?" ठीक उसी तरह पन्ना भी राजा बलवन्तसिंह द्वारा बलपूर्वक रानी बनायी जाने के पहले की एक सम्भावना को सोचने लगी थी। सो भी बाबू नन्हकूसिंह का नाम सुन लेने पर। गेंदा मुँहलगी दासी थी। वह पन्ना के साथ उसी दिन से है, जिस दिन से पन्ना बलवन्तसिंह की प्रेयसी हुई। राज्य-भर का अनुसन्धान उसी के द्वारा मिला करता। और उसे न जाने कितनी जानकारी भी थी। उसने दुलारी का रंग उखाड़ने के लिए कुछ कहना आवश्यक समझा।

"महारानी! नन्हकूसिंह अपनी सब जमींदारी स्वाँग, भैंसों की लड़ाई, घुड़दौड़ और गाने-बजाने में उड़ाकर अब डाकू हो गया है। जितने खून होते हैं, सब में उसी का हाथ रहता है। जितनी ...." उसे रोककर दुलारी ने कहा-"यह झूठ है। बाबू साहब के ऐसा धर्मात्मा तो कोई है ही नहीं। कितनी विधवाएँ उनकी दी हुई धोती से अपना तन ढँकती है। कितनी लड़कियों की ब्याह-शादी होती है। कितने सताये हुए लोगों की उनके द्वारा रक्षा होती है।"

रानी पन्ना के हृदय में एक तरलता उद्वेलित हुई। उन्होंने हँसकर कहा-"दुलारी, वे तेरे यहाँ आते हैं न? इसी से तू उनकी बड़ाई....।"

"नहीं सरकार! शपथ खाकर कह सकती हूँ कि बाबू नन्हकूसिंह ने आज तक कभी मेरे कोठे पर पैर भी नहीं रखा।"

राजमाता न जाने क्यों इस अद्भुत व्यक्ति को समझने के लिए चञ्चल हो उठी थीं। तब भी उन्होंने दुलारी को आगे कुछ न कहने के लिए तीखी दृष्टि से देखा। वह चुप हो गयी। पहले पहर की शहनाई बजने लगी। दुलारी छुट्टी माँगकर डोली पर बैठ गयी। तब गेंदा ने कहा-"सरकार! आजकल नगर की दशा बड़ी बुरी है। दिन दहाड़े लोग लूट लिए जाते हैं। सैकड़ों जगह नाला पर जुए में लोग अपना सर्वस्व गँवाते हैं। बच्चे फुसलाये जाते हैं। गलियों में लाठियाँ और छुरा चलने के लिए टेढ़ी भौंहे कारण बन जाती हैं। उधर रेजीडेण्ट साहब से महाराजा की अनबन चल रही है।" राजमाता चुप रहीं।

दूसरे दिन राजा चेतसिंह के पास रेजीडेण्ट मार्कहेम की चिट्ठी आयी, जिसमें नगर की दुर्व्यवस्था की कड़ी आलोचना थी। डाकुओं और गुण्डों को पकड़ने के लिए, उन पर कड़ा नियन्त्रण रखने की सम्मति भी थी। कुबरा मौलवी वाली घटना का भी उल्लेख था। उधर हेस्टिंग्स के आने की भी सूचना थी। शिवालयघाट और रामनगर में हलचल मच गयी! कोतवाल हिम्मतसिंह, पागल की तरह, जिसके हाथ में लाठी, लोहाँगी, गड़ाँसा, बिछुआ और करौली देखते, उसी को पकड़ने लगे।

एक दिन नन्हकूसिंह सुम्भा के नाले के संगम पर, ऊँचे-से टीले की घनी हरियाली में अपने चुने हुए साथियों के साथ दूधिया छान रहे थे। गंगा में, उनकी पतली डोंगी बड़ की जटा से बँधी थी। कथकों का गाना हो रहा था। चार उलाँकी इक्के कसे-कसाये खड़े थे।

नन्हकूसिंह ने अकस्मात् कहा-"मलूकी!" गाना जमता नहीं है। उलाँकी पर बैठकर जाओ, दुलारी को बुला लाओ।" मलूकी वहाँ मजीरा बजा रहा था। दौड़कर इक्के पर जा बैठा। आज नन्हकूसिंह का मन उखड़ा था। बूटी कई बार छानने पर भी नशा नहीं। एक घण्टे में दुलारी सामने आ गयी। उसने मुस्कराकर कहा-"क्या हुक्म है बाबू साहब?"

"दुलारी! आज गाना सुनने का मन कर रहा है।"

"इस जंगल में क्यों?-उसने सशंक हँसकर कुछ अभिप्राय से पूछा।

"तुम किसी तरह का खटका न करो।"-नन्हकूसिंह ने हँसकर कहा।

"यह तो मैं उस दिन महारानी से भी कह आयी हूँ।"

"क्या, किससे?"

"राजमाता पन्नादेवी से "-फिर उस दिन गाना नहीं जमा। दुलारी ने आश्चर्य से देखा कि तानों में नन्हकू की आँखे तर हो जाती हैं। गाना-बजाना समाप्त हो गया था। वर्षा की रात में झिल्लियों का स्वर उस झुरमुट में गूँज रहा था। मंदिर के समीप ही छोटे-से कमरे में नन्हकूसिंह चिन्ता में निमग्न बैठा था। आँखों में नींद नहीं। और सब लोग तो सोने लगे थे, दुलारी जाग रही थी। वह भी कुछ सोच रही थी। आज उसे, अपने को रोकने के लिए कठिन प्रयत्न करना पड़ रहा था; किन्तु असफल होकर वह उठी और नन्हकू के समीप धीरे-धीरे चली आयी। कुछ आहट पाते ही चौंककर नन्हकूसिंह ने पास ही पड़ी हुई तलवार उठा ली। तब तक हँसकर दुलारी ने कहा-"बाबू साहब, यह क्या? स्त्रियों पर भी तलवार चलायी जाती है!"

छोटे-से दीपक के प्रकाश में वासना-भरी रमणी का मुख देखकर नन्हकू हँस पड़ा। उसने कहा-"क्यों बाईजी! क्या इसी समय जाने की पड़ी है। मौलवी ने फिर बुलाया है क्या?" दुलारी नन्हकू के पास बैठ गयी। नन्हकू ने कहा-"क्या तुमको डर लग रहा है?"

"नहीं, मैं कुछ पूछने आयी हूँ।"

"क्या?"

"क्या,......यही कि.......कभी तुम्हारे हृदय में....."

"उसे न पूछो दुलारी! हृदय को बेकार ही समझ कर तो उसे हाथ में लिये फिर रहा हूँ। कोई कुछ कर देता-कुचलता-चीरता-उछालता! मर जाने के लिए सब कुछ तो करता हूँ, पर मरने नहीं पाता।"

"मरने के लिए भी कहीं खोजने जाना पड़ता है। आपको काशी का हाल क्या मालूम! न जाने घड़ी भर में क्या हो जाय। उलट-पलट होने वाला है क्या, बनारस की गलियाँ जैसे काटने को दौड़ती हैं।"

"कोई नयी बात इधर हुई है क्या?"

"कोई हेस्टिंग्ज आया है। सुना है उसने शिवालयघाट पर तिलंगों की कम्पनी का पहरा बैठा दिया है। राजा चेतसिंह और राजमाता पन्ना वहीं हैं। कोई-कोई कहता है कि उनको पकड़कर कलकत्ता भेजने...."

"क्या पन्ना भी....रनिवास भी वहीं है"-नन्हकू अधीर हो उठा था।

"क्यों बाबू साहब, आज रानी पन्ना का नाम सुनकर आपकी आँखों में आँसू क्यो आ गये?"

सहसा नन्हकू का मुख भयानक हो उठा! उसने कहा-"चुप रहो, तुम उसको जानकर क्या करोगी?" वह उठ खड़ा हुआ। उद्विग्न की तरह न जाने क्या खोजने लगा। फिर स्थिर होकर उसने कहा-"दुलारी! जीवन में आज यह पहला ही दिन है कि एकान्त रात में एक स्त्री मेरे पलँग पर आकर बैठ गयी है, मैं चिरकुमार! अपनी एक प्रतिज्ञा का निर्वाह करने के लिए सैकड़ों असत्य, अपराध करता फिर रहा हूँ। क्यों? तुम जानती हो? मैं स्त्रियों का घोर विद्रोही हूँ और पन्ना! .... किन्तु उसका क्या अपराध! अत्याचारी बलवन्तसिंह के कलेजे में बिछुआ मैं न उतार सका। किन्तु पन्ना! उसे पकड़कर गोरे कलकत्ते भेज देंगे! वही ...।"

नन्हकूसिंह उन्मत्त हो उठा था। दुलारी ने देखा, नन्हकू अन्धकार में ही वट वृक्ष के नीचे पहुँचा और गंगा की उमड़ती हुई धारा में डोंगी खोल दी-उसी घने अन्धकार में। दुलारी का हृदय काँप उठा।

३

16 अगस्त सन् 1781 को काशी डाँवाडोल हो रही थी। शिवालयघाट में राजा चेतसिंह लेफ्टिनेण्ट इस्टाकर के पहरे में थे। नगर में आतंक था। दूकानें बन्द थीं। घरों में बच्चे अपनी माँ से पूछते थे-'माँ, आज हलुए वाला नहीं आया।' वह कहती-'चुप बेटे!' सड़कें सूनी पड़ी थीं। तिलंगों की कम्पनी के आगे-आगे कुबरा मौलवी कभी-कभी, आता-जाता दिखाई पड़ता था। उस समय खुली हुई खिड़कियाँ बन्द हो जाती थीं। भय और सन्नाटे का राज्य था। चौक में चिथरूसिंह की हवेली अपने भीतर काशी की वीरता को बन्द किये कोतवाल का अभिनय कर रही थी। इसी समय किसी ने पुकारा-"हिम्मतसिंह!"

खिड़की में से सिर निकाल कर हिम्मतसिंह ने पूछा-"कौन?"

"बाबू नन्हकूसिंह!"

"अच्छा, तुम अब तक बाहर ही हो?"

"पागल! राजा कैद हो गये हैं। छोड़ दो इन सब बहादुरों को! हम एक बार इनको लेकर शिवालयघाट पर जायँ।"

"ठहरो"-कहकर हिम्मतसिंह ने कुछ आज्ञा दी, सिपाही बाहर निकले। नन्हकू की तलवार चमक उठी। सिपाही भीतर भागे। नन्हकू ने कहा-"नमकहरामों! चूड़ियाँ पहन लो।" लोगों के देखते-देखते नन्हकूसिंह चला गया। कोतवाली के सामने फिर सन्नाटा हो गया।

नन्हकू उन्मत्त था। उसके थोड़े-से साथी उसकी आज्ञा पर जान देने के लिए तुले थे। वह नहीं जानता था कि राजा चेतसिंह का क्या राजनैतिक अपराध है? उसने कुछ सोचकर अपने थोड़े-से

साथियों को फाटक पर गड़बड़ मचाने के लिए भेज दिया। इधर अपनी डोंगी लेकर शिवालय की खिड़की के नीचे धारा काटता हुआ पहुँचा। किसी तरह निकले हुए पत्थर में रस्सी अटकाकर, उस चञ्चल डोंगी को उसने स्थिर किया और बन्दर की तरह उछलकर खिड़की के भीतर हो रहा। उस समय वहाँ राजमाता पन्ना और राजा चेतसिंह से बाबू मनिहारसिंह कह रहे थे-"आपके यहाँ रहने से, हम लोग क्या करें, यह समझ में नहीं आता। पूजा-पाठ समाप्त करके आप रामनगर चली गयी होतीं, तो यह ...."

तेजस्विनी पन्ना ने कहा-"अब मैं रामनगर कैसे चली जाऊँ?"

मनिहारसिंह दुखी होकर बोले-"कैसे बताऊँ? मेरे सिपाही तो बन्दी हैं।" इतने में फाटक पर कोलाहल मचा। राज-परिवार अपनी मन्त्रणा में डूबा था कि नन्हकूसिंह का आना उन्हें मालूम हुआ। सामने का द्वार बन्द था। नन्हकूसिंह ने एक बार गंगा की धारा को देखा-उसमें एक नाव घाट पर लगने के लिए लहरों से लड़ रही थी। वह प्रसन्न हो उठा। इसी की प्रतीक्षा में वह रुका था। उसने जैसे सबको सचेत करते हुए कहा-"महारानी कहाँ है?"

सबने घूम कर देखा-एक अपरिचित वीर-मूर्ति! शस्त्रों से लदा हुआ पूरा देव!

चेतसिंह ने पूछा-"तुम कौन हो?"

"राज-परिवार का एक बिना दाम का सेवक!"

पन्ना के मुँह से हलकी-सी एक साँस निकल रह गयी। उसने पहचान लिया। इतने वर्षों के बाद! वही नन्हकूसिंह।

मनिहारसिंह ने पूछा-"तुम क्या कर सकते हो?"

"मैं मर सकता हूँ! पहले महारानी को डोंगी पर बिठाइए। नीचे दूसरी डोंगी पर अच्छे मल्लाह हैं। फिर बात कीजिए।"-मनिहारसिंह ने देखा, जनानी ड्योढ़ी का दरोगा राज की एक डोंगी पर चार मल्लाहों के साथ खिड़की से नाव सटाकर प्रतीक्षा में है। उन्होंने पन्ना से कहा-"चलिए, मैं साथ चलता हूँ।"

"और..."-चेतसिंह को देखकर, पुत्रवत्सला ने संकेत से एक प्रश्न किया, उसका उत्तर किसी के पास न था। मनिहारसिंह ने कहा-"तब मैं यहीं?" नन्हकू ने हँसकर कहा-"मेरे मालिक, आप नाव पर बैठें। जब तक राजा भी नाव पर न बैठ जायँगे, तब तक सत्रह गोली खाकर भी नन्हकूसिंह जीवित रहने की प्रतिज्ञा करता है।"

पन्ना ने नन्हकू को देखा। एक क्षण के लिए चारों आँखे मिली, जिनमें जन्म-जन्म का विश्वास ज्योति की तरह जल रहा था। फाटक बलपूर्वक खोला जा रहा था। नन्हकू ने उन्मत्त होकर कहा-"मालिक! जल्दी कीजिए।"

दूसरे क्षण पन्ना डोंगी पर थी और नन्हकूसिंह फाटक पर इस्टाकर के साथ। चेतराम ने आकर एक चिट्ठी मनिहारसिंह को हाथ में दी। लेफ्टिनेण्ट ने कहा-"आप के आदमी गड़बड़ मचा रहे हैं। अब मैं अपने सिपाहियों को गोली चलाने से नहीं रोक सकता।"

"मेरे सिपाही यहाँ कहाँ हैं, साहब?"-मनिहारसिंह ने हँसकर कहा। बाहर कोलाहल बढ़ने लगा।

चेतराम ने कहा-"पहले चेतसिंह को कैद कीजिए।"

"कौन ऐसी हिम्मत करता है?" कड़ककर कहते हुए बाबू मनिहारसिंह ने तलवार खींच ली। अभी बात पूरी न हो सकी थी कि कुबरा मौलवी वहाँ पहुँचा! यहाँ मौलवी साहब की कलम नहीं चल सकती थी, और न ये बाहर ही जा सकते थे। उन्होंने कहा-"देखते क्या हो चेतराम!"

चेतराम ने राजा के ऊपर हाथ रखा ही थी कि नन्हकू के सधे हुए हाथ ने उसकी भुजा उड़ा दी।

इस्टाकर आगे बढ़े, मौलवी साहब चिल्लाने लगे। नन्हकूसिंह ने देखते-देखते इस्टाकर और उसके कई साथियों को धराशायी किया। फिर मौलवी साहब कैसे बचते!

नन्हकूसिंह ने कहा-"क्यों, उस दिन के झापड़ ने तुमको समझाया नहीं? पाजी!"-कहकर ऐसा साफ जनेवा मारा कि कुबरा ढेर हो गया। कुछ ही क्षणों में यह भीषण घटना हो गयी, जिसके लिए अभी कोई प्रस्तुत न था।

नन्हकूसिंह ने ललकार कर चेतसिंह से कहा-"आप क्या देखते हैं? उतरिये डोंगी पर!"-उसके घावों से रक्त के फुहारे छूट रहे थे। उधर फाटक से तिलंगे भीतर आने लगे थे। चेतसिंह ने खिडक़ी से उतरते हुए देखा कि बीसों तिलंगों की संगीनों में वह अविचल खड़ा होकर तलवार चला रहा है। नन्हकू के चट्टान-सदृश शरीर से गैरिक की तरह रक्त की धारा बह रही है। गुण्डे का एक-एक अंग कटकर वहीं गिरने लगा। वह काशी का गुंडा था!

अनबोला

उसके जाल में सीपियाँ उलझ गयी थीं। जग्गैया से उसने कहा-"इसे फैलाती हूँ, तू सुलझा दे।"

जग्गैया ने कहा-"मैं क्या तेरा नौकर हूँ?"

कामैया ने तिनककर अपने खेलने का छोटा-सा जाल और भी बटोर लिया। समुद्र-तट के छोटे-से होटल के पास की गली से अपनी झोपड़ी की ओर चली गयी।

जग्गैया उस अनखाने का सुख लेता-सा गुनगुनाकर गाता हुआ, अपनी खजूर की टोपी और भी तिरछी करके, सन्ध्या की शीतल बालुका को पैरों से उछालने लगा।

-- --

दूसरे दिन, जब समुद्र में स्नान करने के लिए यात्री लोग आ गये थे; सिन्दर-पिण्ड-सा सूर्य समुद्र के नील जल में स्नान कर प्राची के आकाश में ऊपर उठ रहा था; तब कामैया अपने पिता के साथ धीवरों के झुण्ड में खड़ी थी; उसके पिता की नावें समुद्र की लहरों पर उछल रही थीं। महाजाल पड़ा था, उसे बहुत-से धीवर मिलकर खींच रहे थे। जग्गैया ने आकर कामैया की पीठ में उँगली गोद दी। कामैया कुछ खिसककर दूर जा खड़ी हुई। उसने जग्गैया की ओर देखा भी नहीं।

जग्गैया को केवल माँ थी, वह कामैया के पिता के यहाँ लगी-लिपटी रहती, अपना पेट पालती थी। वह बेंत की दौरी लिये वहीं खड़ी थी। कामैया की मछलियाँ ले जाकर बाजार में बेचना उसी का काम था।

जग्गैया नटखट था। वह अपनी माँ को वहीं देखकर और हट गया; किन्तु कामैया की ओर देखकर उसने मन-ही-मन कहा-अच्छा।

-- --

महाजाल खींचकर आया। कुछ तो मछलियाँ थीं ही; पर उसमें एक भीषण समुद्री बाघ भी था। दर्शकों के झुण्ड जुट पड़े। कामैया के पिता से कहा गया उसे जाल में से निकालने के लिए, जिसमें प्रकृति की उस भीषण कारीगरी को लोग भली-भाँति देख सकें।

लोभ संवरण न करके उसने समुद्री बाघ को जाल से निकाला। एक खूँटे से उसकी पूँछ बाँध दी गयी। जग्गैया की माँ अपना काम करने की धुन में जाल में मछलियाँ पकड़कर दौरी में रख रही थी। समुद्री बाघ बालू की विस्तृत बेला में एक बार उछला। जग्गैया की माता का हाथ उसके मुँह में चला गया। कोलाहल मचा; पर बेकार! बेचारी का एक हाथ वह चबा गया।

दर्शक लोग चले गये। जग्गैया अपनी मूर्च्छित माता को उठाकर झोपड़ी में जब ले चला, तब उसके मन में कामैया के पिता के लिए असीम क्रोध और दर्शकों के लिए घोर प्रतिहिंसा उद्वेलित हो रही थी। कामैया की आँखों से आँसू बह रहे थे। तब भी वह बोली नहीं।

-- --

कई सप्ताह से महाजाल में मछलियाँ नहीं के बराबर फँस रही थीं। चावलों की बोझाई तो बन्द

थी ही, नावें बेकार पड़ी रहती थीं। मछलियों का व्यवसाय चल रहा था; वह भी डावाँडोल हो रहा था। किसी देवता की अकृपा है क्या?

कामैया के पिता ने रात को पूजा की। बालू की वेदियों के पास खजूर की डालियाँ गड़ी थीं। समुद्री बाघ के दाँत भी बिखरे थे। बोतलों में मदिरा भी पुजारियों के समीप प्रस्तुत थी। रात में समुद्र-देवता की पूजा आरम्भ हुई जग्गैया दूर-जहाँ तक समुद्र की लहरें आकर लौट जाती हैं, वहीं-बैठा हुआ चुपचाप उस अनन्त जलराशि की ओर देख रहा था, और मन में सोच रहा था-क्यों मेरे पास एक नाव न रही? मैं कितनी मछलियाँ पकड़ता; आह! फिर मेरी माता को इतना कष्ट क्यों होता। अरे! वह तो मर रही है; मेरे लिए इसी अन्धकार-सा दारिद्र्य छोड़कर! तब भी देखें, भाग्य-देवता क्या करते हैं। इसी रग्गैया की मजूरी करने से तो वह मर रही है।

उसके क्रोध का उद्वेग समुद्र-सा गर्जन करने लगा।

-- --

पूजा समाप्त करके मदिरारुण नेत्रों से घूरते हुए पुजारी ने कहा-"रग्गैया! तुम अपना भला चाहते हो, तो जग्गैया के कुटुम्ब से कोई सम्बन्ध न रखना। समझा न?"

उधर जग्गैया का क्रोध अपनी सीमा पार कर रहा था। उसकी इच्छा होती थी कि रग्गैया का गला घोंट दे किन्तु वह था निर्बल बालक। उसके सामने से जैसे लहरें लौट जाती थीं, उसी तरह उसका क्रोध मूर्च्छित होकर गिरता-सा प्रत्यावर्तन करने लगा। वह दूर-ही-दूर अन्धकार में झोपड़ी की ओर लौट रहा था।

सहसा किसी का कठोर हाथ उसके कन्धे पर पड़ा। उसने चौंककर कहा-"कौन?"

मदिरा-विह्वल कण्ठ से रग्गैया ने कहा-"तुम मेरे घर कल से न आना।"

जग्गैया वहीं बैठ गया। वह फूट-फूटकर रोना चाहता था; परन्तु अन्धकार उसका गला घोंट रहा था। दारुण क्षोभ और निराशा उसके क्रोध को उत्तेजित करती रही। उसे अपनी माता के तत्काल न मर जाने पर झुँझलाहट-सी हो रही थी। समीर अधिक शीतल हो चला। प्राची का आकाश स्पष्ट होने लगा; पर जग्गैया का अदृष्ट तमसाच्छन्न था।

-- --

कामैया ने धीरे-धीरे आकर जग्गैया की पीठ पर हाथ रख दिया। उसने घूमकर देखा। कामैया की आँखों में आँसू भरा था। दोनों चुप थे।

कामैया की माता ने पुकारकर कहा-"जग्गैया! तेरी माँ मर गयी। इसको अब ले जा।"

जग्गैया धीरे-धीरे उठा और अपनी माता के शव के पास खड़ा हो गया। अब उसके मुख पर हर्ष-विषाद, सुख-दुःख कुछ भी नहीं था। उससे कोई बोलता न था और वह भी किसी से बोलना नहीं चाहता था; किन्तु कामैया भीतर-ही-भीतर फूट-फूटकर रो रही थी; पर वह बोले कैसे? उससे तो अनबोला था न!

देवरथ

दो-तीन रेखाएँ भाल पर, काली पुतलियों के समीप मोटी और काली बरौनियों का घेरा, घनी आपस में मिली रहने वाली भवें और नासा-पुट के नीचे हलकी-हलकी हरियाली उस तापसी के गोरे मुँह पर सबल अभिव्यक्ति की प्रेरणा प्रगट करती थी।

यौवन, काषाय से कहीं छिप सकता है? संसार को दुःखपूर्ण समझकर ही तो वह संघ की शरण में आयी थी। उसके आशापूर्ण हृदय पर कितनी ही ठोकरें लगी थीं। तब भी यौवन ने साथ न छोड़ा। भिक्षुकी बनकर भी वह शान्ति न पा सकी थी। वह आज अत्यन्त अधीर थी।

चैत की अमावस्या का प्रभात था। अश्वत्थ वृक्ष की मिट्टी-सी सफेद डालों और तने पर ताम्र अरुण कोमल पत्तियाँ निकल आयी थीं। उन पर प्रभात की किरणें पड़कर लोट-पोट हो जाती थीं। इतनी स्निग्ध शय्या उन्हें कहाँ मिली थी।

सुजाता सोच रही थी। आज अमावस्या है। अमावस्या तो उसके हृदय में सवेरे से ही अन्धकार भर रही थी। दिन का आलोक उसके लिए नहीं के बराबर था। वह अपने विशृंखल विचारों को छोड़कर कहाँ भाग जाय। शिकारियों का झुण्ड और अकेली हरिणी! उसकी आँखें बन्द थीं।

आर्यमित्र खड़ा रहा। उसने देख लिया कि सुजाता की समाधि अभी न खुलेगी। वह मुस्कुराने लगा। उसके कृत्रिम शील ने भी उसको वर्जित किया। संघ के नियमों ने उसके हृदय पर कोड़े लगाये; पर वह भिक्षु वहीं खड़ा रहा।

भीतर के अन्धकार से ऊबकर सुजाता ने आलोक के लिए आँखें खोल दीं। आर्यमित्र को देखकर आलोक की भीषणता उसकी आँखों के सामने नाचने लगी। उसने शक्ति बटोरकर कहा-"वन्दे!"

आर्यमित्र पुरुष था। भिक्षुकी का उसके सामने नत होना संघ का नियम था। आर्यमित्र ने हँसते हुए अभिवादन का उत्तर दिया, और पूछा-"सुजाता, आज तुम स्वस्थ हो?"

सुजाता उत्तर देना चाहती थी। पर....आर्यमित्र के काषाय के नवीन रंग में उसका मन उलझ रहा था। वह चाहती थी कि आर्यमित्र चला जाय; चला जाय उसकी चेतना के घेरे के बाहर। इधर वह अस्वस्थ थी, आर्यमित्र उसे औषधि देता था। संघ का वह वैद्य था। अब वह अच्छी हो गयी है। उसे आर्यमित्र की आवश्यकता नहीं। किन्तु .... है तो .... हृदय को उपचार की अत्यन्त आवश्यकता है। तब भी आर्यमित्र! वह क्या करे। बोलना ही पड़ा।

"हाँ, अब तो स्वस्थ हूँ।"

"अभी पथ्य सेवन करना होगा।"

"अच्छा।"

"मुझे और भी एक बात कहनी है।"

"क्या? नहीं, क्षमा कीजिए। आपने कब से प्रव्रज्या ली है?"

"वह सुनकर तुम क्या करोगी? संसार ही दुःखमय है।"

"ठीक तो.......अच्छा, नमस्कार।"

आर्यमित्र चला गया; किन्तु उसके जाने से जो आन्दोलन आलोक-तरंग में उठा, उसी में सुजाता झूमने लगी थी। उसे मालूम नहीं, कब से महास्थविर उसके समीप खड़े थे।

-- --

समुद्र का कोलाहल कुछ सुनने नहीं देता था। सन्ध्या धीरे-धीरे विस्तृत नील जल-राशि पर उतर रही थी। तरंगों पर तरंगें बिखरकर चूर हो रही थीं। सुजाता बालुका की शीतल वेदी पर बैठी हुई अपलक आँखों से उस क्षणिकता का अनुभव कर रही थी; किन्तु नीलाम्बुधि का महान् संसार किसी वास्तविकता की ओर संकेत कर रहा था। सत्ता की सम्पूर्णता धुँधली सन्ध्या में मूर्तिमान् हो रही थी। सुजाता बोल उठी-

"जीवन सत्य है, सम्वेदन सत्य है, आत्मा के आलोक में अन्धकार कुछ नहीं है।"

"सुजाता, यह क्या कह रही हो?" पीछे से आर्यमित्र ने कहा।

"कौन, आर्यमित्र!"

"मैं भिक्षुणी क्यों हुई आर्यमित्र!"

"व्यर्थ सुजाता। मैंने अमावस्या की गम्भीर रजनी में संघ के सम्मुख पापी होना स्वीकार कर लिया है। अपने कृत्रिम शील के आवरण में सुरक्षित नहीं रह सका। मैंने महास्थविर से कह दिया कि संघमित्र का पुत्र आर्यमित्र सांसारिक विभूतियों की उपेक्षा नहीं कर सकता। कई पुरुषों की सञ्चित महौषधियाँ, कलिंग के राजवैद्य पद का सम्मान, सहज में छोड़ा नहीं जा सकता। मैं केवल सुजाता के लिए ही भिक्षु बना था। उसी का पता लगाने के लिए मैं इस नील विहार में आया था। वह मेरी वाग्दत्ता भावी पत्नी है।"

"किन्तु आर्यमित्र, तुमने विलम्ब किया, मैं तुम्हारी पत्नी न हो सकूँगी।"-सुजाता ने बीच ही मंऔ रोककर कहा।

"क्यों सुजाता! यह काषाय क्या श्रृंखला है? फेंक दो इसे। वाराणसी के स्वर्ण-खचित वसन ही तुम्हारे परिधान के लिए उपयुक्त हैं। रत्नमाला, मणि-कंकण और हेम-कांची तुम्हारी कमल-कोमल अंग-लता को सजावेंगी। तुम-राजरानी बनोगी।"

"किन्तु....."

"किन्तु क्या सुजाता? मेरा हृदय फटा जाता है। बोलो, मैं संघ का बन्धन तोड़ चुका हूँ और तुम भी तो जीवन की, आत्मा की क्षणिकता में विश्वास नहीं करती हो?"

"किन्तु आर्यमित्र! मैं वह अमूल्य उपहार-जो स्त्रियाँ, कुलवधुएँ अपने पति के चरणों में समर्पण करती हैं-कहाँ से लाऊँगी? वह वरमाला जिसमें दूर्वा-सदृश कौमार्य हरा-भरा रहता हो, जिसमें मधूक-कुसुम-सा हृदय-रस भरा हो, कैसे, कहाँ से तुम्हें पहना सकूँगी?"

"क्यों सुजाता? उसमें कौन-सी बाधा है?-कहते-कहते आर्यमित्र का स्वर कुछ तीक्ष्ण हो गया। वह अँगूठे से बालू बिखेरने लगा!

"उसे सुनकर तुम क्या करोगे? जाओ, राज-सुख भोगो। मुझ जन्म की दुखिया के पीछे अपना आनन्दपूर्ण भविष्य-संसार नष्ट न करो, आर्यमित्र! जब तुमने संघ का बन्धन भी तोड़ दिया है, तब मुझ पामरी के मोह का बन्धन भी तोड़ डालो।"

सुजाता के वक्ष में श्वास भर रहा था।

आर्यमित्र ने निर्जन समुद्र-तट के उस मलिन सायंकाल में, सुजाता का हाथ पकड़कर तीव्र स्वर

में पूछा-"सुजाता, स्पष्ट कहो; क्या तुम मुझसे प्रेम नहीं करती हो?"

"करती हूँ आर्यमित्र! इसी का दुःख है। नहीं तो भैरवी के लिए किस उपभोग की कमी है?"

आर्यमित्र ने चौंककर सुजाता का हाथ छोड़ते हुए कहा-"क्या कहा, भैरवी!"

"हाँ आर्यमित्र। मैं भैरवी हूँ, मेरी...."

आगे वह कुछ न कह सकी। आँखों से जल-बिन्द ढुलक रहे थे, जिसमें वेदना के समुद्र ऊर्मिल हो रहे थे।

आर्यमित्र अधीर होकर सोचने लगा-"पारिवारिक पवित्र बन्धनों को तोड़कर जिस मुक्ति की-निर्वाण की-आशा में जनता दौड़ रही है, उस धर्म की यही सीमा है। यह अन्धेर-गृहस्थों का सुख न देख सकनेवालों का यह निर्मम दण्ड, समाज कब तक भोगेगा?"

सहसा प्रकृतिस्थ होकर उसने कहा-"सुजाता! मेरा सिर घूम रहा है, जैसे देवरथ का चक्र, परन्तु मैं तुमको अब भी पत्नी-रूप से ग्रहण करूँगा। सुजाता, चलो।"

"किन्तु मैं तुम्हें पतिरूप से ग्रहण न कर सकूँगी। अपनी सारी लांछना तुम्हारे साथ बाँटकर जीवन-संगिनी बनने का दुस्साहस मैं न कर सकूँगी। आर्यमित्र, मुझे क्षमा करो! मेरी वेदना रजनी से भी काली है और दुःख समुद्र से भी विस्तृत है। स्मरण है? इसी महोदधि के तट पर बैठकर, सिकता में हम लोग अपना नाम साथ-ही-साथ लिखते थे। चिर-रोदनकारी निष्ठर समुद्र अपनी लहरों की उँगली से उसे मिटा देता था। मिट जाने दो हृदय की सिकता से प्रेम का नाम! आर्यमित्र, इस रजनी के अन्धकार में उसे विलीन हो जाने दो।"

"सुजाता"-सहसा एक कठोर स्वर सुनाई पड़ा।

दोनों ने घूमकर देखा, अन्धकार-सी भीषण मूर्ति, संघस्थविर!

-- --

उसके जीवन में परमाणु बिखर रहे थे। निशा की कालिमा में सुजाता सिर झुकाये हुए बैठी, देव-प्रतिमा की रथयात्रा का समारोह देख रही थी; किन्तु दौड़कर छिप जानेवाले मूक दृश्य के समान वह किसी को समझ न पाती थी। स्थविर ने उसके सामने आकर कहा-"सुजाता, तुमने प्रायश्चित किया?"

"किसके पाप का प्रायश्चित! तुम्हारे या अपने?"-तीव्र स्वर में सुजाता ने कहा!

"अपने और आर्यमित्र के पापों का, सुजाता! तुमने अविश्वासी हृदय से धर्मद्रोह किया है।"

"धर्मद्रोह? आश्चर्य!!"

"तुम्हारा शरीर देवता को समर्पित था, सुजाता। तुमने....."

बीच ही में उसे रोककर तीव्र स्वर में सुजाता ने कहा-"चुप रहो, असत्यवादी। वज्रयानी नर-पिशाच ...."

एक क्षण में इस भीषण मनुष्य की कृत्रिम शान्ति विलीन हो गयी। उसने दाँत किटकिटाकर कहा-"मृत्यु-दण्ड!"

सुजाता ने उसकी ओर देखते हुए कहा-"कठोर से भी कठोर मृत्यु-दण्ड मेरे लिए कोमल है। मेरे लिए इस स्नेहमयी धरणी पर बचा ही क्या है? स्थविर! तुम्हारा धर्मशासन घरों को चूर-चूर करके विहारों की सृष्टि करता है-कुचक्र में जीवन को फँसाता है। पवित्र गार्हस्थ बन्धनों को तोड़कर तुम लोग भी अपनी वासना-तृप्ति के अनुकूल ही तो एक नया घर बनाते हो, जिसका नाम बदल देते हो। तुम्हारी तृष्णा तो साधारण सरल गृहस्थों से भी तीव्र है, क्षुद्र है और निम्न कोटि की है।"

"किन्तु सुजाता, तुमको मरना होगा!"

"तो मरूँगी स्थविर; किन्तु तुम्हारा यह काल्पनिक आडम्बरपूर्ण धर्म भी मरेगा। मनुष्यता का नाश करके कोई धर्म खड़ा नहीं रह सकता।"

"कल ही!"

"हाँ, कल प्रभात में तुम देखोगे कि सुजाता कैसे मरती है!"

-- --

सुजाता मन्दिर के विशाल स्तम्भ से टिकी हुई, रात्रिव्यापी उत्सव को स्थिर दृष्टि से देखती रही। एक बार उसने धीरे से पूछा- "देवता, यह उत्सव क्यों? क्या जीवन की यन्त्रणाओं से तुम्हारी पूजा का उपकरण संग्रह किया जाता है?"

प्रतिमा ने कोई उत्तर नहीं दिया।

प्रभात की किरणें मन्दिर के शिखर पर हँसने लगीं।

देव-विग्रह ने रथ-यात्रा के लिए प्रयाण किया। जनता तुमुलनाद से जय-घोष करने लगी।

सुजाता ने देखा, पुजारियों के दल में कौशेय वसन पहने हुए आर्यमित्र भी भक्तिभाव से चला जा रहा है। उसकी इच्छा हुई कि आर्यमित्र को बुला कर कहे कि वह उसके साथ चलने को प्रस्तुत है।

सम्पूर्ण बल से उसने पुकारा-"आर्यमित्र!"

किन्तु उस कोलाहल में कौन सुनता है? देवरथ विस्तीर्ण राज-पथ से चलने लगा। उसके दृढ़ चक्र धरणी की छाती में गहरी लीक डालते हुए आगे बढ़ने लगे। उस जन-समुद्र में सुजाता फाँद पड़ी और एक क्षण में उसका शरीर देवरथ के भीषण चक्र से पिस उठा।

रथ खड़ा हो गया। स्थविर ने स्थिर दृष्टि से सुजाता के शव को देखा। अभी वह कुछ बोलना ही चाहता था कि दर्शकों और पुजारियों का दल, "काला पहाड़! काला पहाड़!!" चिल्लाता हुआ इधर-उधर भागने लगा। धूलि की घटा में बरछियों की बिजलियाँ चमकने लगीं।

देव-विग्रह एकाकी धर्मोन्मत्त 'काला पहाड़' के अश्वारोहियों से घिर गया-रथ पर था देव-विग्रह और नीचे सुजाता का शव।

विराम-चिह्न

देव-मन्दिर के सिंहद्वार से कुछ दूर हट कर वह छोटी-सी दुकान थी। सुपारी के घने कुञ्ज के नीचे एक मैले कपड़े पर सूखी हुई धार में तीन-चार केले, चार कच्चे पपीते, दो हरे नारियल और छ: अण्डे थे। मन्दिर से दर्शन करके लौटते हुए भक्त लोग दोनों पट्टी में सजी हुई हरी-भरी दुकानों को देखकर उसकी ओर ध्यान देने की आवश्यकता ही नहीं समझते थे।

अर्द्ध-नग्न वृद्धा दूकानवाली भी किसी को अपनी वस्तु लेने के लिए नहीं बुलाती थी। वह चुपचाप अपने केलों और पपीतों को देख लेती। मध्याह्न बीत चला। उसकी कोई वस्तु न बिकी। मुँह की ही नहीं, उसके शरीर पर की भी झुर्रियाँ रूखी होकर ऐंठी जा रही थीं। मूल्य देकर भात-दाल की हाँडियाँ लिये लोग चले जा रहे थे। मन्दिर में भगवान् के विश्राम का समय हो गया था। उन हाँडियों को देखकर उसकी भूखी आँखों में लालच की चमक बढ़ी, किन्तु पैसे कहाँ थे? आज तीसरा दिन था, उसे दो-एक केले खाकर बिताते हुए। उसने एक बार भूख से भगवान् की भेंट कराकर क्षण-भर के लिए विश्राम पाया; किन्तु भूख की वह पतली लहर अभी दबाने में पूरी तरह समर्थ न हो सकी थी, कि राधे आकर उसे गुरेरने लगा। उसने भरपेट ताड़ी पी ली थी। आँखें लाल, मुँह से बात करने में झाग निकल रहा था। हाथ नचाकर वह कहने लगा- "सब लोग जाकर खा-पीकर सो रहे हैं। तू यहाँ बैठी हुई देवता का दर्शन कर रही है। अच्छा, तो आज भी कुछ खाने को नहीं?"

"बेटा! एक पैसे का भी नहीं बिका, क्या करूँ? अरे, तो भी तू कितनी ताड़ी पी आया है।"

"वह सामने तेरे ठाकुर दिखाई पड़ रहे हैं। तू भी पीकर देख न!"

उस समय सिंहद्वार के सामने की विस्तृत भूमि निर्जन हो रही थी। केवल जलती हुई धूप उस पर किलोल कर रही थी। बाजार बन्द था। राधे ने देखा, दो-चार कौए काँव-काँव करते हुए सामने नारियल-कुँज की हरियाली में घुस रहे थे। उसे अपना ताड़ीखाना स्मरण हो आया। उसने अण्डों को बटोर लिया।

बुढ़िया 'हाँ, हाँ' करती ही रह गयी, वह चला गया। दुकानवाली ने अँगूठे और तर्जनी से दोनों आँखों का कीचड़ साफ किया, और फिर मिट्टी के पात्र से जल लेकर मुँह धोया।

बहुत सोच-विचार कर अधिक उतरा हुआ एक केला उसने छीलकर अपनी अञ्जलि में रख उसे मन्दिर की ओर नैवेद्य लगाने के लिए बढ़ाकर आँख बन्द कर लीं। भगवान् ने उस अछूत का नैवेद्य ग्रहण किया या नहीं, कौन जाने; किन्तु बुढ़िया ने उसे प्रसाद समझकर ही ग्रहण किया।

अपनी दुकान झोली में समेटे हुए, जिस कुँज में कौए घुसे थे, उसी में वह भी घुसी। पुआल से छायी हुई टट्टरों की झोपड़ी में विश्राम लिया।

-- --

उसकी स्थावर सम्पत्ति में वही नारियल का कुञ्ज, चार पेड़ पपीते और छोटी-सी पोखरी के किनारे पर के कुछ केले के वृक्ष थे। उसकी पोखरी में एक छोटा-सा झुण्ड बत्तखों का भी था, जो अण्डे देकर बुढ़िया के आय में वृद्धि करता। राधे अत्यन्त मद्यप था। उसकी स्त्री ने उसे बहुत दिन

हुए छोड़ दिया था।

बुढ़िया को भगवान् का भरोसा था, उसी देव-मन्दिर के भगवान् का, जिसमें वह कभी नहीं जाने पायी थी!

अभी वह विश्राम की झपकी ही लेती थी कि महन्तजी के जमादार कुँज ने कड़े स्वर में पुकारा-"राधे, अरे रधवा, बोलता क्यों नहीं रे!"

बुढ़िया ने आकर हाथ जोड़ते हुए कहा-"क्या है महाराज?"

"सुना है कि कल तेरा लडक़ा कुछ अछूतों के साथ मन्दिर में घुसकर दर्शन करने जायगा?"

"नहीं, नहीं, कौन कहता है महाराज! वह शराबी, भला मन्दिर में उसे कब से भक्ति हुई है?"

"नहीं, मैं तुझसे कहे देता हूँ, अपनी खोपड़ी सँभालकर रखने के लिए उसे समझा देना। नहीं तो तेरी और उसकी; दोनों की दुर्दशा हो जायगी।"

राधे ने पीछे से आते हुए क्रूर स्वर में कहा-"जाऊँगा, सब तेरे बाप के भगवान् हैं! तू होता कौन है रे!"

"अरे, चुप रे राधे! ऐसा भी कोई कहता है रे। अरे, तू जायगा, मन्दिर में? भगवान् का कोप कैसे रोकेगा, रे?" बुढ़िया गिड़गिड़ा कर कहने लगी। कुँजबिहारी जमादार ने राधे की लाठी देखते ही ढीली बोल दी। उसने कहा-"जाना राधे कल, देखा जायगा।"-जमादार धीरे-धीरे खिसकने लगा।

"अकेले-अकेले बैठकर भोग-प्रसाद खाते-खाते बच्चू लोगों को चरबी चढ़ गयी है। दरशन नहीं रे-तेरा भात छीनकर खाऊँगा। देखूँगा, कौन रोकता है।"-राधे गुर्रने लगा। कुँज तो चला गया, बुढ़िया ने कहा-"राधे बेटा, आज तक तूने कौन-से अच्छे काम किये हैं, जिनके बल पर मन्दिर में जाने का साहस करता है? ना बेटा, यह काम कभी मत करना। अरे, ऐसा भी कोई करता है।"

"तूने भात बनाया है आज?"

"नहीं बेटा! आज तीन दिन से पैसे नहीं मिले। चावल है नहीं।"

"इन मन्दिर वालों ने अपनी जूठन भी तुझे दी?"

"मैं क्यों लेती, उन्होंने दी भी नहीं।"

"तब भी तू कहती है कि मन्दिर में हम लोग न जायँ! जायँगे; सब अछूत जायँगे।"

"न बेटा, किसी ने तुझको बहका दिया है। भगवान् के पवित्र मन्दिर में हम लोग आज तक कभी नहीं गये। वहाँ जाने के लिए तपस्या करनी चाहिए।"

"हम लोग तो जायँगे।"

"ना, ऐसा कभी न होगा।"

"होगा, फिर होगा। जाता हूँ ताड़ीखाने, वहीं पर सबकी राय से कल क्या होगा, यह देखना।"-राधे ऐंठता हुआ चला गया। बुढ़िया एकटक मन्दिर की ओर विचारने लगी-

"भगवान्, क्या होनेवाला है!"

-- --

दूसरे दिन मन्दिर के द्वार पर भारी जमघट था। आस्तिक भक्तों का झुण्ड अपवित्रता से भगवान् की रक्षा करने के लिए दृढ़ होकर खड़ा था। उधर सैकड़ों अछूतों के साथ राधे मन्दिर में प्रवेश करने के लिए तत्पर था।

लट्टू चले, सिर फूटे। राधे आगे बढ़ ही रहा था। कुँजबिहारी ने बगल से घूमकर राधे के सिर पर करारी चोट दी। वह लहू से लथपथ वहीं लोटने लगा। प्रवेशार्थी भागे। उनका सरदार गिर गया था। पुलिस भी पहुँच गयी थी। राधे के अन्तरंग मित्र गिनती में 10-12 थे। वे ही रह गये।

क्षण भर के लिए वहाँ शिथिलता छा गयी थी। सहसा बुढिय़ा भीड़ चीरकर वहीं पहुँच गयी। उसने राधे को रक्त से सना हुआ देखा। उसकी आँखे लहू से भर गयीं। उसने कहा-"राधे की लोथ मन्दिर में जायगी।" वह अपने निर्बल हाथों से राधे को उठाने लगी।।

उसके साथी बढ़े। मन्दिर का दल भी हुँकार करने लगा; किन्तु बुढिय़ा की आँखों के सामने ठहरने का किसी को साहस न रहा। वह आगे बढ़ी; पर सिंहद्वार की देहली पर जाकर सहसा रुक गयी। उसकी आँखों की पुतली में जो मूर्ति-भञ्जक छायाचित्र था, वही गलकर बहने लगा।

राधे का शव देहली के समीप रख दिया गया। बुढिय़ा ने देहली पर सिर झुकाया; पर वह सिर उठा न सकी। मन्दिर में घुसनेवाले अछूतों के आगे बुढिय़ा विराम-चिह्न-सी पड़ी थी।

सालवती

१

सदानीरा अपनी गम्भीर गति से, उस घने साल के जंगल से कतरा कर चली जा रही है। सालों की श्यामल छाया उसके जल को और भी नीला बना रही है; परन्तु वह इस छायादान को अपनी छोटी-छोटी वीचियों से मुस्कुरा कर टाल देती है। उसे तो ज्योत्सना से खेलना है। चैत की मतवाली चाँदनी परिमल से लदी थी। उसके वैभव की यह उदारता थी कि उसकी कुछ किरणों को जंगल के किनारे की फूस की झोपड़ी पर भी बिखरना पड़ा।

उसी झोपड़ी के बाहर नदी के जल को पैर से छूती हुई एक युवती चुपचाप बैठी आकाश के दूरवर्ती नक्षत्रों को देख रही थी। उसके पास ही सत्तू का पिंड रक्खा था। भीतर के दुर्बल कण्ठ से किसी ने पुकारा-"बेटी!"

परन्तु युवती तो आज एक अद्भुत गौरव-नारी-जीवन की सार्थकता देखकर आयी है! पुष्करिणी के भीतर से कुछ मिट्टी, रात में ढोकर बाहर फेंकने का पारिश्रमिक चुकाने के लिए, रत्नाभरणों से लदी हुई एक महालक्ष्मी बैठी थी। उसने पारिश्रमिक देते हुए पूछा-"बहन! तुम कहाँ रहती हो? कल फिर आना।" उन शब्दों में कितना स्नेह था। वह महत्व! ...क्या इन नक्षत्रों से भी दूर की वस्तु नहीं? विशेषत: उसके लिए .... वह तल्लीन थी। भीतर से फिर पुकार हुई।

"बेटी! .... सालवती! .... रात को नहा मत! सुनती नहीं! .... बेटी!"

"पिताजी!" सालवती की तन्द्रा टूटी। वह उठ खड़ी हुई। उसने देखा कि वृद्ध छड़ी टेकता हुआ झोपड़ी के बाहर आ रहा है। वृद्ध ने सालवती की पीठ पर हाथ रखकर उसके बालों को टटोला! वे रूखे थे। वृद्ध ने सन्तोष की साँस लेकर कहा-"अच्छा है बेटी! तूने स्नान नहीं किया न! मैं तनिक सो गया था। आज तू कहाँ चली गयी थी? अरे, रात तो प्रहर से अधिक बीत चुकी। बेटा! तूने आज कुछ भोजन नहीं बनाया?"

"पिताजी! आज मैं नगर की ओर चली गयी थी। वहाँ पुष्करिणी बन रही है। उसी को देखने।"

"तभी तो बेटी! तुझे विलम्ब हो गया। अच्छा, तो बना ले कुछ। मुझे भी भूख लगी है। ज्वर तो अब नहीं है। थोड़ा-सा मूँग का सूप ... हाँ रे! मूँग तो नहीं है! अरे, यह क्या है रे?"

"पिताजी! मैंने पुष्करिणी में से कुछ मिट्टी निकाली है। उसी का यह पारिश्रमिक है। मैं मूँग लेने ही तो गयी थी; परन्तु पुष्करिणी देखने की धुन में उसे लेना भूल गयी।"

"भूल गयी न बेटी! अच्छा हुआ; पर तूने यह क्या किया! वज्जियों के कुल में किसी बालिका ने आज तक .... अरे ..... यह तो लज्जापिंड है! बेटी! इसे मैं न खा सकूँगा। किसी कुलपुत्र के लिए इससे बढ़कर अपमान की और कोई वस्तु नहीं। इसे फोड़ तो!"

सालवती ने उसे पटककर तोड़ दिया। पिंड टूटते ही वैशाली की मुद्रा से अंकित एक स्वर्ण-खण्ड उसमें से निकल पड़ा। सालवती का मुँह खिल उठा; किन्तु वृद्ध ने कहा-"बेटी! इसे सदानीरा में फेंक दे।' सालवती विषाद से भरी उस स्वर्ण-खण्ड को हाथ में लिये खड़ी रही। वृद्ध ने कहा-"पागल

लडक़ी! आज उपवास न करना होगा। तेरे मिट्टी ढोने का उचित पारिश्रमिक केवल यह सत्तू है। वह स्वर्ण का चमकीला टुकड़ा नहीं।"

"पिताजी! फिर आप?"

"मैं ....? आज रात को भी ज्वर का लंघन समझूँगा! जा, यह सत्तू खाकर सदानीरा का जल पीकर सो रह!"

"पिताजी! मैं भी आज की रात बिना खाये बिता सकती हूँ; परन्तु मेरा एक सन्देह ...."

"पहले उसको फेंक दे, तब मुझसे कुछ पूछ!"

सालवती ने उसे फेंक दिया। तब एक नि:श्वास छोड़कर बुड्ढे ने कहना आरम्भ किया:

"आर्यों का वह दल, जो माधव के साथ ज्ञान की अग्नि मुँह में रखकर सदानीरा के इस पार पहले-पहल आया, विचारों की स्वतन्त्रता का समर्थक था। कर्मकाण्डियों की महत्ता और उनकी पाखण्डप्रियता का विरोधी वह दल, सब प्रकार की मानसिक या नैतिक पराधीनता का कट्टर शत्रु था।

"जीवन पर उसने नये ढंग से विचार करना आरम्भ किया। धर्म का ढोंग उसके लिए कुछ अर्थ नहीं रखता था। वह आर्यों का दल दार्शनिक था। उसने मनुष्यों की स्वतन्त्रता का मूल्य चारों ओर से आँकना चाहा। और आज गंगा के उत्तरी तट पर विदेह, वज्जि, लिच्छवि और मल्लों का जो गणतन्त्र अपनी ख्याति से सर्वोन्नत है वह उन्ही पूर्वजों की कीर्तिलेखा है।

"मैं भी उन्ही का कुलपुत्र हूँ। मैंने भी तीर्थंकरों के मुख से आत्मवाद-अनात्मवाद के व्याख्यान सुने हैं। संघो के शास्त्रार्थ कराये हैं। उनको चातुर्मास कराया है। मैं भी दार्शनिकों में प्रसिद्ध था। बेटी! तू उसी धवलयश की दुहिता होकर किसी की दया पर अपना जीवन-निर्वाह करे, यह मैं नहीं सहन कर सकता।

"बेटी, गणराज्य में जिन लोगों के पास प्रभूत धन है, उन लोगों ने निर्धन कुलीनों के निर्वाह के लिए यह गुप्तदान की प्रथा चलायी है कि अँधेरे में किसी से थोड़ा काम कराकर उसे कुछ स्वर्ण दे देना। क्या यह अनुग्रह नहीं हैं बेटी?"

"है तो पिताजी!"

"फिर यह कृतज्ञता और दया का भार तू उठावेगी! वही हम लोगों की सन्तान जिन्होंने देवता और स्वर्ग का भी तिरस्कार किया था, मनुष्य की पूर्णता और समता का मंगलघोष किया था, उसी की सन्तान अनुग्रह का आश्रय ले?"

"नहीं पिता जी! मैं अनुग्रह न चाहूँगी।"

"तू मेरी प्यारी बेटी है। जानती है बेटी! मैंने दार्शनिकवादों में सर्वस्व उड़ाकर अपना कौन-सा सिद्धान्त स्थिर किया है!"

"नहीं पिता जी!"

"आर्थिक पराधीनता ही संसार में दु:ख का कारण है। मनुष्य को उससे मुक्ति पानी चाहिए; मेरा इसलिए उपास्य है स्वर्ण।"

"किन्तु आपका देवता कहाँ है?"

वृद्ध ठठाकर हँस पड़ा। उसने कहा-"मेरा उपास्य मेरी झोपड़ी में है; इस सदानीरा में है; और है मेरे परिश्रम में!"

सालवती चकित होकर देखने लगी।

वृद्ध ने कहा-"चौंक मत बेटी! मैं हिरण्यगर्भ का उपासक हूँ। देख, सदानीरा की शिलाओं मे स्वर्ण की प्रचुर मात्रा है।"

"तो क्या पिता जी! तुमने इसलिए इन काले पत्थरों से झोपड़ी भर रक्खी है?"-सालवती ने उत्साह से कहा।

वृद्ध ने सिर हिलाते हुए फिर अपनी झोपड़ी में प्रवेश किया। और सालवती! उसने घूमकर लज्जापिण्ड को देखा भी नहीं। वह दरिद्रता का प्रसाद यों ही बिखरा पड़ा रहा। सालवती की आँखों के सामने चन्द्रमा सुनहला होकर सदानीरा की जल-धारा को स्वर्णमयी बनाने लगा। साल के एकान्त कानन से मर-मर की ध्वनि उठती थी। सदानीरा की लहरें पुलिन से टकराकर गम्भीर कलनाद का सृजन कर रही थीं; किन्तु वह लावण्यमयी युवती अचेतन अवस्था में चुपचाप बैठी हुई वज्जियों की- विदेहों की अद्भुत स्वतन्त्रता पर विचार कर रही थी। उसने झुँझलाकर कहा-"ठीक! मैं अनुग्रह नहीं चाहती। अनुग्रह लेने से मनुष्य कृतज्ञ होता है। कृतज्ञता परतन्त्र बनाती है।"

लज्जापिण्ड से मछलियों की उदरपूर्ति कराकर वह भूखी ही जाकर सो रही।

-- --

२

दूसरे दिन से वृद्ध शिला-खण्डों से स्वर्ण निकालता और सालवती उसे बेचकर आवश्यकता की पूर्ति करती। उसके साल-कानन में चहल-पहल रहती। अतिथि, आजीवक और अभ्यागत आते, आदर-सत्कार पाते, परन्तु यह कोई न जान सका कि यह सब होता कहाँ से है। वैशाली में धूम मच गयी। कुतूहल से कुलपुत्र चत्र्वल हुए! परन्तु एक दिन धवलयश अपनी गरिमा में हँसता हुआ संसार से उठ गया।

सालवती अकेली रह गयी। उसे तो स्वर्ण का उद्गम मालूम था। वह अपनी जीवनचर्या में स्वतन्त्र बनी रही। उसका रूप और यौवन मानसिक स्वतन्त्रता के साथ सदानीरा की धारा की तरह वेग-पूर्ण था।

-- --

वसन्त की मञ्जरियों से पराग बरसने लगा। किसलय के कर-पल्लव से युवकों को आमन्त्रण मिला। वैशाली के स्वतन्त्र नागरिक आमोद-प्रमोद के लिए उन्मत्त हो उठे। अशोक के लाल स्तवकों में मधुपों का मादक गुञ्जार नगर-प्रान्त को संगीतमय बना रहा था। तब कलशों में आसव लिये दासों के वृन्द, वसन्त-कुसुमालंकृत युवतियों के दल, कुलपुत्रों के साथ वसन्तोत्सव के लिए, वनों उपवनों में फैल गये।

कुछ मनचले उस दूरवर्ती साल-कानन में भी पहुँचे। सदानीरा के तट पर साल की निर्जन छाया में उनकी गोष्ठी जमी। इस दल में अन्य लोगों की अपेक्षा एक विशेषता थी, कि इनके साथ कोई स्त्री न थी।

दासों ने आसन बिछा दिये। खाने-पीने की सामग्री रख दी गयी। ये लोग सम्भ्रान्त कुलपुत्र थे। कुछ गम्भीर विचारक-से वे युवक देव-गन्धर्व की तरह रूपवान थे। लम्बी-चौड़ी हड्डियों वाले व्यायाम से सुन्दर शरीर पर दो-एक आभूषण और काशी के बने हुए बहुमूल्य उत्तरीय, रत्न-जटित कटिबन्ध में कृपाणी। लच्छेदार बालों के ऊपर सुनहरे पतले पटबन्ध और वसन्तोत्सव के प्रधान चिह्न-स्वरूप दूर्वा और मधूक-पुष्पों की सुरचित मालिका। उनके मांसल भुजदण्ड, कुछ-कुछ आसव-पान से अरुणनेत्र, ताम्बूलरञ्जित सुन्दर अधर, उस काल के भारतीय शारीरिक सौन्दर्य के आदर्श प्रतिनिधि थे।

वे बोलने के पहले थोड़ा मुस्कराते, फिर मधुर शब्दों में अपने भावों को अभिव्यक्त करते थे।

गिनती में वे आठ थे। उनके रथ दूर खड़े थे। दासों ने आवश्यक वस्तु सजाकर रथों के समीप आश्रय लिया। कुलपुत्रों का पान, भोजन और विनोद चला।

एक ने कहा-"भद्रे! अभिनन्द! अपनी वीणा सुनाओ।"

दूसरों ने भी इस प्रस्ताव का अनुमोदन किया। अभिनन्द के संकेत पर दास ने उसकी वीणा सामने लाकर रख दी। अभिनन्द बजाने लगा। सब आनन्द-मग्न होकर सुनने लगे।

अभिनन्द ने एक विश्राम लिया। लोगों ने 'साधु-साधु' कहकर उसे अभिनन्दित किया। सहसा अश्वों के पद-शब्द सुनाई पड़े।

सिन्धुदेश के दो धवल अश्वों पर, जिनके स्वर्णालंकार चमक रहे थे, चामर हिल रहे थे, पैरों में झाँझें मधुर शब्द कर रही थीं, दो उच्च पदाधिकारी माननीय व्यक्तियों ने वहाँ पहुँचकर उस गोष्ठी के लोगों को चञ्चल कर दिया।

उनके साथ के अन्य अश्वारोही रथों के समीप ही खड़े रहे; किन्तु वे दोनों गोष्ठी के समीप आ गये।

कुलपुत्रों ने एक को पहचाना। वह था उपराजा अभय कुमार। उन लोगों ने उठकर स्वागत और नमस्कार किया।

उपराजा ने अश्व पर से ही पूछा-"कुलपुत्रों की शुभकामना करते हुए मैं पूछ सकता हूँ कि क्या कुलपुत्रों की प्रसन्नता इसी में है, कि वे लोग अन्य नागरिकों से अलग अपने वसन्तोत्सव का आनन्द आप ही लें?"

"उपराजा के हम लोग कृतज्ञ है। हम लोगों की गोष्ठी को वे प्रसन्नता से सुशोभित कर सकते हैं। हम लोग अनुगृहीत होंगे।"

"किन्तु मेरे साथ एक माननीय अतिथि हैं। पहले इनका परिचय करा दूँ?"

"बड़ी कृपा होगी।"

"ये हैं मगधराज के महामन्त्री! वैशाली का वसन्तोत्सव देखने आये हैं।"

कुलपुत्रों ने मन में सोचा-महामन्त्री चतुर हैं। रथ पर न चढ़कर अश्व की वल्गा उसने अपने हाथ में रक्खी है। विनय के साथ कुलपुत्रों ने दोनों अतिथियों को घोड़ों से उतरने में सहायता दी। दासों ने दोनों अश्वों को रथ के समीप पहुँचाया और वैशाली के उपराजा तथा मगध के महामन्त्री कुलपुत्रों के अतिथि हुए।

महामन्त्री गूढ़ राजनीतिज्ञ था। वह किसी विशेष सिद्धि के लिए वैशाली आया था। वह संस्थागार के राजकों की मनोवृत्ति का गम्भीर अध्ययन कर रहा था। उनकी एक-एक बातों, आचरणों और विनयों को वह तीव्र दृष्टि से देखता। उसने पूछा-"कुलपुत्रों से मैं एक बात पूछूँ, यदि वे मुझे प्रसन्नता से ऐसी आज्ञा दें?"

अभिनन्द ने कहा-"अपने माननीय अतिथि को यदि हम लोग प्रसन्न कर सकें, तो अनुगृहीत होंगे।"

"वैशाली के 7707 राजकों में आप लोग भी हैं। फिर आपके उत्सव में वैराग्य क्यों? अन्य नागरिकों से आप लोगों का उत्सव विभिन्न क्यों है? आपकी गोष्ठी में ललनाएँ नहीं! वह उल्लास नहीं, परिहास नहीं, आनन्द-उमंग नहीं। सबसे दूर अलग, संगीत आपानक से शून्य आपकी गोष्ठी विलक्षण है।"

अभयकुमार ने सोचा, कि कुलपुत्र इस प्रश्न को अपमान न समझ लें। कहीं कड़वा उत्तर न दे दें। उसने कहा-"महामन्त्री! यह जानकर प्रसन्न होंगे, कि वैशाली गणतन्त्र के कुलपुत्र अपनी विशेषताओं और व्यक्तित्व को सदैव स्वतन्त्र रखते हैं।"

अभिनन्द ने कहा-"और भी एक बात है। हम लोग आठ स्वतन्त्र तीर्थंकरों के अनुयायी हैं और परस्पर मित्र हैं। हम लोगों ने साधारण नागरिकों से असमान उत्सव मनाने का निश्चय किया था। मैं तो तीर्थंकर पूरण कश्यप के सिद्धान्त अक्रियवाद को मानता हूँ। यज्ञ आदि कर्मों में न पुण्य है, न पाप। मनुष्य को इन पचड़ों में न पड़ना चाहिए।"

दूसरे ने कहा-"आर्य, मेरा नाम सुभद्र है। मैं यह मानता हूँ, कि मृत्यु के साथ ही सब झगड़ों का अन्त हो जाता है।"

तीसरे ने कहा-"मेरा नाम वसन्तक है। मैं संजय वेलठिपुत्त का अनुयायी हूँ। जीवन में हम उन्हीं बातों को जानते हैं, जिनका प्रत्यक्ष सम्बन्ध हमारे सम्वेदनों से है। हम किसी अनुभवातीत वस्तु को नहीं जान सकते।"

चौथे ने कहा-"मेरा नाम मणिकण्ठ है। मैं तीर्थंकर प्रबुध कात्यायन का अनुगत हूँ। मैं समझता हूँ कि मनुष्य कोई सुनिश्चित वस्तु को ग्रहण नहीं कर सकता। कोई सिद्धान्त स्थिर नहीं कर सकता।"

पाँचवें ने कहा-"मैं आनन्द हूँ, आर्य! तीर्थंकर मस्करी गोशाल के नियतिवाद में मेरा पूर्ण विश्वास है। मनुष्य में कर्म करने की स्वतन्त्रता नहीं। उसके लिए जो कुछ होना है वह होकर ही रहेगा। वह अपनी ही गति से गन्तव्य स्थान तक पहुँच जायगा।"

छठे ने कहा-"मैं तीर्थंकर नाथ-पुत्र का अन्तेवासी हूँ। मैं कहता हूँ, कि वस्तु है भी, नहीं भी है। दोनों हो सकती है।"

सातवें ने कहा-"मैं तीर्थंकर गौतम का अनुयायी सुमङ्गल हूँ, किसी वास्तविक सत्ता में विश्वास ही नहीं करता। आत्मन् जैसा कोई पदार्थ ही नहीं है।"

आठवें ने किञ्चित् मुस्कुराकर कहा-"आर्य! मैं मैत्रायण विदेहों के सुनिश्चित आत्मवाद को मानने वाला हूँ। ये जितनी भावनाएँ हैं, सबका उद्गम आत्मन् ही है।"

अभिनन्द ने कहा-"तब हम लोगों की विलक्षणता पर महामन्त्री को आश्चर्य होना स्वाभाविक है।"

अभयकुमार कुछ प्रकृतिस्थ हो रहा था। उसने देखा कि महामन्त्री बड़े कुतूहल और मनोनिवेश से कुलपुत्रों का परिचय सुन रहा है। महामन्त्री ने कुछ व्यंग्य से कहा-"आश्चर्य है! माननीय कुलपुत्रों ने अपने विभिन्न विचारों का परिचय देकर मुझे तो चकित कर दिया है। तब आप लोगों का कोई एक मन्तव्य नहीं हो सकता!"

"क्यों नहीं; वज्जियों का एक तो स्थिर सिद्धान्त है ही। अर्थात् हम लोग वज्जिसंघ के सदस्य हैं। राष्ट्रनीति में हम लोगों का मतभेद तीव्र नहीं होता।" कुलपुत्रों को चुप देखकर किसी ने साल के अन्तराल से सुकोमल कण्ठ से यह कहा और नदी की ओर चली गयी।

उन लोगों की आँखें उधर उस कहनेवाले को खोज रहीं थी कि सामने से कलश लिये हुए सालवती सदानीरा का जल भरने के लिए आती दिखलाई पड़ी।

मगध के महामन्त्री को उस रूप-लावण्यमयी युवती का यह उत्तर थप्पड़-सा लगा। उसने कहा-"अद्भुत!"

प्रसन्नता से महामन्त्री की विमूढ़ता का आनन्द लेते हुए अभयकुमार ने कहा-"आश्चर्य कैसा आश्रय?"

"ऐसा सौन्दर्य तो मगध में मैंने कोई देखा ही नहीं। वज्जियों का संघ सब विभूतियों से सम्पन्न है। अम्बापाली, जिसके रूप पर हम लोगों को गर्व है, इस लावण्य के सामने तुच्छ है। और इसकी वाक्पटुता भी ....!"

"किन्तु मैंने सुना है कि अम्बापाली वेश्या है। और यह तो?" इतना कहकर अभयकुमार रुक-सा

गया।

महामन्त्री ने गम्भीरता से कहा-"तब यह भी कोई कुलवधू होगी! मुझे क्षमा कीजिए।"

"यह तो पूछने से मालूम होगा!"

क्षण भर के लिए सब चुप हो गये थे। सालवती अपना पूर्ण घट लेकर करारे पर चढ़ रही थी। अभिनन्द ने कहा-"कल्याणी! हमलोग आपका परिचय पाने के लिए उत्सुक हैं!"

"स्वर्गीय कुलपुत्र आग्रेय धवलयश की दुहिता सालवती के परिचय में कोई विचित्रता नहीं है!" सालवती ने गम्भीरता से कहा-वह दुर्बल कटि पर पूर्ण कलश लिए कुछ रुक-सी गयी थी।

मैत्रायण ने कहा-"धन्य है कुलपुत्रों का वंश! आज हमलोगों का प्रतिनिधि बनकर जो उचित उत्तर आपने मगध के माननीय महामन्त्री को दिया है, वह कुलीनता के अनुरूप ही है। हमलोगों का साधुवाद ग्रहण कीजिए!"

"क्या कहूँ आग्रेय! मैं उतनी सम्पन्न नहीं हूँ कि आप जैसे माननीय अतिथियों का स्वागत-सत्कार कर सकूँ। फिर भी जल-फल-फूल से मैं दरिद्र भी नहीं। मेरे साल-कानन में आने के लिए मैं आप लोगों का हार्दिक स्वागत करती हूँ। जो आज्ञा हो मैं सेवा करूँ।"

"शुभे, हम लोगों को किसी वस्तु की आवश्यकता नहीं। हम लोग आपकी उदारता के लिए कृतज्ञ हैं।" अभिनन्द ने कहा।

"किन्तु मैं एक प्रार्थना करूँगा।" महामन्त्री ने सविनय कहा।

"आज्ञा दीजिए।"

"यदि आप अन्यथा न समझें।"

"कहिए भी।"

"अभिनन्द के हाथ में वीणा है। एक सुन्दर आलाप की पूर्ति कैसे होगी?" धृष्ट महामन्त्री ने कहा।

"मुझे तो संगीत की वैसी शिक्षा नहीं मिली जिससे आप प्रसन्न होंगे। फिर भी कलश रखकर आती हूँ।" निस्संकोच भाव से कहकर सालवती चली गयी। सब चकित थे।

वेत से बुनी हुई डाली में थोड़े-से फल लिये हुए सालवती आयी। और आसन के एक भाग में वह बैठ गयी। कुलपुत्रों ने फल चखे और थोड़ी मात्रा में आसव भी। अभिनन्द ने वीणा उठा ली। अभयकुमार प्यासी आँखों से उस सौन्दर्य को देख रहा था। सालवती ने अपने गोत्र की छाप से अंकित अपने पिता से सीखा हुआ पद मधुर स्वर से गाना आरम्भ किया। श्रोता मुग्ध थे। उस संगीत का विषय था-जंगल, उसमें विचरने की प्राकृतिक स्वतन्त्रता। वह अकृत्रिम संगीत किसी डाल पर बैठी हुई कोकिल के गान से भी विलक्षण था। सब मुग्ध थे। संगीत समाप्त हुआ, किन्तु उसका स्वर मण्डल अभी उस प्रदेश को अपनी माया से आच्छन्न किये था। सालवती उठ खड़ी हुई। अभयकुमार ने एक क्षण में अपने गले से मुक्ता की एकावली निकाल कर अञ्जलि में ले ली और कहा-"देवि, यह उपहार है।" सालवती ने गम्भीर भाव से सिर झुकाकर कहा-"बड़ी कृपा है; किन्तु मैं किसी के अनुग्रह का दान नहीं ग्रहण करती।" और वह चली भी गयी।

सब लोगों ने आश्चर्य से एक-दूसरे को देखा।

३

अभयकुमार को उस रात्रि में निद्रा नहीं आयी। वह सालवती का चित्र अपनी पुतलियों पर बनाता रहा। प्रणय का जीवन अपने छोटे-छोटे क्षणों में भी बहुत दीर्घजीवी होता है। रात किसी तरह कटी।

अभयकुमार वास्तव में कुमार था और था वैशाली का उपराजा। नगर के उत्सव का प्रबन्ध उसी के हाथ में था। दूसरा प्रभात अपनी तृष्णा में लाल हो रहा था। अभय के हृदय में निदारुण अपमान भी चुभ रहा था, और चुभ रहा था उन दार्शनिक कुलपुत्रों का सव्यंग्य परिहास, जो सालवती के अनुग्रह न लेने पर उसकी स्वतन्त्रता की विजय समझकर और भी तीव्र हो उठा था।

-- पुनश्च --

उन कुलपुत्रों की गोष्ठी उसी साल-कानन में जमी रही। अभी उन लोगों ने स्नान आदि से निवृत्त होकर भोजन भी नहीं किया था कि दूर से तूर्यनाद सुनाई पड़ा। साथ में एक राजपुरुष उच्च कण्ठ से पुकारता था- "आज अनंग-पूजा के लिए वज्जियों के संघ में से सबसे सुन्दरी कुमारी चुनी जायगी। जिसको चुनाव में आना हो, संस्थागार में एक प्रहर के भीतर आ जाय।"

अभिनन्द उछल पड़ा। उसने कहा-"मैत्रायण! सालवती को लिवा ले चलना चाहिए। ऐसा न हो कि वैशाली के सबसे उत्तम सौन्दर्य का अपमान हो जाय।"

"किन्तु वह अभिमानिनी चलेगी?"

"यही तो विकट प्रश्न है।"

"हम सब चलकर प्रार्थना करें।"

"तो चलो।"

सब अपना दुकूल सँभालते हुए सालवती की झोपड़ी की ओर चल पड़े। सालवती अपना नियमित भोज्य चावल बना रही थी। उसके पास थोड़ा दूध और फल रक्खा था। उसने इन लोगों को आते देखकर सहज प्रसन्नता से मुस्कराकर कहा-"स्वागत! माननीय कुलपुत्रों को आतिथ्य ग्रहण करने के लिए मैं निमन्त्रित करती हूँ।" उसने एक शुभ्र कम्बल बिछा दिया।

युवकों ने बैठते हुए कहा-

"किन्तु हम लोग भी एक निमन्त्रण देने आये हैं।"

सालवती कुछ सोचने लगी।

"हम लोगों की प्रार्थना अनुचित न होगी।" आनन्द ने कहा।

"कहिए।"

"वैशाली के नागरिकों ने एक नया निर्णय लिया है-कि इस बार वसन्तोत्सव की अनंगपूजा वज्जिराष्ट्र की सर्वश्रेष्ठ सुन्दरी के हाथों से करायी जाय। इसके लिए संस्थागार में चुनाव होगा।"

"तो इसमें क्या मैं परिवर्तन कर सकती हूँ?" सालवती ने सरलता से पूछा।

"नहीं शुभे! आपको भी इसमें भाग लेना होगा। हम लोग आपको संस्थागार में ले चलेंगे, और पूर्ण विश्वास है कि हम लोगों का पक्ष विजयी होगा।"

"किन्तु क्या आप लोगों का यह मुझ पर अनुग्रह न होगा, जिसे मैं कदापि न ग्रहण करूँगी।"

"नहीं भद्रे! यदि मेरे प्रस्ताव को बहुमत मिला, तो क्या हम लोगों की विजय न होगी, और तब क्या हमीं लोग आपके अनुगृहीत न होंगे?"

सालवती कुछ चुप-सी हो गयी।

मैत्रायण ने फिर कहा-"विचारों की स्वतन्त्रता इसी में है कि वे स्पष्ट रूप से प्रचारित किये जायँ, न कि वे सत्य होते हुए भी दबा दिये जायँ।"

सालवती इस सम्मान से अपने हृदय को अछूता न रख सकी। स्त्री के लिए उसके सौन्दर्य की

प्रशंसा! कितनी बड़ी विजय है। उसने व्रीड़ा से कहा-"तो क्या मुझे चलना ही होगा?"

"यह हम लोगों के लिए अत्यन्त प्रिय-सन्देश है। आनन्द, तुम रथों को यहीं ले आओ, और मैं समझता हूँ कि सौन्दर्य-लक्ष्मी तुम्हारे रथ पर ही चलेंगी। तुम होगे उस रथ के सारथि।"

आनन्द सुनते ही उछल पड़ा। उसने कहा-"एक बात और भी ..."

सालवती ने प्रश्न करनेवाली आँखों से देखा!

आनन्द ने कहा-"सौन्दर्य का प्रसाधन!"

"मुझे कुछ नहीं चाहिए। मैं यों ही चलूँगी। ओर कुलपुत्रों के निर्णय की मैं भी परीक्षा करूँगी। कहीं वे भ्रम में तो नहीं है।"

थोड़ा जलपान करके सब लोग प्रस्तुत हो गये। तब सालवती ने कहा-"आप लोग चलें, मैं अभी आती हूँ।"

कुलपुत्र चले गये।

सालवती ने एक नवीन कौशेय पहना, जूड़ें में फूलों की माला लगायी और रथ के समीप जा पहुँची।

सारथी को हटाकर आनन्द अपना रथ स्वयं हाँकने लगा। उस पर बैठी थी सालवती। पीछे उसके कुलपुत्रों के सात रथ थे। जब वे संस्थागार के राजपथ पर अग्रसर हो रहे थे तब भीड़ में आनन्द और आश्चर्य के शब्द सुनाई पड़े, सुन्दरियों का मुख अवनत हुआ। इन कुलपुत्रों को देखकर राजा ने पूछा-"मेरे माननीय दार्शनिक कुलपुत्रों ने यह रत्न कहाँ पाया?"

"कल्याणी सालवती कुलपुत्र धवलयश की एकमात्र दुहिता है।"

"मुझे आश्चर्य है कि किसी कुलपुत्र ने अब तक इस कन्यारत्न के परिणय की प्रार्थना क्यों नहीं की? अच्छा तो क्या मत लेने की आवश्यकता है?" राजा ने गम्भीर स्वर से पूछा!

"नहीं, नहीं, सालवती वज्जिराष्ट्र की सर्वश्रेष्ठ कुमारी सुन्दरी है।" जनता का तुमुल शब्द सुनाई पड़ा।

राजा ने तीन बार इसी तरह प्रश्न किया। सबका उत्तर वही था। सालवती निर्विवाद विजयिनी हुई। तब अभयकुमार के संकेत पर पचीसों दास, थालों में रत्नों के अलंकार, काशी के बहुमूल्य कौशेय, अंगराग, ताम्बूल और कुसुम-मालिकाएँ लेकर उपस्थित हुए।

अभयकुमार ने खड़े होकर संघ से प्रार्थना की-"मैं इस कुलकुमारी के पाणिपीडन का प्रार्थी हूँ। कन्या के पिता नहीं है, इसलिए संघ मुझे अनुमति प्रदान करे।"

सालवती के मुँह पर भय और रोष की रेखाएँ नाचने लगीं। वह प्रतिवाद करने जा रही थी कि मगध के महामन्त्री के समीप बैठा हुआ मणिधर उठ खड़ा हुआ। उसने तीव्र कण्ठ से कहा-"मेरी एक विज्ञप्ति है, यदि संघ प्रसन्नता से सुने।" यह अभय का प्रतिद्वन्द्वी सेनापति मणिधर उपराजा बनने का इच्छुक था। सब लोग किसी आशंका से उसी की ओर देखने लगे।

राजा से बोलने की आज्ञा पाकर उसने कहा-"आज तक हम लोग कुलपुत्रों की समता का स्वप्न देखते हैं। उनके अधिकार ने, सम्पत्ति और स्वार्थों की समानता की रक्षा की है। तब क्या उचित होगा कि यह सर्वश्रेष्ठ सौन्दर्य किसी के अधिकार में दे दिया जाय? मैं चाहता हूँ कि राष्ट्र ऐसी सुन्दरी को स्वतन्त्र रहने दे और वह अनंग की पुजारिन अपनी इच्छा से अपनी एक रात्रि की दक्षिणा 100 स्वर्ण-मुद्राएँ लिया करे।"

सालवती विपत्ति में पड़ गयी। उसने अपने दार्शनिक कुलपुत्रों की ओर रक्षा पाने के विचार से

देखा। किन्तु उन लोगों ने घटना के इस आकस्मिक परिवर्तन को सोचा भी न था। इधर समानता का सिद्धान्त! संस्थागार में हलचल मच गयी। राजा ने इस विज्ञप्ति पर मत लेना आवश्यक समझा। शलाकायें बटीं। गणपूरक अपने कार्य में लगा। और सालवती प्रार्थना करने जा रही थी कि "मुझे इस उपद्रव से छुट्टी मिले।"

किन्तु समानता और प्रजातन्त्र के सिद्धान्तों की लगन! कौन सुनता है किसकी? उधर एक व्यक्ति ने कहा-"हम लोग भी अम्बपाली के समान ही क्या वज्जिराष्ट्र में एक सौन्दर्य-प्रतिमा नहीं स्थापित कर सकते, जिससे अन्य देशों का धन इस राष्ट्र में आवे। अभयकुमार हतबुद्धि-सा क्षोभ और रोष से काँप रहा था।

उसने तीव्र दृष्टि से मगध के महामन्त्री की ओर देखा। मन्त्री ने मुस्करा दिया। गणपूरक ने विज्ञप्ति के पक्ष में बहुमत की घोषणा की। राजा ने विज्ञप्ति पर स्वीकृति दी।

जब मत लिया जा रहा था, तब सालवती के मन की अवस्था बड़ी विचित्र हो रही थी। कभी तो वह सोचती थी-"पिता हिरण्य के उपासक थे। स्वर्ण ही संसार के प्रभु हैं-स्वतन्त्रता का बीज है। वही 100 स्वर्ण-मुद्राएँ उसकी दक्षिणा हैं और अनुग्रह करेगी वही। तिस पर इतनी सम्वर्धना! इतना आदर? दूसरे क्षण उसके मन में यह बात खटकने लगती कि वह कितनी दयनीया है, जो कुलवधू का अधिकार उसके हाथ से छीन लिया गया और उसने ही तो अभय का अपमान किया था। किस लिए? अनुग्रह न लेने का अभिमान! तो क्या मनुष्य को प्राय: वही करना पड़ता है, जिसे वह नहीं चाहता। उसी ने मगध के महामन्त्री के सामने प्रजातन्त्र का उत्कर्ष बताया था। वही एकराज मगध का प्रतिनिधि यहाँ बैठा है। तब बहुमत की जय हो! वह विरोध करना चाहती थी, परन्तु कर न सकी।

उसने आनन्द के नियतिवाद का एक बार मन में स्मरण किया, और गन्तव्य पथ पर वेग से चली।

तब सालवती को घेरकर कुलपुत्रों ने आनन्द से उसका जयघोष किया। देखते-देखते सालवती के चरणों में उपहार के ढेर लग गये। वह रथ पर अनङ्ग-पूजा के स्थान पर चली-ठीक जैसे अपराधी वध्यस्थल की ओर! उसके पीछे सहस्रों रथों और घोड़ों पर कुलपुत्र, फिर जन:स्रोत। सब आज अपने गणतन्त्र के सिद्धान्त की विजय पर उन्मत्त थे।

अभयकुमार जड़-सा वहीं खड़ा रहा। जब संस्थागार से निकलने के लिए मन्त्री उसके पास आया, तब अभय का हाथ दबा कर उसने कहा-"उपराजा प्रसन्न हों...."

"महामन्त्री! तुम्हारी कूटिनीति सफल हुई।"-कहकर अभय ने क्षोभ से उसकी ओर देखा।

"आप लोगों का राष्ट्र सचमुच स्वतन्त्रता और समानता का उपासक है। मैं साधुवाद देता हूँ।"

दोनों अपने रथों पर चढ़कर चले गये।

४

सालवती, वैशाली की अप्सरा सालवती, अपने विभव और सौन्दर्य में अद्वितीय थी। उसके प्रमुख उपासक थे वैशाली के सेनापति मणिधर। सम्पत्ति का स्रोत उस सौन्दर्य-सरोवर में आकर भर रहा था। वहाँ अनेक कुलपुत्र आये, नहीं आया तो एक अभयकुमार।

और सालवती का मान जैसे अभयकुमार को पदावनत किये बिना कुचला जा रहा था। वह उस दिन की एकावली पर आज अपना पूरा अधिकार समझती थी, किन्तु वह अब कहाँ मिलने की।

उसका हृदय तीव्र भावों से भर गया था। आज वह चिन्तामग्न थी। मगध का युद्ध वैशाली में भयानक समाचार भेज रहा था। मगध की पूर्ण विजय के साथ यह भी समाचार मिला कि सेनापति मणिधर उस युद्ध में मारे गये। वैशाली में रोष और उत्साह छा गया। नयी सेना का सञ्चालन करने के लिए आज संस्थागार में चुनाव होनेवाला है। नगर की मुख्य महिलाएँ, कुमारियाँ उस सेनापति का

अभिनन्दन करने के लिए पुष्परथों पर चढ़कर चली जा रही है। उसे भी जाना चाहिए, क्या मणिधर के लिए दुःखी होना मानसिक परतन्त्रता का चिह्न है, जिसे वह कभी स्वीकार न करेगी। वह भी उठी। आज उसके शृंगार का क्या कहना है! जिसके अभिमान पर वह जी रही थी, वही उसका सौन्दर्य कितने आदर और प्रदर्शन की वस्तु है। उसे सब प्रकार से सजाकर मणियों की झिलमिल में पुष्पों से सजे हुए रथ पर चढ़कर सालवती संस्थागार की ओर चली। कुछ मनचले नवयुवकों का जयघोष विरोध के स्वर में लुप्त हो गया। वह पीली पड़ गयी।

साधारण नागरिकों ने चिल्लाकर कहा-"इसी के संसर्ग-दोष से सेनापति मणिधर की पराजय हुई।"

एक ने कहा-"यह मणिधर की काल-भुजङ्गिनी है।"

दूसरे ने कहा-"यह वैशाली का अभिशाप है।"

तीसरे ने कहा-"यह विचार-स्वातन्त्र्य के समुद्र का हलाहल है।" सालवती ने सारथी से कहा-"रथ फेर दो।" किन्तु दूसरी ओर से अपार जनसमूह आ रहा था। बाध्य होकर सालवती को राजपथ में एक ओर रुकना पड़ा।

तूर्यनाद समीप आ रहा था। सैनिकों के शिरस्त्राण और भाले चमकने लगे। भालों के फलक उन्नत थे। और उनसे भी उन्नत थे उन वीरों के मस्तक, जो स्वदेश की स्वतन्त्रता के लिए प्राण देने जा रहे थे। उस वीर-वाहिनी में सिन्धुदेश के शुभ्र अश्वराज पर अभयकुमार आरूढ़ था। उसके मस्तक पर सेनापति का स्वर्णपट्ट सुशोभित था। दाहिनी भुजा उठी हुई थी, जिसमें नग्न खंग सारी जनता को अभिवादन कर रहा था। और वीरों को रण-निमन्त्रण दे रही थी उसके मुख पर की सहज मुस्कान।

फूलों की वर्षा हो रही थी। "वज्जियों की जय" के रणनाद से वायुमण्डल गूँज रहा था। उस वीरश्री को देखने, उसका आदर करने के लिए कौन नहीं उत्सुक था। सालवती भी अपने रथ पर खड़ी हो गयी थी। उसने भी एक सुरचित माला लक्ष्य साधकर फेंकी और वह उस खंग से जाकर लिपट गयी।

जनता तो भावोन्माद की अनुचरी है। सैंकड़ों कण्ठ से 'साधु' की ध्वनि निकली। अभय ने फेंकनेवाली को देखा। दोनों के नेत्र मिले। सालवती की आँखे नीची हो रहीं। और अभय! तन्द्रालस जैसा हो गया, निश्चेष्ट। उसकी तन्द्रा तब टूटी जब नवीन अश्वारोहियों का दल चतुष्पथ पर उसके स्वागत पर वीर गर्जन कर उठा। अभयकुमार ने देखा वे आठों दार्शनिक कुलपुत्र एक-एक गुल्म के नायक हैं, उसका मन उत्साह से भर उठा। उसने क्षणभर में निश्चय किया कि जिस देश के दार्शनिक भी अस्त्र ग्रहण कर सकते हैं वह पराजित नहीं होगा।

अभयकुमार ने उच्च कण्ठ से कहा-"कुलपुत्रों की जय!"

"सेनापति अभयकुमार की जय!"-कुलपुत्रों ने प्रत्युत्तर दिया।

"वज्जियों की जय!"-जनता ने जयनाद किया।

वीर-सेना युद्ध-क्षेत्र की ओर चली और सालवती दीन-मलिन अपने उपवन को लौटी। उसने सब शृंगार उतारकर फेंक दिये। आज वह सबसे अधिक तिरस्कृत थी। वह धरणी में लोटने लगी। वसुधा पर सुकुमार यौवनलता-सी वह निरवलम्ब पड़ी थी।

आज जैसे उसने यह अनुभव किया कि नारी का अभिमान अकिञ्चन है। वह मुग्धा विलासिनी, अभी-अभी संसार के सामने अपने अस्तित्व को मिथ्या, माया, सारहीन समझकर आयी थी। वह अपने सुवासित अलकों को बिखराकर उसी में अपना मुँह छिपाये पड़ी थी। नीला उसकी मुँहलगी दासी थी। और वह वास्तव में सालवती को प्यार करती थी। उसने पास बैठकर धीरे-धीरे उसके बालों को हटाया, आँसू पोंछे, गोद में सिर रख लिया। सालवती ने प्रलय-भरी आँखों से उसकी ओर देखा। नीला ने मधुर स्वर से कहा-"स्वामिनी! यह शोक क्यों?"

सालवती चुप रही।

"स्वामिनी! शय्या पर चलो। इससे तो और भी कष्ट बढ़ने की सम्भावना है।"

"कष्ट! नीले! मुझे सुख ही कब मिला था?"

"किन्तु आपके शरीर के भीतर एक अन्य प्राणी की जो सृष्टि हो रही है, उसे तो सँभालना ही होगा।"

सालवती जैसे नक्षत्र की तरह आकाश से गिर पड़ी। उसने कहा-"कहती क्या है?"

नीला हँसकर बोली-"स्वामिनी! अभी आपको अनुभव नहीं है। मैं जानती हूँ। यह मेरा मिथ्या प्रलोभन नहीं है।

सालवती सब तरह से लुट गयी। नीला ने उसे शय्या पर लिटा दिया। उसने कहा-"नीले! आज से मेरे सामने कोई न आवे, मैं किसी को मुँह नहीं दिखाना चाहती। बस, केवल तुम मेरे पास बनी रहो।"

सुकोमल शय्या पर सालवती ने करवट ली। सहसा उसके सामने मणिधर का वह पत्र आया, जिसे उसने रणक्षेत्र से भेजा था। उसने उठाकर पढ़ना आरम्भ किया : "वैशाली की सौन्दर्य-लक्ष्मी!" वह रुक गयी। सोचने लगी। मणिधर कितना मिथ्यावादी था। उसने एक कल्पित सत्य को साकार बना दिया। वैशाली में जो कभी न था, उसने मुझे वही रूपाजीवा बनाकर क्या राष्ट्र का अनिष्ट नहीं किया! .... अवश्य .... देखो आगे लिखता है-"मेरा मन युद्ध में नहीं लगता है।" लगता कैसे? रूप-ज्वाला के शलभ! तुझे तो जल-मरना था। तो उसे अपराध का दण्ड मिला। और स्वतन्त्रता के नाम जो भ्रम का सृजन कर रही थी, उसका क्या हुआ! मैं साल-वन की विहंगिनी! आज मेरा सौन्दर्य कहाँ है? और फिर प्रसव के बाद क्या होगा?

वह रोती रही।

सालवती के जीवन में रुदन का राज्य था। जितना ही वह अपने स्वतन्त्रता पर पहले सहसा प्रसन्न हो रही थी, उतना ही उस मानिनी का जीवन दुःखपूर्ण हो गया।

वह गर्भवती थी।

उपवन से बाहर न निकलती थी और न तो कोई भीतर आने पाता। सालवती ने अपने को बन्दी बना लिया।

कई महीने बीत गये। फिर से मधुमास आया। पर सालवती का वसन्त जैसे सदा के लिए चला गया था। उसने उपवन की प्राचीर में से सुना जैसे कोई तूर्यनाद के साथ पुकार रहा है : "वज्जियों की सर्वश्रेष्ठ सुन्दरी अनङ्ग-पूजा ..." आगे वह कुछ न सुन सकी। वह रोष से मूर्च्छित थी। विषाद से उसकी प्रसव-पीड़ा भयानक हो रही थी। नीला ने उपचार किया। वैद्य के प्रयत्न से उस रात्रि में सालवती को एक सुन्दर-सी सन्तान हुई।

सालवती ने अपने यौवन-वन के कुठार को देखा। द्वन्द्व से वह तड़पने लगी, मोह को मान ने पराजित किया। उसने कोमल फूलों की टोकरी में अच्छे वस्त्रों में लपेटकर उस सुकुमार शिशु को एक ओर गोधूलि की शीतल छाया में रखवा दिया। वैद्य का मुँह सोने से बन्द कर दिया गया।

उसी दिन सालवती अपने सुविशाल भवन में लौट आयी।

और उसी दिन अभयकुमार विजयी होकर अपने पथ से लौट रहा था। तब उसे एक सुन्दर शिशु मिला। अभय उसे अपने साथ ले आया।

प्रतियोगिता का दिन था। सालवती का सौन्दर्य-दर्प जागरूक हो गया था। उसने द्राक्षासव का घूँट लेकर मुकुर में अपनी प्रतिच्छाया देखी। उसको जैसे अकारण सन्देह हुआ कि उसकी फूलों की

ऋतु बीत चली है। वह अपमान से भयभीत होकर बैठ रही।

वैशाली विजय का उत्सव मना रही थी। उधर वसन्त का भी समारोह था। सालवती को सब लोग भूल गये। और अभयकुमार! वह कदाचित् नहीं भूला-कुछ-कुछ क्रोध से, कुछ विषाद से, और कुछ स्नेह से। संस्थागार में चुनाव की भीड़ थी। उसमें जो सुन्दरी चुनी गयी, वह निर्विवाद नहीं चुनी जा सकी। अभयकुमार ने विरोध किया। आठों कुलपुत्रों ने उसका साथ देते हुए कहा-"जो अनुपम सौन्दर्य नहीं, उसे वेश्या बनाना सौन्दर्य-बोध का अपमान करना है।" किन्तु बहुमत का शासन! चुनाव हो ही गया। वैशाली को अब वेश्याओं की अधिक आवश्यकता थी।

सालवती ने सब समाचार अपनी शय्या पर लेटे-लेटे सुना। वह हँस पड़ी! उसने नीला से कहा-"नीले! मेरे स्वर्ण-भण्डार में कमी तो नहीं है?"

"नहीं स्वामिनी!"

"इसका ध्यान रखना! मुझे आर्थिक परतन्त्रता न भोगनी पड़े।"

"इसकी सम्भावना नहीं। आप निश्चिन्त रहें।"

किन्तु सालवती! हाँ, वह स्वतन्त्र थी, एक कंगाल की तरह, जिसके पास कोई अधिकार, नियन्त्रण, अपने पर भी नहीं-दूसरे पर भी नहीं। ऐसे आठ वसन्त बीत गये।

५

अभयकुमार अपने उद्यान में बैठा था। एक शुभ्र शिला पर उसकी वीणा रक्खी थी। दो दास उसके सुगठित शरीर में सुगन्धित तेल-मर्दन कर रहे थे। सामने मंच पर एक सुन्दर बालक अपनी क्रीड़ा-सामग्री लिये व्यस्त था। अभय अपनी बनायी हुई कविता गुनगुना रहा था। वह बालक की अकृत्रिम हँसी पर लिखी गयी थी। अभय के हृदय का समस्त सञ्चित स्नेह उसी बालक में केन्द्रीभूत था। अभय ने पूछा-आयुष्मान विजय! तुम भी आज मल्लशाला में चलोगे न!"

बालक क्रीड़ा छोड़कर उठ खड़ा हुआ, जैसे वह सचमुच किसी से मल्लयुद्ध करने के लिए प्रस्तुत हो। उसने कहा-"चलूँगा और लड़ूँगा भी।"

अभय ठठाकर हँस पड़ा। बालक कुछ संकुचित हो गया। फिर सहसा अभय को स्मरण हो गया कि उसे और भी कई काम हैं। वह स्नान के लिए उठने लगा कि संस्थागार की सन्निपात भेरी बज उठी। एक बार तो उसने कान खड़े किये; पर फिर अपने में लीन हो गया। मगध-युद्ध के बाद उसने किसी विशेष पद के लिए कभी अपने को उपस्थित नहीं किया। वह जैसे वैशाली के शासन में भाग लेने से उदासीन हो रहा था! स्वास्थ्य का बहाना करके उसने अवसर ग्रहण किया। उसके मगध-युद्ध के सहायक आठों दार्शनिक कुलपुत्र उसके अभिन्न मित्र थे। वे भी अविवाहित थे। अभयकुमार की गोष्ठी बिना सुन्दरियों की जमात थी। वे भी आ गये। इन सबों के बलिष्ठ शरीरों पर मगध-युद्ध के वीर-चिह्न अंकित थे।

अभिनन्द ने पूछा-"आज संस्थागार में हम लोग चलेंगे कि नहीं?"

अभय ने कहा-"मुझे तो मल्लशाला का निमन्त्रण है।"

अभिनन्द ने कहा-"तो सचमुच हम लोग वैशाली के शासन से उदासीन हो गये हैं क्या?"

सब चुप हो गये। सुभद्र ने कहा-"अन्त में व्यवहार की दृष्टि से हम लोग पक्के नियतिवादी ही रहे। जो कुछ होना है, वह होने दिया जा रहा है।"

आनन्द हँस पड़ा। मणिकण्ठ ने कहा-"नहीं, हँसने से काम न चलेगा। आज जब उपवन से आ रहा था तब मैंने देखा कि सालवती के तोरण पर बड़ी भीड़ है। पूछने से मालूम हुआ कि आठ बरस

के दीर्घ एकान्तवास के बाद सौन्दर्य के चुनाव में भाग लेने के लिए सालवती बाहर आ रही है। मैं क्षण-भर रुका रहा। वह अपने पुष्परथ पर निकली। नागरिकों की भीड़ थी। कुलवधुओं का रथ रुक रहा था। उनमें कई तेजस्विनी महिलाएँ थीं, जिनकी गोद में बच्चे थे। उन्होंने तीव्र स्वर में कहा-'यही पिशाचिनी हम लोगों के बच्चों से उनके पिताओं को, स्त्रियों से अपने पतियों को छीननेवाली है।' वह एक क्षण खड़ी रही। उसने कहा-'देवियों! आठ बरस के बाद वैशाली के राजपथ पर दिखलाई पड़ी हूँ। इन दिनों मैंने किसी पुरुष का मुँह भी नहीं देखा। मुझे आप लोग क्यों कोस रही हैं।' वे बोलीं-'तूने वेश्यावृति के पाप का आविष्कार किया है। तू कुलपुत्रों के वन की दावाग्नि की प्रथम चिनगारी है। तेरा मुँह देखने से भी पाप है! राष्ट्र के इन अनाथ पुत्रों की ओर देख! पिशाचिनी!' कई ने बच्चों को अपनी गोद से ऊँचा कर दिया। सालवती ने उन बालको की ओर देखकर रो दिया।"

"रो दिया?"-अभिनन्द ने पूछा।

"हाँ-हाँ, रो दिया और उसने कहा-'देवियों! मुझे क्षमा करें। मैं प्रायश्चित करूँगी।' उसने अपना रथ बढ़वा दिया। मैं इधर चला आया; किन्तु कुलपुत्रों से मैं सत्य कहता हूँ कि सालवती आज भी सुन्दरियों की रानी है।"

अभयकुमार चुपचाप विजय को देख रहा था। उसने कहा-"तो क्या हम लोग चलेंगे?"

"हाँ-हाँ-"

अभय ने दृढ़ स्वर में पूछा-"और आवश्यकता होगी तो सब प्रकार से प्रतिकार करने में पीछे न हटेंगे।"

"हाँ, न हटेंगे!"-दृढ़ता से कुलपुत्रों ने कहा।

"तो मैं स्नान करके अभी चला।"-रथों को प्रस्तुत होने के लिए कह दिया जाय।

जब अभय स्नान कर रहा था, तब कुलपुत्रों ने कहा-"आज अभय कुछ अद्भुत काम करेगा?"

आनन्द ने कहा-"जो होना होगा, वह तो होगा ही। इतनी घबराहट से क्या?"

अभय शीघ्र स्नानागार से लौट आया। उसने विजय को भी अपने रथ पर बिठाया।

कुलपुत्रों के नौ रथ संस्थागार की ओर चले। अभय के मुख पर गम्भीर चिन्ता थी और दुर्दमनीय दृढ़ता थी।

सिंहद्वार पर साधारण जनता की भीड़ थी और विशाल प्रांगण में कुलपुत्रों की और महिलाओं की। आज सौन्दर्य प्रतियोगिता थी। रूप की हाट सजी थी। आठ भिन्न आसनों पर वैशाली की वेश्यायें बैठी थीं। नवा आसन सूना था। अभी तक नई प्रार्थिनी-सुन्दरियों में उत्साह था; किन्तु सालवती के आते ही जैसे नक्षत्रों का प्रकाश मन्द हो गया। पूर्ण चन्द्रोदय था। सालवती आज अपने सम्पूर्ण सौन्दर्य में यौवनवती थी। सुन्दरियाँ हताश हो रही थीं। कर्मचारी ने प्रतियोगिता के लिए नाम पूछा। किसी ने नहीं बताया।

उसी समय कुलपुत्रों के साथ अभय ने प्रवेश किया। मगध-युद्ध विजेता का जय-जयकार हुआ। सालवती का हृदय काँप उठा। न जाने क्यों वह अभय से डरती थी। फिर भी उसने अपने को सँभाल कर अभय का स्वागत किया। युवक सौन्दर्य के चुनाव के लिए उत्कण्ठित थे। कोई कहता था-"आज होना असम्भव है।" कोई कहता-"नहीं आज सालवती के सामने इसका निर्णय होगा।" परन्तु कोई सुन्दरी अपना नाम नहीं देना चाहती थी। सालवती ने अपनी विजय से मुस्करा दिया।

उसने खड़ी होकर विनीत स्वर से कहा-"यदि माननीय संघ को अवसर हो, वह मेरी विज्ञप्ति सुनना चाहें, तो मैं निवेदन करूँ।"

संस्थागार में सन्नाटा था।

उसने प्रतिज्ञा उपस्थित की।

"यदि संघ प्रसन्न हो, तो मुझे आज्ञा दे। मेरी यह प्रतिज्ञा स्वीकार करे कि "आज से कोई स्त्री वैशाली-राष्ट्र में वेश्या न होगी।"

कोलाहल मचा।

"और तुम अपने सिंहासन पर अचल बनी रहो। कुलवधुओं के सौभाग्य का अपहरण किया करो।"-महिलाओं के तिरस्कारपूर्ण शब्द अलिन्द से सुनाई पड़े।

"धैर्य धारण करो देवियों! हाँ, तो-इस पर संघ क्या आज्ञा देता है?"-सालवती ने साहस के साथ तीखे स्वर में कहा।

अभय ने प्रश्न किया-"क्या जो वेश्यायें हैं, वे वैशाली में बनी रहेंगी? और क्या इस बार भी सौन्दर्य प्रतियोगिता में तुम अपने को विजयिनी नहीं समझती हो?"

"मुझे निर्वासन मिले-कारागार में रहना पड़े। जो भी संघ की आज्ञा हो; किन्तु अकल्याणकर और पराजय के मूल इस भयानक नियम को जो अभी थोड़े दिनों से वज्जिसंघ ने प्रचलित किया है, बन्द करना चाहिए।"

एक कुलपुत्र ने गम्भीर स्वर से कहा-"क्या राष्ट्र की आज्ञा से जिन स्त्रियों ने अपना सर्वस्व उसकी इच्छा पर लुटा दिया, उन्हें राष्ट्र निर्वासित करेगा, दण्ड देगा? गणतन्त्र का यह पतन।"

एक ओर से कोलाहल मचा-"ऐसा न होना चाहिए।"

"फिर इन लोगों का भाग्य किस संकेत पर चलेगा?"-राजा ने गम्भीर स्वर में पूछा। 'इनका कौमार्य, शील और सदाचार खण्डित है। इनके लिए राष्ट्र क्या व्यवस्था करता है?"

"संघ यदि प्रसन्न हो, उसे अवसर हो, तो मैं कुछ निवेदन करूँ।"-आनन्द ने मुस्कराते हुए कहा।

राजा का संकेत पाकर उसने फिर कहा-"हम आठ मगध-युद्ध के खण्डित शरीर विलांग कुलपुत्र हैं। और ये शील खण्डिता आठ नई अनङ्ग की पुजारिनें हैं।"

कुल लोग हँसने की चेष्टा करते हुए दिखाई पड़े। कर्मचारियों ने तूर्य बजाकर शान्त रहने के लिए कहा।

राजा-उपराजा-सेनापति-मन्त्रधर-सूत्रधर-अमात्य व्यावहारिक और कुलिकों ने इस जटिल प्रश्न पर गम्भीरता से विचार करना आरम्भ किया। संस्थागार मौन था।

कुछ काल के बाद सूत्रधर ने पूछा-"तो क्या आठों कुलपुत्रों ने निश्चय कर लिया है? इन वेश्याओं को वे लोग पत्नी की तरह ग्रहण करेंगे?"

अभय ने उनकी ओर सम्भ्रम देखा। वे उठ खड़े हुए। एक साथ स्पष्ट स्वर में उन लोगों ने कहा-"हाँ, यदि संघ वैसी आज्ञा देने की कृपा करे।"

संघ मौन है; इसलिए मैं समझता हूँ उसे स्वीकार है।'-राजा ने कहा।

"सालवती! सालवती!!" की पुकार उठी। वे आठों अभिनन्द आदि के पार्श्व में आकर खड़ी हो गई थीं; किन्तु सालवती अपने स्थान पर पाषाणी प्रतिमा खड़ी थी। यही अवसर था, जब नौ बरस पहले उसने अभयकुमार का प्रत्याख्यान किया था। पृथ्वी ने उसके पैर पकड़ लिये थे, वायुमण्डल जड़ था, वह निर्जीव थी।

सहसा अभयकुमार ने विजय को अपनी गोद में उठाकर कहा-"मुझे पत्नी तो नहीं चाहिए। हाँ, इस बालक की माँ को खोज रहा हूँ, जिसको प्रसव-रात्रि में ही उसकी मानिनी माँ ने लज्जा पिण्ड की तरह अपनी सौन्दर्य की रक्षा के लिये फेंक दिया था। उस चतुर वैद्य ने इसकी दक्षिण भुजा पर एक

अमिट चिह्न अंकित कर दिया है। उसे यदि कोई पहचान सके, तो वह इसे अपनी गोद में ले।"

सालवती पागलों की तरह झपटी। उसने चिह्न देखा। और देखा उस सुन्दर मुख को। वह अभय के चरणों में गिरकर बोली-"यह मेरा है देव। क्या तुम भी मेरे होगे? अभय ने उसका हाथ पकड़कर उठा लिया।"

जयनाद से संस्थागार मुखरित हो रहा था।

आकाशदीप
(कहानी संग्रह)

आकाशदीप

१

"बन्दी!"

"क्या है? सोने दो।"

"मुक्त होना चाहते हो?"

"अभी नहीं, निद्रा खुलने पर, चुप रहो।"

"फिर अवसर न मिलेगा।"

"बड़ा शीत है, कहीं से एक कम्बल डालकर कोई शीत से मुक्त करता।"

"आँधी की सम्भावना है। यही अवसर है। आज मेरे बन्धन शिथिल हैं।"

"तो क्या तुम भी बन्दी हो?"

"हाँ, धीरे बोलो, इस नाव पर केवल दस नाविक और प्रहरी हैं।"

"शस्त्र मिलेगा?"

"मिल जायगा। पोत से सम्बद्ध रज्जु काट सकोगे?"

"हाँ।"

समुद्र में हिलोरें उठने लगीं। दोनों बन्दी आपस में टकराने लगे। पहले बन्दी ने अपने को स्वतन्त्र कर लिया। दूसरे का बन्धन खोलने का प्रयत्न करने लगा। लहरों के धक्के एक-दूसरे को स्पर्श से पुलकित कर रहे थे। मुक्ति की आशा-स्नेह का असम्भावित आलिंगन। दोनों ही अन्धकार में मुक्त हो गये। दूसरे बन्दी ने हर्षातिरेक से उसको गले से लगा लिया। सहसा उस बन्दी ने कहा-"यह क्या? तुम स्त्री हो?"

"क्या स्त्री होना कोई पाप है?"-अपने को अलग करते हुए स्त्री ने कहा।

"शस्त्र कहाँ है-तुम्हारा नाम?"

"चम्पा।"

तारक-खचित नील अम्बर और समुद्र के अवकाश में पवन ऊधम मचा रहा था। अन्धकार से मिलकर पवन दुष्ट हो रहा था। समुद्र में आन्दोलन था। नौका लहरों में विकल थी। स्त्री सतर्कता से लुढ़कने लगी। एक मतवाले नाविक के शरीर से टकराती हुई सावधानी से उसका कृपाण निकालकर, फिर लुढ़कते हुए, बन्दी के समीप पहुँच गई। सहसा पोत से पथ-प्रदर्शक ने चिल्लाकर कहा-"आँधी!"

आपत्ति-सूचक तूर्य बजने लगा। सब सावधान होने लगे। बन्दी युवक उसी तरह पड़ा रहा। किसी ने रस्सी पकड़ी, कोई पाल खोल रहा था। पर युवक बन्दी ढुलक कर उस रज्जु के पास पहुँचा, जो पोत से संलग्न थी। तारे ढँक गये। तरंगें उद्वेलित हुईं, समुद्र गरजने लगा। भीषण आँधी, पिशाचिनी के

समान नाव को अपने हाथों में लेकर कन्दक-क्रीड़ा और अट्टहास करने लगी।

एक झटके के साथ ही नाव स्वतन्त्र थी। उस संकट में भी दोनों बन्दी खिलखिला कर हँस पड़े। आँधी के हाहाकार में उसे कोई न सुन सका।

२

अनन्त जलनिधि में ऊषा का मधुर आलोक फूट उठा। सुनहली किरणों और लहरों की कोमल सृष्टि मुस्कराने लगी। सागर शान्त था। नाविकों ने देखा, पोत का पता नहीं। बन्दी मुक्त हैं।

नायक ने कहा-"बुधगुप्त! तुमको मुक्त किसने किया?"

कृपाण दिखाकर बुधगुप्त ने कहा-"इसने।"

नायक ने कहा-"तो तुम्हें फिर बन्दी बनाऊँगा।"

"किसके लिये? पोताध्यक्ष मणिभद्र अतल जल में होगा-नायक! अब इस नौका का स्वामी मैं हूँ।"

"तुम? जलदस्यु बुधगुप्त? कदापि नहीं।"-चौंक कर नायक ने कहा और अपना कृपाण टटोलने लगा! चम्पा ने इसके पहले उस पर अधिकार कर लिया था। वह क्रोध से उछल पड़ा।

"तो तुम द्वंद्वयुद्ध के लिये प्रस्तुत हो जाओ; जो विजयी होगा, वह स्वामी होगा।"-इतना कहकर बुधगुप्त ने कृपाण देने का संकेत किया। चम्पा ने कृपाण नायक के हाथ में दे दिया।

भीषण घात-प्रतिघात आरम्भ हुआ। दोनों कुशल, दोनों त्वरित गतिवाले थे। बड़ी निपुणता से बुधगुप्त ने अपना कृपाण दाँतों से पकड़कर अपने दोनों हाथ स्वतन्त्र कर लिये। चम्पा भय और विस्मय से देखने लगी। नाविक प्रसन्न हो गये। परन्तु बुधगुप्त ने लाघव से नायक का कृपाण वाला हाथ पकड़ लिया और विकट हुंकार से दूसरा हाथ कटि में डाल, उसे गिरा दिया। दूसरे ही क्षण प्रभात की किरणों में बुधगुप्त का विजयी कृपाण हाथों में चमक उठा। नायक की कातर आँखें प्राण-भिक्षा माँगने लगीं।

बुधगुप्त ने कहा-"बोलो, अब स्वीकार है कि नहीं?"

"मैं अनुचर हूँ, वरुणदेव की शपथ। मैं विश्वासघात नहीं करूँगा।" बुधगुप्त ने उसे छोड़ दिया।

चम्पा ने युवक जलदस्यु के समीप आकर उसके क्षतों को अपनी स्निग्ध दृष्टि और कोमल करों से वेदना विहीन कर दिया। बुधगुप्त के सुगठित शरीर पर रक्त-बिन्द विजय-तिलक कर रहे थे।

विश्राम लेकर बुधगुप्त ने पूछा "हम लोग कहाँ होंगे?"

"बालीद्वीप से बहुत दूर, सम्भवत: एक नवीन द्वीप के पास, जिसमें अभी हम लोगों का बहुत कम आना-जाना होता है। सिंहल के वणिकों का वहाँ प्राधान्य है।"

"कितने दिनों में हम लोग वहाँ पहुँचेंगे?"

"अनुकूल पवन मिलने पर दो दिन में। तब तक के लिये खाद्य का अभाव न होगा।"

सहसा नायक ने नाविकों को डाँड़ लगाने की आज्ञा दी, और स्वयं पतवार पकड़कर बैठ गया। बुधगुप्त के पूछने पर उसने कहा-"यहाँ एक जलमग्न शैलखण्ड है। सावधान न रहने से नाव टकराने का भय है।"

३

"तुम्हें इन लोगों ने बन्दी क्यों बनाया?"

"वणिक् मणिभद्र की पाप-वासना ने।"

"तुम्हारा घर कहाँ है?"

"जाह्नवी के तट पर। चम्पा-नगरी की एक क्षत्रिय बालिका हूँ। पिता इसी मणिभद्र के यहाँ प्रहरी का काम करते थे। माता का देहावसान हो जाने पर मैं भी पिता के साथ नाव पर ही रहने लगी। आठ बरस से समुद्र ही मेरा घर है। तुम्हारे आक्रमण के समय मेरे पिता ने ही सात दस्युओं को मारकर जल-समाधि ली। एक मास हुआ, मैं इस नील नभ के नीचे, नील जलनिधि के ऊपर, एक भयानक अन्नता में निस्सहाय हूँ-अनाथ हूँ। मणिभद्र ने मुझसे एक दिन घृणित प्रस्ताव किया। मैंने उसे गालियाँ सुनाईं। उसी दिन से बन्दी बना दी गई।"-चम्पा रोष से जल रही थी।

"मैं भी ताम्रलिप्ति का एक क्षत्रिय हूँ, चम्पा! परन्तु दुर्भाग्य से जलदस्यु बन कर जीवन बिताता हूँ। अब तुम क्या करोगी?"

"मैं अपने अदृष्ट को अनिर्दिष्ट ही रहने दूँगी। वह जहाँ ले जाय।" -चम्पा की आँखें निस्सीम प्रदेश में निरुद्देश्य थीं। किसी आकांक्षा के लाल डोरे न थे। धवल अपांगों में बालकों के सदृश विश्वास था। हत्या-व्यवसायी दस्यु भी उसे देखकर काँप गया। उसके मन में एक सम्भ्रमपूर्ण श्रद्धा यौवन की पहली लहरों को जगाने लगी। समुद्र-वक्ष पर विलम्बमयी राग-रञ्जित सन्ध्या थिरकने लगी। चम्पा के असंयत कुन्तल उसकी पीठ पर बिखरे थे। दुर्दान्त दस्यु ने देखा , अपनी महिमा में अलौकिक एक तरुण बालिका! वह विस्मय से अपने हृदय को टटोलने लगा। उसे एक नई वस्तु का पता चला। वह थी-कोमलता!

उसी समय नायक ने कहा-"हम लोग द्वीप के पास पहुँच गये।"

बेला से नाव टकराई। चम्पा निर्भीकता से कूद पड़ी। माँझी भी उतरे। बुधगुप्त ने कहा-"जब इसका कोई नाम नहीं है, तो हम लोग इसे चम्पा-द्वीप कहेंगे।"

चम्पा हँस पड़ी।

४

पाँच बरस बाद- शरद के धवल नक्षत्र नील गगन में झलमला रहे थे। चन्द्र की उज्ज्वल विजय पर अन्तरिक्ष में शरदलक्ष्मी ने आशीर्वाद के फूलों और खीलों को बिखेर दिया।

चम्पा के एक उच्चसौध पर बैठी हुई तरुणी चम्पा दीपक जला रही थी। बड़े यत्न से अभ्रक की मञ्जषा में दीप धरकर उसने अपनी सुकुमार उँगलियों से डोरी खींची। वह दीपाधार ऊपर चढ़ने लगा। भोली-भोली आँखें उसे ऊपर चढ़ते बड़े हर्ष से देख रही थीं। डोरी धीरे-धीरे खींची गई। चम्पा की कामना थी कि उसका आकाश-दीप नक्षत्रों से हिलमिल जाय; किन्तु वैसा होना असम्भव था। उसने आशाभरी आँखें फिरा लीं।

सामने जल-राशि का रजत श्रृंगार था। वरुण बालिकाओं के लिए लहरों से हीरे और नीलम की क्रीड़ा शैल-मालायें बन रही थीं-और वे मायाविनी छलनायें-अपनी हँसी का कलनाद छोड़कर छिप जाती थीं। दूर-दूर से धीवरों का वंशी-झनकार उनके संगीत-सा मुखरित होता था। चम्पा ने देखा कि तरल संकुल जल-राशि में उसके कण्डील का प्रतिबिम्ब अस्तव्यस्त था! वह अपनी पूर्णता के लिए सैकड़ों चक्कर काटता था। वह अनमनी होकर उठ खड़ी हुई। किसी को पास न देखकर पुकारा-"जया!"

एक श्यामा युवती सामने आकर खड़ी हुई। वह जंगली थी। नील नभोमण्डल-से मुख में शुद्ध नक्षत्रों की पंक्ति के समान उसके दाँत हँसते ही रहते। वह चम्पा को रानी कहती; बुधगुप्त की आज्ञा थी।

"महानाविक कब तक आवेंगे, बाहर पूछो तो।" चम्पा ने कहा। जया चली गई।

दूरागत पवन चम्पा के अञ्चल में विश्राम लेना चाहता था। उसके हृदय में गुदगुदी हो रही थी। आज न जाने क्यों वह बेसुध थी। वह दीर्घकाल वृद्ध पुरुष ने उसकी पीठ पर हाथ रख चमत्कृत कर दिया। उसने फिरकर कहा-"बुधगुप्त!"

"बावली हो क्या? यहाँ बैठी हुई अभी तक दीप जला रही हो, तुम्हें यह काम करना है?"

"क्षीरनिधिशायी अनन्त की प्रसन्नता के लिए क्या दासियों से आकाश-दीप जलवाऊँ?"

"हँसी आती है। तुम किसको दीप जलाकर पथ दिखलाना चाहती हो? उसको, जिसको तुमने भगवान् मान लिया है?"

"हाँ, वह भी कभी भटकते हैं, भूलते हैं, नहीं तो, बुधगुप्त को इतना ऐश्वर्य क्यों देते?"

"तो बुरा क्या हुआ, इस द्वीप की अधीश्वरी चम्पारानी!"

"मुझे इस बन्दीगृह से मुक्त करो। अब तो बाली, जावा और सुमात्रा का वाणिज्य केवल तुम्हारे ही अधिकार में है महानाविक! परन्तु मुझे उन दिनों की स्मृति सुहावनी लगती है, जब तुम्हारे पास एक ही नाव थी और चम्पा के उपकूल में पण्य लाद कर हम लोग सुखी जीवन बिताते थे-इस जल में अगणित बार हम लोगों की तरी आलोकमय प्रभात में तारिकाओं की मधुर ज्योति में-थिरकती थी। बुधगुप्त! उस विजन अनन्त में जब माँझी सो जाते थे, दीपक बुझ जाते थे, हम-तुम परिश्रम से थककर पालों में शरीर लपेटकर एक-दूसरे का मुँह क्यों देखते थे? वह नक्षत्रों की मधुर छाया....."

"तो चम्पा! अब उससे भी अच्छे ढंग से हम लोग विचर सकते हैं। तुम मेरी प्राणदात्री हो, मेरी सर्वस्व हो।"

"नहीं-नहीं, तुमने दस्युवृत्ति छोड़ दी परन्तु हृदय वैसा ही अकरुण, सतृष्ण और ज्वलनशील है। तुम भगवान के नाम पर हँसी उड़ाते हो। मेरे आकाश-दीप पर व्यंग कर रहे हो। नाविक! उस प्रचण्ड आँधी में प्रकाश की एक-एक किरण के लिए हम लोग कितने व्याकुल थे। मुझे स्मरण है, जब मैं छोटी थी, मेरे पिता नौकरी पर समुद्र में जाते थे-मेरी माता, मिट्टी का दीपक बाँस की पिटारी में भागीरथी के तट पर बाँस के साथ ऊँचे टाँग देती थी। उस समय वह प्रार्थना करती-'भगवान! मेरे पथ-भ्रष्ट नाविक को अन्धकार में ठीक पथ पर ले चलना।' और जब मेरे पिता बरसों पर लौटते तो कहते-'साध्वी! तेरी प्रार्थना से भगवान् ने संकटों में मेरी रक्षा की है।' वह गद्गद हो जाती। मेरी माँ? आह नाविक! यह उसी की पुण्य-स्मृति है। मेरे पिता, वीर पिता की मृत्यु के निष्ठर कारण, जलदस्यु! हट जाओ।"-सहसा चम्पा का मुख क्रोध से भीषण होकर रंग बदलने लगा। महानाविक ने कभी यह रूप न देखा था। वह ठठाकर हँस पड़ा।

"यह क्या, चम्पा? तुम अस्वस्थ हो जाओगी, सो रहो।"-कहता हुआ चला गया। चम्पा मुट्ठी बाँधे उन्मादिनी-सी घूमती रही।

५

निर्जन समुद्र के उपकूल में वेला से टकरा कर लहरें बिखर जाती थीं। पश्चिम का पथिक थक गया था। उसका मुख पीला पड़ गया। अपनी शान्त गम्भीर हलचल में जलनिधि विचार में निमग्न था। वह जैसे प्रकाश की उन्मलिन किरणों से विरक्त था।

चम्पा और जया धीरे-धीरे उस तट पर आकर खड़ी हो गईं। तरंग से उठते हुए पवन ने उनके वसन को अस्त-व्यस्त कर दिया। जया के संकेत से एक छोटी-सी नौका आई। दोनों के उस पर बैठते ही नाविक उतर गया। जया नाव खेने लगी। चम्पा मुग्ध-सी समुद्र के उदास वातावरण में अपने को मिश्रित कर देना चाहती थी।

"इतना जल! इतनी शीतलता! हृदय की प्यास न बुझी। पी सकूँगी? नहीं! तो जैसे वेला में चोट खाकर सिन्धु चिल्ला उठता है, उसी के समान रोदन करूँ? या जलते हुए स्वर्ण-गोलक सदृश अनन्त जल में डूब कर बुझ जाऊँ?"-चम्पा के देखते-देखते पीड़ा और ज्वलन से आरक्त बिम्ब धीरे-धीरे सिन्धु में चौथाई-आधा, फिर सम्पूर्ण विलीन हो गया। एक दीर्घ निश्वास लेकर चम्पा ने मुँह फेर लिया। देखा, तो महानाविक का बजरा उसके पास है। बुधगुप्त ने झुक कर हाथ बढ़ाया। चम्पा उसके सहारे बजरे पर चढ़ गयी। दोनों पास-पास बैठ गये।

"इतनी छोटी नाव पर इधर घूमना ठीक नहीं। पास ही वह जलमग्न शैल खण्ड है। कहीं नाव टकरा जाती या ऊपर चढ़ जाती, चम्पा तो?"

"अच्छा होता, बुधगुप्त! जल में बन्दी होना कठोर प्राचीरों से तो अच्छा है।"

आह चम्पा, तुम कितनी निर्दय हो! बुधगुप्त को आज्ञा देकर देखो तो, वह क्या नहीं कर सकता। जो तुम्हारे लिये नये द्वीप की सृष्टि कर सकता है, नई प्रजा खोज सकता है, नये राज्य बना सकता है, उसकी परीक्षा लेकर देखो तो....। कहो, चम्पा! वह कृपाण से अपना हृदय-पिण्ड निकाल अपने हाथों अतल जल में विसर्जन कर दे।"-महानाविक-जिसके नाम से बाली, जावा और चम्पा का आकाश गूँजता था, पवन थर्राता था-घुटनों के बल चम्पा के सामने छलछलाई आँखों से बैठा था।

सामने शैलमाला की चोटी पर हरियाली में विस्तृत जल-देश में, नील पिंगल सन्ध्या, प्रकृति की सहृदय कल्पना, विश्राम की शीतल छाया, स्वप्नलोक का सृजन करने लगी। उस मोहिनी के रहस्यपूर्ण नीलजाल का कुहक स्फुट हो उठा। जैसे मदिरा से सारा अन्तरिक्ष सिक्त हो गया। सृष्टि नील कमलों में भर उठी। उस सौरभ से पागल चम्पा ने बुधगुप्त के दोनों हाथ पकड़ लिये। वहाँ एक आलिंगन हुआ, जैसे क्षितिज में आकाश और सिन्धु का। किन्तु उस परिरम्भ में सहसा चैतन्य होकर चम्पा ने अपनी कंचुकी से एक कृपाण निकाल लिया।

"बुधगुप्त! आज मैं अपने प्रतिशोध का कृपाण अतल जल में डुबा देती हूँ। हृदय ने छल किया, बार-बार धोखा दिया!"-चमककर वह कृपाण समुद्र का हृदय बेधता हुआ विलीन हो गया।

"तो आज से मैं विश्वास करूँ, क्षमा कर दिया गया?"-आश्चर्यचकित कम्पित कण्ठ से महानाविक ने पूछा।

'विश्वास? कदापि नहीं, बुधगुप्त ! जब मैं अपने हृदय पर विश्वास नहीं कर सकी, उसी ने धोखा दिया, तब मैं कैसे कहूँ? मैं तुम्हें घृणा करती हूँ, फिर भी तुम्हारे लिए मर सकती हूँ। अंधेर है जलदस्यु। तुम्हें प्यार करती हूँ।" चम्पा रो पड़ी।

वह स्वप्नों की रंगीन सन्ध्या, तम से अपनी आँखें बन्द करने लगी थी। दीर्घ निश्वास लेकर महानाविक ने कहा-"इस जीवन की पुण्यतम घड़ी की स्मृति में एक प्रकाश-गृह बनाऊँगा, चम्पा! चम्पा यहीं उस पहाड़ी पर। सम्भव है कि मेरे जीवन की धुंधली सन्ध्या उससे आलोकपूर्ण हो जाय।"

६

चम्पा के दूसरे भाग में एक मनोरम शैलमाला थी। वह बहुत दूर तक सिन्धु-जल में निमग्न थी। सागर का चञ्चल जल उस पर उछलता हुआ उसे छिपाये था। आज उसी शैलमाला पर चम्पा के आदि-निवासियों का समारोह था। उन सबों ने चम्पा को वनदेवी-सा सजाया था। ताम्रलिप्ति के बहुत से सैनिक नाविकों की श्रेणी में वन-कुसुम-विभूषिता चम्पा शिविकारूढ़ होकर जा रही थी।

शैल के एक उँचे शिखर पर चम्पा के नाविकों को सावधान करने के लिए सुदृढ़ दीप-स्तम्भ बनवाया गया था। आज उसी का महोत्सव है। बुधगुप्त स्तम्भ के द्वार पर खड़ा था। शिविका से सहायता देकर चम्पा को उसने उतारा। दोनों ने भीतर पदार्पण किया था कि बाँसुरी और ढोल बजने

लगे। पंक्तियों में कुसुम-भूषण से सजी वन-बालाएँ फूल उछालती हुई नाचने लगीं।

दीप-स्तम्भ की ऊपरी खिडक़ी से यह देखती हुई चम्पा ने जया से पूछा-"यह क्या है जया? इतनी बालिकाएँ कहाँ से बटोर लाईं?"

"आज रानी का ब्याह है न?"-कह कर जया ने हँस दिया।

बुधगुप्त विस्तृत जलनिधि की ओर देख रहा था। उसे झकझोर कर चम्पा ने पूछा-"क्या यह सच है?"

"यदि तुम्हारी इच्छा हो, तो यह सच भी हो सकता है, चम्पा! "कितने वर्षों से मैं ज्वालामुखी को अपनी छाती में दबाये हूँ।

"चुप रहो, महानाविक ! क्या मुझे निस्सहाय और कंगाल जानकर तुमने आज सब प्रतिशोध लेना चाहा?"

"मैं तुम्हारे पिता का घातक नहीं हूँ, चम्पा! वह एक दूसरे दस्यु के शस्त्र से मरे।"

"यदि मैं इसका विश्वास कर सकती। बुधगुप्त, वह दिन कितना सुन्दर होता, वह क्षण कितना स्पृहणीय! आह! तुम इस निष्ठरता में भी कितने महान होते।"

जया नीचे चली गई थी। स्तम्भ के संकीर्ण प्रकोष्ठ में बुधगुप्त और चम्पा एकान्त में एक दूसरे के सामने बैठे थे।

बुधगुप्त ने चम्पा के पैर पकड़ लिये। उच्छ्वसित शब्दों में वह कहने लगा-चम्पा, हम लोग जन्मभूमि-भारतवर्ष से कितनी दूर इन निरीह प्राणियों में इन्द्र और शची के समान पूजित हैं। पर न जाने कौन अभिशाप हम लोगों को अभी तक अलग किये है। स्मरण होता है वह दार्शनिकों का देश! वह महिमा की प्रतिमा! मुझे वह स्मृति नित्य आकर्षित करती है; परन्तु मैं क्यों नहीं जाता? जानती हो, इतना महत्त्व प्राप्त करने पर भी मैं कंगाल हूँ! मेरा पत्थर-सा हृदय एक दिन सहसा तुम्हारे स्पर्श से चन्द्रकान्तमणि की तरह द्रवित हुआ।

"चम्पा! मैं ईश्वर को नहीं मानता, मैं पाप को नहीं मानता, मैं दया को नहीं समझ सकता, मैं उस लोक में विश्वास नहीं करता। पर मुझे अपने हृदय के एक दुर्बल अंश पर श्रद्धा हो चली है। तुम न जाने कैसे एक बहकी हुई तारिका के समान मेरे शून्य में उदित हो गई हो। आलोक की एक कोमल रेखा इस निविड़तम में मुस्कराने लगी। पशु-बल और धन के उपासक के मन में किसी शान्त और एकान्त कामना की हँसी खिलखिलाने लगी; पर मैं न हँस सका!

"चलोगी चम्पा? पोतवाहिनी पर असंख्य धनराशि लाद कर राजरानी-सी जन्मभूमि के अंक में? आज हमारा परिणय हो, कल ही हम लोग भारत के लिए प्रस्थान करें। महानाविक बुधगुप्त की आज्ञा सिन्धु की लहरें मानती हैं। वे स्वयं उस पोत-पुञ्ज को दक्षिण पवन के समान भारत में पहुँचा देंगी। आह चम्पा! चलो।"

चम्पा ने उसके हाथ पकड़ लिये। किसी आकस्मिक झटके ने एक पलभर के लिए दोनों के अधरों को मिला दिया। सहसा चैतन्य होकर चम्पा ने कहा-"बुधगुप्त! मेरे लिए सब भूमि मिट्टी है; सब जल तरल है; सब पवन शीतल है। कोई विशेष आकांक्षा हृदय में अग्नि के समान प्रज्वलित नहीं। सब मिलाकर मेरे लिए एक शून्य है। प्रिय नाविक! तुम स्वदेश लौट जाओ, विभवों का सुख भोगने के लिए, और मुझे, छोड़ दो इन निरीह भोले-भाले प्राणियों के दुःख की सहानुभूति और सेवा के लिए।"

"तब मैं अवश्य चला जाऊँगा, चम्पा! यहाँ रहकर मैं अपने हृदय पर अधिकार रख सकूँ-इसमें सन्देह है। आह! उन लहरों में मेरा विनाश हो जाय।"- महानाविक के उच्छ्वास में विकलता थी। फिर उसने पूछा-"तुम अकेली यहाँ क्या करोगी?"

"पहले विचार था कि कभी-कभी इस दीप-स्तम्भ पर से आलोक जला कर अपने पिता की समाधि का इस जल से अन्वेषण करूँगी। किन्तु देखती हूँ, मुझे भी इसी में जलना होगा, जैसे आकाश-दीप।"

७

एक दिन स्वर्ण-रहस्य के प्रभात में चम्पा ने अपने दीप-स्तम्भ पर से देखा-सामुद्रिक नावों की एक श्रेणी चम्पा का उपकूल छोड़कर पश्चिम-उत्तर की ओर महा जल-व्याल के समान सन्तरण कर रही है। उसकी आँखों से आँसू बहने लगे।

यह कितनी ही शताब्दियों पहले की कथा है। चम्पा आजीवन उस दीप-स्तम्भ में आलोक जलाती रही। किन्तु उसके बाद भी बहुत दिन, दीपनिवासी, उस माया-ममता और स्नेह-सेवा की देवी की समाधि-सदृश पूजा करते थे।

एक दिन काल के कठोर हाथों ने उसे भी अपनी चञ्चलता से गिरा दिया।

ममता

१

रोहतास-दुर्ग के प्रकोष्ठ में बैठी हुई युवती ममता, शोण के तीक्ष्ण गम्भीर प्रवाह को देख रही है। ममता विधवा थी। उसका यौवन शोण के समान ही उमड़ रहा था। मन में वेदना, मस्तक में आँधी, आँखों में पानी की बरसात लिये, वह सुख के कण्टक-शयन में विकल थी। वह रोहतास-दुर्गपति के मन्त्री चूड़ामणि की अकेली दुहिता थी, फिर उसके लिए कुछ अभाव होना असम्भव था, परन्तु वह विधवा थी-हिन्द-विधवा संसार में सबसे तुच्छ निराश्रय प्राणी है-तब उसकी विडम्बना का कहाँ अन्त था?

चूड़ामणि ने चुपचाप उसके प्रकोष्ठ में प्रवेश किया। शोण के प्रवाह में, उसके कल-नाद में अपना जीवन मिलाने में वह बेसुध थी। पिता का आना न जान सकी। चूड़ामणि व्यथित हो उठे। स्नेह-पालिता पुत्री के लिए क्या करें, यह स्थिर न कर सकते थे। लौटकर बाहर चले गये। ऐसा प्राय: होता, पर आज मन्त्री के मन में बड़ी दुश्चिन्ता थी। पैर सीधे न पड़ते थे।

एक पहर बीत जाने पर वे फिर ममता के पास आये। उस समय उनके पीछे दस सेवक चाँदी के बड़े थालों में कुछ लिये हुए खड़े थे; कितने ही मनुष्यों के पद-शब्द सुन ममता ने घूम कर देखा। मन्त्री ने सब थालों को रखने का संकेत किया। अनुचर थाल रखकर चले गये।

ममता ने पूछा-"यह क्या है, पिताजी?"

"तेरे लिये बेटी! उपहार है।"-कहकर चूड़ामणि ने उसका आवरण उलट दिया। स्वर्ण का पीलापन उस सुनहली सन्ध्या में विकीर्ण होने लगा। ममता चौंक उठी- "इतना स्वर्ण! यहा कहाँ से आया?"

"चुप रहो ममता, यह तुम्हारे लिये है!"

"तो क्या आपने म्लेच्छ का उत्कोच स्वीकार कर लिया? पिताजी यह अनर्थ है, अर्थ नहीं। लौटा दीजिये। पिताजी! हम लोग ब्राह्मण हैं, इतना सोना लेकर क्या करेंगे?"

"इस पतनोन्मुख प्राचीन सामन्त-वंश का अन्त समीप है, बेटी! किसी भी दिन शेरशाह रोहिताश्र पर अधिकार कर सकता है; उस दिन मन्त्रित्व न रहेगा, तब के लिए बेटी!"

"हे भगवान! तब के लिए! विपद के लिए! इतना आयोजन! परम पिता की इच्छा के विरुद्ध इतना साहस! पिताजी, क्या भीख न मिलेगी? क्या कोई हिन्द भू-पृष्ठ पर न बचा रह जायेगा, जो ब्राह्मण को दो मुट्ठी अन्न दे सके? यह असम्भव है। फेर दीजिए पिताजी, मैं काँप रही हूँ-इसकी चमक आँखों को अन्धा बना रही है।"

"मूर्ख है"-कहकर चूड़ामणि चले गये।

दूसरे दिन जब डोलियों का ताँता भीतर आ रहा था, ब्राह्मण-मन्त्री चूड़ामणि का हृदय धक-धक करने लगा। वह अपने को रोक न सका। उसने जाकर रोहिताश्र दुर्ग के तोरण पर डोलियों का आवरण खुलवाना चाहा। पठानों ने कहा- "यह महिलाओं का अपमान करना है।"

बात बढ़ गई। तलवारें खिंचीं, ब्राह्मण वहीं मारा गया और राजा-रानी और कोष सब छली शेरशाह के हाथ पड़े; निकल गई ममता। डोली में भरे हुए पठान-सैनिक दुर्ग भर में फैल गये, पर ममता न मिली।

२

काशी के उत्तर धर्मचक्र विहार, मौर्य और गुप्त सम्राटों की कीर्ति का खंडहर था। भग्न चूड़ा, तृण-गुल्मों से ढके हुए प्राचीर, ईंटों की ढेर में बिखरी हुई भारतीय शिल्प की विभूति, ग्रीष्म की चन्द्रिका में अपने को शीतल कर रही थी।

जहाँ पञ्चवर्गीय भिक्षु गौतम का उपदेश ग्रहण करने के लिए पहले मिले थे, उसी स्तूप के भग्नावशेष की मलिन छाया में एक झोपड़ी के दीपालोक में एक स्त्री पाठ कर रही थी-

"अनन्याश्चिन्तयन्तो मां ये जना: पर्युपासते ....."

पाठ रुक गया। एक भीषण और हताश आकृति दीप के मन्द प्रकाश में सामने खड़ी थी। स्त्री उठी, उसने कपाट बन्द करना चाहा। परन्तु उस व्यक्ति ने कहा-"माता! मुझे आश्रय चाहिये।"

"तुम कौन हो?"-स्त्री ने पूछा।

"मैं मुगल हूँ। चौसा-युद्ध में शेरशाह से विपन्न होकर रक्षा चाहता हूँ। इस रात अब आगे चलने में असमर्थ हूँ।"

"क्या शेरशाह से?"-स्त्री ने अपने ओठ काट लिये।

"हाँ, माता!"

"परन्तु तुम भी वैसे ही क्रूर हो, वही भीषण रक्त की प्यास, वही निष्ठर प्रतिबिम्ब, तुम्हारे मुख पर भी है! सैनिक! मेरी कुटी में स्थान नहीं। जाओ, कहीं दूसरा आश्रय खोज लो।"

"गला सूख रहा है, साथी छूट गये हैं, अश्व गिर पड़ा है-इतना थका हुआ हूँ-इतना!"-कहते-कहते वह व्यक्ति धम-से बैठ गया और उसके सामने ब्रह्माण्ड घूमने लगा। स्त्री ने सोचा, यह विपत्ति कहाँ से आई! उसने जल दिया, मुगल के प्राणों की रक्षा हुई। वह सोचने लगी-"ये सब विधर्मी दया के पात्र नहीं-मेरे पिता का वध करने वाले आततायी!" घृणा से उसका मन विरक्त हो गया।

स्वस्थ होकर मुगल ने कहा-"माता! तो फिर मैं चला जाऊँ?"

स्त्री विचार कर रही थी-'मैं ब्राह्मणी हूँ, मुझे तो अपने धर्म-अतिथिदेव की उपासना-का पालन करना चाहिए। परन्तु यहाँ...नहीं-नहीं ये सब विधर्मी दया के पात्र नहीं। परन्तु यह दया तो नहीं .... कर्तव्य करना है। तब?'

मुगल अपनी तलवार टेककर खड़ा हुआ। ममता ने कहा-"क्या आश्चर्य है कि तुम भी छल करो; ठहरो।"

"छल! नहीं, तब नहीं-स्त्री! जाता हूँ, तैमूर का वंशधर स्त्री से छल करेगा? जाता हूँ। भाग्य का खेल है।"

ममता ने मन में कहा-"यहाँ कौन दुर्ग है! यही झोपड़ी न; जो चाहे ले-ले, मुझे तो अपना कर्तव्य करना पड़ेगा।" वह बाहर चली आई और मुगल से बोली-"जाओ भीतर, थके हुए भयभीत पथिक! तुम चाहे कोई हो, मैं तुम्हें आश्रय देती हूँ। मैं ब्राह्मण-कुमारी हूँ; सब अपना धर्म छोड़ दें, तो मैं भी क्यों छोड़ दूँ?" मुगल ने चन्द्रमा के मन्द प्रकाश में वह महिमामय मुखमण्डल देखा, उसने मन-ही-मन नमस्कार किया। ममता पास की टूटी हुई दीवारों में चली गई। भीतर, थके पथिक ने झोपड़ी में विश्राम किया।

प्रभात में खंडहर की सन्धि से ममता ने देखा, सैकड़ों अश्वारोही उस प्रान्त में घूम रहे हैं। वह अपनी मूर्खता पर अपने को कोसने लगी।

अब उस झोपड़ी से निकलकर उस पथिक ने कहा-"मिरजा! मैं यहाँ हूँ।"

शब्द सुनते ही प्रसन्नता की चीत्कार-ध्वनि से वह प्रान्त गूँज उठा। ममता अधिक भयभीत हुई। पथिक ने कहा-"वह स्त्री कहाँ है? उसे खोज निकालो।" ममता छिपने के लिए अधिक सचेष्ट हुई। वह मृग-दाव में चली गई। दिन-भर उसमें से न निकली। सन्ध्या में जब उन लोगों के जाने का उपक्रम हुआ, तो ममता ने सुना, पथिक घोड़े पर सवार होते हुए कह रहा है-"मिरजा! उस स्त्री को मैं कुछ दे न सका। उसका घर बनवा देना, क्योंकि मैंने विपत्ति में यहाँ विश्राम पाया था। यह स्थान भूलना मत।"-इसके बाद वे चले गये।

चौसा के मुगल-पठान-युद्ध को बहुत दिन बीत गये। ममता अब सत्तर वर्ष की वृद्धा है। वह अपनी झोपड़ी में एक दिन पड़ी थी। शीतकाल का प्रभात था। उसका जीर्ण-कंकाल खाँसी से गूँज रहा था। ममता की सेवा के लिये गाँव की दो-तीन स्त्रियाँ उसे घेर कर बैठी थीं; क्योंकि वह आजीवन सबके सुख-दुःख की सम्भागिनी रही।

ममता ने जल पीना चाहा, एक स्त्री ने सीपी से जल पिलाया। सहसा एक अश्वारोही उसी झोपड़ी के द्वार पर दिखाई पड़ा। वह अपनी धुन में कहने लगा-"मिरजा ने जो चित्र बनाकर दिया है, वह तो इसी जगह का होना चाहिये। वह बुढ़िया मर गई होगी, अब किससे पूछूँ कि एक दिन शाहंशाह हुमायूँ किस छप्पर के नीचे बैठे थे? यह घटना भी तो सैंतालीस वर्ष से ऊपर की हुई!"

ममता ने अपने विकल कानों से सुना। उसने पास की स्त्री से कहा-"उसे बुलाओ।"

अश्वारोही पास आया। ममता ने रुक-रुककर कहा-"मैं नहीं जानती कि वह शाहंशाह था, या साधारण मुगल पर एक दिन इसी झोपड़ी के नीचे वह रहा। मैंने सुना था कि वह मेरा घर बनवाने की आज्ञा दे चुका था! भगवान् ने सुन लिया, मैं आज इसे छोड़े जाती हूँ। अब तुम इसका मकान बनाओ या महल, मैं अपने चिर-विश्राम-गृह में जाती हूँ!"

वह अश्वारोही अवाक् खड़ा था। बुढ़िया के प्राण-पक्षी अनन्त में उड़ गये।

वहाँ एक अष्टकोण मन्दिर बना; और उस पर शिलालेख लगाया गया-

"सातों देश के नरेश हुमायूँ ने एक दिन यहाँ विश्राम किया था। उनके पुत्र अकबर ने उनकी स्मृति में यह गगनचुम्बी मन्दिर बनाया।"

पर उसमें ममता का कहीं नाम नहीं।

तारा अधिक रूप-शालिनी, कश्मीर की रूप-माधुरी थी। देवपाल को कश्मीर से सहायता की भी आशा थी। हतभागिनी लज्जा ने कुमार सुदान की तपोभूमि में अशोक-निर्मित विहार में शरण ली। वह उपासिका, भिक्षुणी, जो कहो, बन गई।

"गौतम की गम्भीर प्रतिमा के चरण-तल में बैठकर उसने निश्चय किया, सब दुःख है, सब क्षणिक है, सब अनित्य है।"

"सुवास्तु का पुण्य-सलिल उस व्यथित हृदय की मलिनता को धोने लगा। वह एक प्रकार से रोग-मुक्त हो रही थी।"

"एक सुनसान रात्रि थी, स्थविर धर्म-भिक्षु थे नहीं। सहसा कपाट पर आघात होने लगा। और 'खोलो! खोलो!' का शब्द सुनाई पड़ा। विहार में अकेली लज्जा ही थी। साहस करके बोली-

"कौन है?"

"पथिक हूँ, आश्रय चाहिये"-उत्तर मिला।

"तुषारावृत अँधेरा पथ था। हिम गिर रहा था। तारों का पता नहीं, भयानक शीत और निर्जन निशीथ। भला ऐसे समय में कौन पथ पर चलेगा? वातायन का परदा हटाने पर भी उपासिका लज्जा झाँककर न देख सकी कि कौन है। उसने अपनी कुभावनाओं से डरकर पूछा-"आप लोग कौन हैं?"

"आहा, तुम उपासिका हो! तुम्हारे हृदय में तो अधिक दया होनी चाहिये। भगवान् की प्रतिमा की छाया में दो अनाथों को आश्रय मिलने का पुण्य दें।"

लज्जा ने अर्गला खोल दी। उसने आश्चर्य से देखा, एक पुरुष अपने बड़े लबादे में आठ-नौ बरस के बालक और बालिका को लिये भीतर आकर गिर पड़ा। तीनों मुमूर्ष हो रहे थे। भूख और शीत से तीनों विकल थे। लज्जा ने कपाट बन्द करते हुए अग्नि धधकाकर उसमें कुछ गन्ध-द्रव्य डाल दिया। एक बार द्वार खुलने पर जो शीतल पवन का झोंका घुस आया था, वह निर्बल हो चला।

"अतिथि-सत्कार हो जाने पर लज्जा ने उसका परिचय पूछा। आगन्तुक ने कहा-'मंगली-दुर्ग के अधिपति देवपाल का मैं भृत्य हूँ। जगद्ग्राहक चंगेज खाँ ने समस्त गान्धार प्रदेश को जलाकर, लूट-पाटकर उजाड़ दिया और कल ही इस उद्यान के मंगली दुर्ग पर भी उन लोगों का अधिकार हो गया। देवपाल बन्दी हुए, उनकी पत्नी तारादेवी ने आत्महत्या की। दुर्गपति ने पहले ही मुझसे कहा था कि इस बालक को अशोक-विहार में ले जाना, वहाँ की एक उपासिका लज्जा इसके प्राण बचा ले तो कोई आश्चर्य नहीं।

"यह सुनते ही लज्जा की धमनियों में रक्त का तीव्र सञ्चार होने लगा। शीताधिक्य में भी उसे स्वेद आने लगा। उसने बात बदलने के लिए बालिका की ओर देखा। आगन्तुक ने कहा-'यह मेरी बालिका है, इसकी माता नहीं है, लज्जा ने देखा, बालिका का शुभ्र शरीर मलिन वस्त्र में दमक रहा था। नासिका मूल से कानों के समीप तक भ्रू युगल की प्रभव-शालिनी रेखा और उसकी छाया में दो उनींदे कमल संसार से अपने को छिपा लेना चाहते थे। उसका विरागी सौन्दर्य, शरद के शुभ्र घन के आवरण में पूर्णिमा के चन्द्र-सा आप ही लज्जित था। चेष्टा करके भी लज्जा अपनी मानसिक स्थिति को चञ्चल होने से न सम्भाल सकी। वह-'अच्छा, आप लोग सो रहिये, थके होंगे'-कहती हुई दूसरे प्रकोष्ठ में चली गई।

"लज्जा ने वातायन खोलकर देखा, आकाश स्वच्छ हो रहा था, पार्वत्य प्रदेश के निस्तब्ध गगन में तारों की झिलमिलाहट थी। उन प्रकाश की लहरों में अशोक निर्मित स्तूप की चूड़ा पर लगा हुआ स्वर्ण का धर्मचक्र जैसे हिल रहा था।

"दूसरे दिन जब धर्म-भिक्षु आये, तो उन्होंने इन आगन्तुकों को आश्चर्य से देखा, और जब पूरे समाचार सुने, तो और भी उबल पड़े। उन्होंने कहा-'राज-कुटुम्ब को यहाँ रखकर क्या इस विहार और स्तूप को भी तुम ध्वस्त कराना चाहती हो? लज्जा, तुमने यह किस प्रलोभन से किया? चंगेज़ खाँ

बौद्ध है, संघ उसका विरोध क्यों करे?'

"स्थविर! किसी को आश्रय देना क्या गौतम के धर्म के विरुद्ध है? मैं स्पष्ट कह देना चाहती हूँ कि देवपाल ने मेरे साथ बड़ा अन्याय किया, फिर भी मुझ पर उसका विश्वास था, क्यों था, मैं स्वयं नहीं जान सकी। इसे चाहे मेरी दुर्बलता ही समझ लें, परन्तु मैं अपने प्रति विश्वास का किसी को भी दुरुपयोग नहीं करने देना चाहती। देवपाल को मैं अधिक-से-अधिक प्यार करती थी, और भी अब बिल्कुल निशशेष समझ कर उस प्रणय का तिरस्कार कर सकूँगी, इसमें सन्देह है।"-लज्जा ने कहा।

"तो तुम संघ के सिद्धान्त से च्युत हो रही हो, इसलिये तुम्हें भी विहार का त्याग करना पड़ेगा।"-धर्म-भिक्षु ने कहा।

लज्जा व्यथित हो उठी थी। बालक के मुख पर देवपाल की स्पष्ट छाया उसे बार-बार उत्तेजित करती, और वह बालिका तो उसे छोड़ना ही न चाहती थी।

"उसने साहस करके कहा-'तब यही अच्छा होगा कि मैं भिक्षुणी होने का ढोंग छोड़कर अनाथों के सुख-दुःख में सम्मिलित होऊँ।'

"उसी रात को वह दोनों बालक-बालिका और विक्रमभृत्य को लेकर, निस्सहाय अवस्था में चल पड़ी। छद्मवेष में यह दल यात्रा कर रहा था। इसे भिक्षा का अवलम्ब था। वाह्लीक के गिरिव्रज नगर के भग्न पांथ-निवास के टूटे कोने में इन लोगों को आश्रय लेना पड़ा। उस दिन आहार नहीं जुट सका, दोनों बालकों के सन्तोष के लिए कुछ बचा था, उसी को खिलाकर वे सुला दिये गये। लज्जा और विक्रम, अनाहार से म्रियमाण, अचेत हो गये।

"दूसरे दिन आँखे खुलते ही उन्होंने देखा, तो वह राजकुमार और बालिका, दोनों ही नहीं! उन दोनों की खोज में ये लोग भी भिन्न-भिन्न दिशा को चल पड़े। एक दिन पता चला कि केकय के पहाड़ी दुर्ग के समीप कहीं स्वर्ग है, वहाँ रूपवान बालकों और बालिकाओं की अत्यन्त आवश्यकता रहती है....

"और भी सुनोगी पृथ्वी की दुःख-गाथा? क्या करोगी सुनकर, तुम यह जानकर क्या करोगी कि उस उपासिका या विक्रम का फिर क्या हुआ?"

अब मीना से न रहा गया। उसने युवक के गले से लिपटकर कहा-"तो....तुम्हीं वह उपासिका हो? आहा, सच कह दो।"

गुल की आँखों में अभी नशे का उतार था। उसने अँगड़ाई लेकर एक जँभाई ली, और कहा-"बड़े आश्चर्य की बात है। क्यों मीना, अब क्या किया जाय?"

अकस्मात् स्वर्ग के भयानक रक्षियों ने आकर उस युवक को बन्दी कर लिया। मीना रोने लगी, गुल चुपचाप खड़ा था, बहार खड़ी हँस रही थी।

सहसा पीछे से आते हुए प्रहरियों के प्रधान ने ललकारा-"मीना और गुल को भी।"

अब उस युवक ने घूमकर देखा; घनी दाढ़ी-मूछों वाले प्रधान की आँखों से आँखें मिलीं।

युवक चिल्ला उठा-"देवपाल।"

"कौन! लज्जा? अरे!"

"हाँ, तो देवपाल, इस अपने पुत्र गुल को भी बन्दी करो, विधर्मी का कर्तव्य यही आज्ञा देता है।"-लज्जा ने कहा।

"ओह!"-कहता हुआ प्रधान देवपाल सिर पकड़कर बैठ गया। क्षण भर में वह उन्मत्त हो उठा और दौड़कर गुल के गले से लिपट गया।

सावधान होने पर देवपाल ने लज्जा को बन्दी करने वाले प्रहरी से कहा-"उसे छोड़ दो।"

प्रहरी ने बहार की ओर देखा। उसका गूढ़ संकेत समझकर वह बोल उठा-"मुक्त करने का अधिकार केवल शेख को है।"

देवपाल का क्रोध सीमा का अतिक्रम कर चुका था, उसने खड्ग चला दिया। प्रहरी गिरा। उधर बहार 'हत्या! हत्या! चिल्लाती हुई भागी।

३

संसार की विभूति जिस समय चरणों में लोटने लगती है, वही समय पहाड़ी दुर्ग के सिंहासन का था। शेख क्षमता की ऐश्वर्य-मण्डित मूर्ति था। लज्जा, मीना, गुल और देवपाल बन्दी-वेश में खड़े थे। भयानक प्रहरी दूर-दूर खड़े, पवन की भी गति जाँच रहे थे। जितना भीषण प्रभाव सम्भव है, वह शेख के उस सभागृह में था। शेख ने पूछा-"देवपाल तुझे इस धर्म पर विश्वास है कि नहीं?"

"नहीं!"- देवपाल ने उत्तर दिया।

"तब तुमने हमको धोखा दिया?"

"नहीं, चंगेज़ के बन्दी-गृह से छुड़ाने में जब समर-खण्ड में तुम्हारे अनुचरों ने मेरी सहायता की और मैं तुम्हारे उत्कोच या मूल्य से क्रीत हुआ, तब मुझे तुम्हारी आज्ञा पूरी करने की स्वभावत: इच्छा हुई। अपने शत्रु चंगेज़ का ईश्वरीय कोप, चंगेज़ का नाश करने की एक विकट लालसा मन में खेलने लगी, और मैंने उसकी हत्या की भी। मैं धर्म मानकर कुछ करने गया था, वह समझना भ्रम है।"

"यहाँ तक तो मेरी आज्ञा के अनुसार ही हुआ, परन्तु उस अलाउद्दीन की हत्या क्यों की?"-दाँत पीसकर शेख ने कहा।

"यह मेरा उससे प्रतिशोध था!" अविचल भाव से देवपाल ने कहा।

"तुम जानते हो कि इस पहाड़ के शेख केवल स्वर्ग के ही अधिपति नहीं, प्रत्युत हत्या के दूत भी हैं!" क्रोध से शेख ने कहा।

"इसके जानने की मुझे उत्कण्ठा नहीं है, शेख। प्राणी-धर्म में मेरा अखण्ड विश्वास है। अपनी रक्षा करने के लिए, अपने प्रतिशोध के लिए, जो स्वाभाविक जीवन-तत्व के सिद्धान्त की अवहेलना करके चुप बैठता है, उसे मृतक, कायर, सजीवता विहीन, हड्डी-मांस के टुकड़े के अतिरिक्त मैं कुछ नहीं समझता। मनुष्य परिस्थितियों का अन्ध-भक्त है, इसलिए मुझे जो करना था, वह मैंने किया, अब तुम अपना कर्तव्य कर सकते हो।"-देवपाल का स्वर दृढ़ था।

भयानक शेख अपनी पूर्ण उत्तेजना से चिल्ला उठा। उसने कहा-"और, तू कौन है स्त्री? तेरा इतना साहस! मुझे ठगना!"

लज्जा अपना बाह्य आवरण फेंकती हुई बोली-"हाँ शेख, अब आवश्यकता नहीं कि मैं छिपाऊँ, मैं देवपाल की प्रणयिनी हूँ?"

"तो तुम इन सबको ले जाने या बहकाने आई थी, क्यों?"

"आवश्यकता से प्रेरित होकर जैसे अत्यन्त कुत्सित मनुष्य धर्माचार्य बनने का ढोंग कर रहा है, ठीक उसी प्रकार मैं स्त्री होकर भी पुरुष बनी। यह दूसरी बात है कि संसार की सबसे पवित्र वस्तु धर्म की आड़ में आकांक्षा खेलती है। तुम्हारे पास साधन हैं, मेरे पास नहीं, अन्यथा मेरी आवश्यकता किसी से कम न थी।"-लज्जा हाँफ रही थी।

शेख ने देखा, वह दृप्त सौन्दर्य! यौवन के ढलने में भी एक तीव्र प्रवाह था-जैसे चाँदनी रात में पहाड़ से झरना गिर रहा हो! एक क्षण के लिए उसकी समस्त उत्तेजना पालतू पशु के समान सौम्य

हो गई। उसने कहा-"तुम ठीक मेरे स्वर्ग की रानी होने के योग्य हो। यदि मेरे मत में तुम्हारा विश्वास हो, तो मैं तुम्हें मुक्त कर सकता हूँ। बोलो!"

"स्वर्ग! इस पृथ्वी को स्वर्ग की आवश्यकता क्या है, शेख? ना, ना, इस पृथ्वी को स्वर्ग के ठेकेदारों से बचाना होगा। पृथ्वी का गौरव स्वर्ग बन जाने से नष्ट हो जायेगा। इसकी स्वाभाविकता साधारण स्थिति में ही रह सकती है। पृथ्वी को केवल वसुन्धरा होकर मानव जाति के लिए जीने दो, अपनी आकांक्षा के कल्पित स्वर्ग के लिए, क्षुद्र स्वार्थ के लिए इस महती को, इस धरणी को नरक न बनाओ, जिसमें देवता बनने के प्रलोभन में पड़कर मनुष्य राक्षस न बन जाय, शेख।"-लज्जा ने कहा।

शेख पत्थर-भरे बादलों के समान कड़कड़ा उठा। उसने कहा-"ले जाओ, इन दोनों को बन्दी करो। मैं फिर विचार करूँगा, और गुल, तुम लोगों का यह पहला अपराध है, क्षमा करता हूँ, सुनती हो मीना, जाओ अपने कुञ्ज में भागो। इन दोनों को भूल जाओ।"

बहार ने एक दिन गुल से कहा-"चलो, द्राक्षा-मण्डप में संगीत का आनन्द लिया जाय।" दोनों स्वर्गीय मदिरा में झूम रहे थे। मीना वहाँ अकेली बैठी उदासी में गा रही थी-

"वही स्वर्ग तो नरक है, जहाँ प्रियजन से विच्छेद है। वही रात प्रलय की है, जिसकी कालिमा में विरह का संयोग है। वह यौवन निष्फल है, जिसका हृदयवान् उपासक नहीं। वह मदिरा हलाहल है, पाप है, जो उन मधुर अधरों को उच्छिष्ट नहीं। वह प्रणय विषाक्त छुरी है, जिसमें कपट है। इसलिये हे जीवन, तू स्वप्न न देख, विस्मृति की निद्रा में सो जा! सुषुप्ति यदि आनन्द नहीं, तो दुःखों का अभाव तो है। इस जागरण से-इस आकांक्षा और अभाव के जागरण से-वह निद्रवंद्व सोना कहीं अच्छा है मेरे जीवन!"

बहार का साहस न हुआ कि वह मण्डप में पैर धरे, पर गुल, वह तो जैसे मूक था! एक भूल, अपराध और मनोवेदना के निर्जन कानन में भटक रहा था, यद्यपि उसके चरण निश्चल थे। इतने में हलचल मच गई। चारों ओर दौड़-धूप होने लगी। मालूम हुआ, स्वर्ग पर तातार के खान की चढ़ाई है।

बरसों घिरे रहने से स्वर्ग की विभूति निश्शेष हो गई थी। स्वर्गीय जीव अनाहार से तड़प रहे थे। तब भी मीना को आहार मिलता। आज शेख सामने बैठा था। उसकी प्याली में मदिरा की कुछ अन्तिम बूँदें थीं। जलन की तीव्र पीड़ा से व्याकुल और आहत बहार उधर तड़प रही थी। आज बन्दी भी मुक्त कर दिये गये थे। स्वर्ग के विस्तृत प्रांगण में बन्दियों के दम तोड़ने की कातर ध्वनि गूँज रही थी। शेख ने एक बार उन्हें हँसकर देखा, फिर मीना की ओर देखकर उसने कहा-"मीना! आज अंतिम दिन है! इस प्याली में अन्तिम घूँटें है, मुझे अपने हाथ से पिला दोगी?"

"बन्दी हूँ शेख! चाहे जो कहो।"

शेख एक दीर्घ निश्वास लेकर उठ खड़ा हुआ। उसने अपनी तलवार सँभाली। इतने में द्वार टूट पड़ा, तातारी घुसते हुए दिखलाई पड़े, शेख के पाप-दुर्बल हाथों से तलवार गिर पड़ी।

द्राक्षा के रूखे कुञ्ज में देवपाल, लज्जा और गुल के शव के पास मीना चुपचाप बैठी थी। उसकी आँखों में न आँसू थे, न ओठों पर क्रन्दन। वह सजीव अनुकम्पा, निष्ठर हो रही थी।

तातारों के सेनापति ने आकर देखा, उस दावाग्नि के अन्धड़ में तृण-कुसुम सुरक्षित है। वह अपनी प्रतिहिंसा से अन्धा हो रहा था। कड़ककर उसने पूछा-"तू शेख की बेटी है?"

मीना ने जैसे मूर्च्छा से आँखें खोलीं। उसने विश्वास-भरी वाणी से कहा-"पिता, मैं तुम्हारी लीला हूँ!"

सेनापति विक्रम को उस प्रान्त का शासन मिला; पर मीना उन्हीं स्वर्ग के खण्डहरों में उन्मुक्त घूमा करती। जब सेनापति बहुत स्मरण दिलाता, तो वह कह देती-मैं एक भटकी हुई बुलबुल हूँ। मुझे किसी टूटी डाल पर अन्धकार बिता लेने दो! इस रजनी-विश्राम का मूल्य अन्तिम तान सुनाकर

जाऊँगी।"

मालूम नहीं, उसकी अन्तिम तान किसी ने सुनी या नहीं।

सुनहला साँप

"यह तुम्हारा दुस्साहस है, चन्द्रदेव!"

"मैं सत्य कहता हूँ, देवकुमार।"

"तुम्हारे सत्य की पहचान बहुत दुर्बल है, क्योंकि उसके प्रकट होने का साधन असत् है। समझता हूँ कि तुम प्रवचन देते समय बहुत ही भावात्मक हो जाते हो। किसी के जीवन का रहस्य, उसका विश्वास समझ लेना हमारी-तुम्हारी बुद्धिरूपी 'एक्सरेज़' की पारदर्शिता के परे है।"-कहता हुआ देवकुमार हँस पड़ा; उसकी हँसी में विज्ञता की अवज्ञा थी।

चन्द्रदेव ने बात बदलने के लिए कहा-"इस पर मैं फिर वाद-विवाद करूँगा। अभी तो वह देखो, झरना आ गया-हम लोग जिसे देखने के लिए आठ मील से आये हैं।"

"सत्य और झूठ का पुतला मनुष्य अपने ही सत्य की छाया नहीं छू सकता, क्योंकि वह सदैव अन्धकार में रहता है। चन्द्रदेव, मेरा तो विश्वास है कि तुम अपने को भी नहीं समझ पाते।"-देवकुमार ने कहा।

चन्द्रदेव बैठ गया। वह एकटक उस गिरते हुए प्रपात को देख रहा था। मसूरी पहाड़ का यह झरना बहुत प्रसिद्ध है। एक गहरे गड्ढे में गिरकर, यह नाला बनता हुआ, ठुकराये हुए जीवन के समान भागा जाता है।

चन्द्रदेव एक ताल्लुकेदार का युवक पुत्र था। अपने मित्र देवकुमार के साथ मसूरी के ग्रीष्म-निवास में सुख और स्वास्थ्य की खोज में आया था। इस पहाड़ पर कब बादल छा जायेंगे, कब एक झोंका बरसाता हुआ निकल जायेगा, इसका कोई निश्चय नहीं। चन्द्रदेव का नौकर पान-भोजन का सामान लेकर पहुँचा। दोनों मित्र एक अखरोट-वृक्ष के नीचे बैठकर खाने लगे। चन्द्रदेव थोड़ी मदिरा भी पीता था, स्वास्थ्य के लिए।

देवकुमार ने कहा-"यदि हम लोगों को बीच ही में भीगना न हो, तो अब चल देना चाहिये।"

पीते हुए चन्द्रदेव ने कहा-"तुम बड़े डरपोक हो। तनिक भी साहसिक जीवन का आनन्द लेने का उत्साह तुममें नहीं। सावधान होकर चलना, समय से कमरे में जाकर बन्द हो जाना और अत्यन्त रोगी के समान सदैव पथ्य का अनुचर बने रहना हो, तो मनुष्य घर ही बैठा रहे!"

देवकुमार हँस पड़ा। कुछ समय बीतने पर दोनों उठ खड़े हुए। अनुचर भी पीछे चला। बूँदें पड़ने लगी थीं। सबने अपनी-अपनी बरसाती सँभाली।

परन्तु उस वर्षा में कहीं विश्राम करना आवश्यक प्रतीत हुआ, क्योंकि उससे बचा लेना बरसाती के बूते का काम न था। तीनों छाया की खोज में चले। एक पहाड़ी चट्टान की गुफा मिली, छोटी-सी। ये तीनों उसमें घुस पड़े।

भौवों पर से पानी पोंछते हुए चन्द्रदेव ने देखा, एक श्याम किन्तु उज्ज्वल मुख अपने यौवन की आभा में दमक रहा है। वह एक पहाड़ी स्त्री थी। चन्द्रदेव कला-विज्ञ होने का ढोंग करके उस युवती की सुडौल गढ़न देखने लगा। वह कुछ लज्जित हुई। प्रगल्भ चन्द्रदेव ने पूछा-"तुम यहाँ क्या करने

आई हो?"

"बाबू जी, मैं दूसरे पहाड़ी गाँव की रहने वाली हूँ, अपनी जीविका के लिए आई हूँ।"

"तुम्हारी क्या जीविका है?"

"साँप पकड़ती हूँ।"

चन्द्रदेव चौंक उठा। उसने कहा-"तो क्या तुम यहाँ भी साँप पकड़ रही हो? इधर तो बहुत कम साँप होते हैं।"

"हाँ, कभी खोजने से मिल जाते हैं। यहाँ एक सुनहला साँप मैंने अभी देखा है। उसे ...." कहते-कहते युवती ने एक ढोंके की ओर संकेत किया।

चन्द्रदेव ने देखा, दो तीव्र ज्योति!

पानी का झोंका निकल गया था। चन्द्रदेव ने कहा-"चलो देवकुमार, हम चलें। रामू, तू भी तो साँप पकड़ता है न? देवकुमार! यह बड़ी सफाई से बिना किसी मन्त्र-जड़ी के साँप पकड़ लेता है!" देवकुमार ने सिर हिला दिया।

रामू ने कहा-"हाँ सरकार, पकड़ूँ इसे?"

"नहीं-नहीं, उसे पकड़ने दे! हाँ, उसे होटल में लिवा लाना, हम लोग देखेंगे। क्यों देव! अच्छा मनोरंजन रहेगा न?" कहते हुए चन्द्रदेव और देवकुमार चल पड़े।

किसी क्षुद्र हृदय के पास, उसके दुर्भाग्य से दैवी सम्पत्ति या विद्या, बल, धन और सौन्दर्य उसके सौभाग्य का अभिनय करते हुए प्रायः देखे जाते हैं, तब उन विभूतियों का दुरुपयोग अत्यन्त अरुचिकर दृश्य उपस्थित कर देता है। चन्द्रदेव का होटल-निवास भी वैसा ही था। राशि-राशि विडम्बनाएँ उसके चारों ओर घिरकर उसकी हँसी उड़ातीं, पर उनमें चन्द्रदेव को तो जीवन की सफलता ही दिखलायी देती।

उसके कमरे में कई मित्र एकत्र थे। 'नेरा' महुअर बजाकर अपना खेल दिखला रही थी। सबके बाद उसने दिखलाया, अपना पकड़ा हुआ वही सुन्दर सुनहला साँप।

रामू एकटक नेरा की ओर देख रहा था। चन्द्रदेव ने कहा-"रामू, वह शीशे का बक्स तो ले आ!"

रामू ने तुरन्त उसे उपस्थित किया।

चन्द्रदेव ने हँसकर कहा-"नेरा! तुम्हारे सुन्दर साँप के लिए यह बक्स है।"नेरा प्रसन्न होकर अपने नवीन आश्रित को उसमें रखने लगी, परन्तु वह उस सुन्दर घर में जाना नहीं चाहता था। रामू ने उसे बाध्य किया। साँप बक्स में जा रहा। नेरा ने उसे आँखों से धन्यवाद दिया।

चन्द्रदेव के मित्रों ने कहा-"तुम्हारा अनुचर भी तो कम खिलाड़ी नहीं है!"

चन्द्रदेव ने गर्व से रामू की ओर देखा। परन्तु, नेरा की मधुरिमा रामू की आँखों की राह उसके हृदय में भर रही थी। वह एकटक उसे देख रहा था।

देवकुमार हँस पड़ा। खेल समाप्त हुआ। नेरा को बहुत-सा पुरस्कार मिला।

तीन दिन बाद, होटल के पास ही, चीड़ वृक्ष के नीचे चन्द्रदेव चुपचाप खड़ा था- वह बड़े गौर से देख रहा था-एक स्त्री और एक पुरुष को घुल-घुलकर बातें करते। उसे क्रोध आया; परन्तु न जाने क्यों, कुछ बोल न सका। देवकुमार ने पीठ पर हाथ धरकर पूछा-"क्या है?"

चन्द्रदेव ने संकेत से उस ओर दिखा दिया। एक झुरमुट में नेरा खड़ी है और रामू कुछ अनुनय कर रहा है! देवकुमार ने यह देखकर चन्द्रदेव का हाथ पकड़कर खींचते हुए कहा-"चलो।"

दोनों आकर अपने कमरे में बैठे।

देवकुमार ने कहा-"अब कहो, इसी रामू के हृदय की परख तो तुम उस दिन बता रहे थे। इसी तरह सम्भव है, अपने को भी न पहचानते हो।"

चन्द्रदेव ने कहा-'मैं उसे कोड़े से पीटकर ठीक करूँगा-बदमाश!"

चन्द्रदेव 'बाल' देखकर आया था, अपने कमरे में सोने जा रहा था, रात अधिक हो चुकी थी। उसे कुछ फिस-फिस का शब्द सुनाई पड़ा। उसे नेरा का ध्यान आ गया। वह होंठ काटकर अपने पलँग पर जा पड़ा। मात्रा कुछ अधिक थी। आतिशदान के कार्निस पर धरे हुए शीशे का बक्स और बोतल चमक उठे। पर उसे क्रोध ही अधिक आया, बिजली बुझा दी।

कुछ अधिक समय बीतने पर किसी चिल्लाहट से चन्द्रदेव की नींद खुली। रामू का-सा शब्द था। उसने स्विच दबाया, आलोक में चन्द्रदेव ने आश्चर्य से देखा कि रामू के हाथ में वही सुनहला साँप हथकड़ी-सा जकड़ गया है! चन्द्रदेव ने कहा-"क्यों रे बदमाश! तू यहाँ क्या करता था? अरे, इसका तो प्राण संकट में है, नेरा होती तो!"

चन्द्रदेव घबड़ा गया था। इतने में नेरा ने कमरे में प्रवेश किया। इतनी रात को यहाँ? चन्द्रदेव क्रोध से चुप रहा। नेरा ने साँप से रामू का हाथ छुड़ाया और फिर उसे बक्स में बन्द किया। तब चन्द्रदेव ने रामू से पूछा-"क्यों बे, यहाँ क्या कर रहा था?" रामू काँपने लगा।

"बोल, जल्दी बोल! नहीं तो तेरी खाल उधेड़ता हूँ।"

रामू फिर भी चुप था।

चन्द्रदेव का चेहरा अत्यन्त भीषण हो रहा था। वह कभी नेरा की ओर देखता और कभी रामू की ओर। उसने पिस्तौल उठाई, नेरा रामू के सामने आ गई। उसने कहा-"बाबू जी, यह मेरे लिए शराब लेने आया था, जो उस बोतल में धरी है।"

चन्द्रदेव ने देखा, मदिरा उस बोतल में अपनी लाल हँसी में मग्न थी। चन्द्रदेव ने पिस्तौल धर दिया। और बोतल और बक्स उठाकर देते हुए मुँह फेरकर कहा-"तुम दोनों इसे लेकर अभी चले जाओ, और रामू, अब तुम कभी मुझे अपना मुँह मत दिखाना।"

दोनों धीरे-धीरे बाहर हो गये। रामू अपने मालिक का मन पहचानता था।

दूसरे दिन देवकुमार और चन्द्रदेव पहाड़ से उतरे। रामू उनके साथ न था।

ठीक ग्यारह महीने पर फिर उसी होटल में चन्द्रदेव पहुँचा था। तीसरा पहर था, रंगीन बादल थे, पहाड़ी सन्ध्या अपना रंग जमा रही थी, पवन तीव्र था। चन्द्रदेव ने शीशे का पल्ला बन्द करना चाहा। उन्होंने देखा, रामू सिर पर पिटारा धरे चला जा रहा है और पीछे-पीछे अपनी मन्द गति से नेरा। नेरा ने भी ऊपर की ओर देखा, वह मुस्कराकर सलाम करती हुई रामू के पीछे चली गई। चन्द्रदेव ने धड़ से पल्ला बन्द करते हुए सोचा-"सच तो, क्या मैं अपने को भी पहिचान सका?"

हिमालय का पथिक

"गिरि-पथ में हिम-वर्षा हो रही है, इस समय तुम कैसे यहाँ पहुँचे? किस प्रबल आकर्षण से तुम खिंच आये?" खिड़की खोलकर एक व्यक्ति ने पूछा। अमल-धवल चन्द्रिका तुषार से घनीभूत हो रही थी। जहाँ तक दृष्टि जाती है, गगन-चुम्बी शैल-शिखर, जिन पर बर्फ का मोटा लिहाफ पड़ा था, ठिठुरकर सो रहे थे। ऐसे ही समय पथिक उस कुटीर के द्वार पर खड़ा था। वह बोला-"पहले भीतर आने दो, प्राण बचें!"

बर्फ जम गई थी, द्वार परिश्रम से खुला। पथिक ने भीतर जाकर उसे बन्द कर लिया। आग के पास पहुँचा, और उष्णता का अनुभव करने लगा। ऊपर से और दो कम्बल डाल दिये गये। कुछ काल बीतने पर पथिक होश में आया। देखा, शैल-भर में एक छोटा-सा गृह धुँधली प्रभा से आलोकित है। एक वृद्ध है और उसकी कन्या। बालिका-युवती हो चली है।

वृद्ध बोला-"कुछ भोजन करोगे?"

पथिक-"हाँ, भूख तो लगी है।"

वृद्ध ने बालिका की ओर देखकर कहा-"किन्नरी, कुछ ले आओ।"

किन्नरी उठी और कुछ खाने को ले आई। पथिक दत्तचित्त होकर उसे खाने लगा।

किन्नरी चुपचाप आग के पास बैठी देख रही थी। युवक-पथिक को देखने में उसे कुछ संकोच न था। पथिक भोजन कर लेने के बाद घूमा, और देखा। किन्नरी सचमुच हिमालय की किन्नरी है। ऊनी लम्ब कुरता पहने है, खुले हुए बाल एक कपड़े से कसे हैं, जो सिर के चारों ओर टोप के समान बँधा है। कानों में दो बड़े-बड़े फीरोजे लटकते हैं। सौन्दर्य है, जैसे हिमानीमण्डित उपत्यका में वसन्त की फूली हुई वल्लरी पर मध्याह्न का आतप अपनी सुखद कान्ति बरसा रहा हो। हृदय को चिकना कर देने वाला रूखा यौवन प्रत्येक अंग में लालिमा की लहरी उत्पन्न कर रहा है। पथिक देख कर भी अनिच्छा से सिर झुकाकर सोचने लगा।

वृद्ध ने पूछा-"कहो, तुम्हारा आगमन कैसे हुआ?"

पथिक-"निरुद्देश्य घूम रहा हूँ, कभी राजमार्ग, कभी खड्ड, कभी सिन्धुतट और कभी गिरि-पथ देखता-फिरता हूँ। आँखों की तृष्णा मुझे बुझती नहीं दिखाई देती। यह सब क्यों देखना चाहता हूँ, कह नहीं सकता।"

"तब भी भ्रमण कर रहे हो!"

पथिक-"हाँ, अबकी इच्छा है, कि हिमालय में ही विचरण करूँ। इसी के सामने दूर तक चला जाऊँ!"

वृद्ध-"तुम्हारे पिता-माता हैं?"

पथिक-"नहीं।"

किन्नरी-"तभी तुम घूमते हो! मुझे तो पिताजी थोड़ी दूर भी नहीं जाने देते।"-वह हँसने लगी।

वृद्ध ने उसकी पीठ पर हाथ रखकर कहा-"बड़ी पगली है!"

किन्नरी खिलखिला उठी।

पथिक-"अपरिचित देशों में एक रात रमना और फिर चल देना। मन के समान चञ्चल हो रहा हूँ, जैसे पैरों के नीचे चिनगारी हो!"

किन्नरी-"हम लोग तो कहीं जाते नहीं; सबसे अपरिचित हैं, कोई नहीं जानता। न कोई यहाँ आता है। हिमालय की निर्जर शिखर-श्रेणी और बर्फ की झड़ी, कस्तूरी मृग और बर्फ के चूहे, ये ही मेरे स्वजन हैं।"

वृद्ध-"क्यों री किन्नरी! मैं कौन हूँ?"

"किन्नरी-तुम्हारा तो कोई नया परिचय नहीं है; वही मेरे पुराने बाबा बने हो!"

वृद्ध सोचने लगा।

पथिक हँसने लगा। किन्नरी अप्रतिभ हो गई। वृद्ध गम्भीर होकर कम्बल ओढ़ने लगा।

पथिक को उस कुटी में रहते कई दिन हो गये। न जाने किस बन्धन ने उसे यात्रा से वञ्चित कर दिया है। पर्यटक युवक आलसी बनकर चुपचाप खुली धूप में, बहुधा देवदारु की लम्बी छाया में बैठा हिमालय खण्ड की निर्जन कमनीयता की ओर एकटक देखा करता है। जब कभी अचानक आकर किन्नरी उसका कन्धा पकड़कर हिला देती है, तो उसके तुषारतुल्य हृदय में बिजली-सी दौड़ जाती है। किन्नरी हँसने लगती है-जैसे बर्फ गल जाने पर लता के फूल निखर आते हैं।"

एक दिन पथिक ने कहा-"कल मैं जाऊँगा।"

किन्नरी ने पूछा-"किधर?"

पथिक ने हिम-गिरि की चोटी दिखलाते हुए कहा-"उधर, जहाँ कोई न गया हो!"

किन्नरी ने पूछा-"वहाँ जाकर क्या करोगे?"

"देखकर लौट आऊँगा।"

"अभी से क्यों नहीं जाना रोकते, जब लौट ही आना है?"

"देखकर आऊँगा; तुम लोगों से मिलते हुए देश को लौट जाऊँगा। वहाँ जाकर यहाँ का सब समाचार सुनाऊँगा।"

"वहाँ क्या तुम्हारा कोई परिचित है?"

"यहाँ पर कौन था?"

"चले जाने में तुमको कुछ कष्ट नहीं होगा?"

"कुछ नहीं; हाँ एक बार जिनका स्मरण होगा, उनके लिए जी कचोटेगा। परन्तु ऐसे कितने ही हैं!"

"कितने होंगे?"

"बहुत से, जिनके यहाँ दो घड़ी से लेकर दो-चार दिन तक आश्रय ले चुका हूँ। उन दयालुओं की कृतज्ञता से विमुख नहीं होता।"

"मेरी इच्छा होती है कि उस शिखर तक मैं भी तुम्हारे साथ चलकर देखूँ। बाबा से पूछ लूँ।"

"ना-ना, ऐसा मत करना।" पथिक ने देखा, बर्फ की चट्टान पर श्यामल दूर्वा उगने लगी है। मतवाले हाथी के पैर में फूली हुई लता लिपटकर साँकल बनना चाहती है। वह उठकर फूल बिनने लगा। एक माला बनाई। फिर किन्नरी के सिर का बन्धन खोलकर वहीं माला अटका दी। किन्नरी के

मुख पर कोई भाव न था। वह चुपचाप थी। किसी ने पुकारा-"किन्नरी।"

दोनों ने घूमकर देखा, वृद्ध का मुँह लाल था। उसने पूछा-"पथिक! तुमने देवता का निर्माल्य दूषित करना चाहा-तुम्हारा दण्ड क्या है?"

पथिक ने गम्भीर स्वर से कहा-'निर्वासन।"

"और भी कुछ?"

"इससे विशेष तुम्हें अधिकार नहीं; क्योंकि तुम देवता नहीं, जो पाप की वास्तविकता समझ लो!"

"हूँ!"

"और, मैंने देवता के निर्माल्य को और भी पवित्र बनाया है। उसे प्रेम के गन्धजल से सुरभित कर दिया है। उसे तुम देवता को अर्पण कर सकते हो।"-इतना कहकर पथिक उठा, और गिरिपथ से जाने लगा।

वृद्ध ने पुकारकर कहा-"तुम कहाँ जाओगे? वह सामने भयानक शिखर है!"

पथिक ने लौटकर खड्ड में उतरना चाहा। किन्नरी पुकारती हुई दौड़ी-"हाँ-हाँ, मत उतरना, नहीं तो प्राण न बचेंगे!"

पथिक एक क्षण के लिए रुक गया। किन्नरी ने वृद्ध से घूमकर पूछा-"बाबा, क्या यह देवता नहीं है?"

वृद्ध कुछ कह न सका। किन्नरी और आगे बढ़ी। उसी क्षण एक लाल धुँधली आँधी के सदृश बादल दिखलाई पड़ा। किन्नरी और पथिक गिरि-पथ से चढ़ रहे थे। वे अब दो श्याम-बिन्द की तरह वृद्ध की आँखों में दिखाई देते थे। वह रक्तमलिन मेघ समीप आ रहा था। वृद्ध कुटीर की ओर पुकारता हुआ चला-"दोनों लौट आओ; खूनी बर्फ आ रही है!" परन्तु जब पुकारना था, तब वह चुप रहा। अब वे सुन नहीं सकते थे।

दूसरे ही क्षण खूनी बर्फ, वृद्ध और दोनों के बीच में थी।

भिखारिन

जाह्नवी अपने बालू के कम्बल में ठिठुरकर सो रही थी। शीत कुहासा बनकर प्रत्यक्ष हो रहा था। दो-चार लाल धारायें प्राची के क्षितिज में बहना चाहती थीं। धार्मिक लोग स्नान करने के लिए आने लगे थे।

निर्मल की माँ स्नान कर रही थी, और वह पण्डे के पास बैठा हुआ बड़े कुतूहल से धर्म-भीरु लोगों की स्नान-क्रिया देखकर मुस्करा रहा था। उसकी माँ स्नान करके ऊपर आई। अपनी चादर ओढ़ते हुए स्नेह से उसने निर्मल से पूछा-"क्या तू स्नान न करेगा?"

निर्मल ने कहा-"नहीं माँ, मैं तो धूप निकलने पर घर पर ही स्नान करूँगा।"

पण्डाजी ने हँसते हुए कहा-"माता, अबके लड़के पुण्य-धर्म क्या जानें? यह सब तो जब तक आप लोग हैं, तभी तक है।"

निर्मल का मुँह लाल हो गया। फिर भी वह चुप रहा। उसकी माँ संकल्प लेकर कुछ दान करने लगी। सहसा जैसे उजाला हो गया-एक धवल दाँतों की श्रेणी अपना भोलापन बिखेर गई- "कुछ हमको दे दो, रानी माँ!"

निर्मल ने देखा, एक चौदह बरस की भिखारिन भीख माँग रही है। पण्डाजी झल्लाये, बीच ही में संकल्प अधूरा छोड़कर बोल उठे-"चल हट!"

निर्मल ने कहा- "माँ! कुछ इसे भी दे दो।"

माता ने उधर देखा भी नहीं, परन्तु निर्मल ने उस जीर्ण मलिन वसन में एक दरिद्र हृदय की हँसी को रोते हुए देखा। उस बालिका की आँखों में एक अधूरी कहानी थी। रूखी लटों में सादी उलझन थी, और बरौनियों के अग्रभाग में संकल्प के जलबिन्द लटक रहे थे, करुणा का दान जैसे होने ही वाला था।

धर्म-परायण निर्मल की माँ स्नान करके निर्मल के साथ चली। भिखारिन को अभी आशा थी, वह भी उन लोगों के साथ चली।

निर्मल एक भावुक युवक था। उसने पूछा-"तुम भीख क्यों माँगती हो?"

भिखारिन की पोटली के चावल फटे कपड़े के छिद्र से गिर रहे थे। उन्हें सँभालते हुए उसने कहा-"बाबूजी, पेट के लिए।"

निर्मल ने कहा-"नौकरी क्यों नहीं करतीं? माँ, इसे अपने यहाँ रख क्यों नहीं लेती हो? धनिया तो प्राय: आती भी नहीं।"

माता ने गम्भीरता से कहा-"रख लो! कौन जाति है, कैसी है, जाना न सुना; बस रख लो।"

निर्मल ने कहा-"माँ, दरिद्रों की तो एक ही जाति होती है।"

माँ झल्ला उठी, और भिखारिन लौट चली। निर्मल ने देखा, जैसे उमड़ी हुई मेघमाला बिना बरसे हुए लौट गई। उसका जी कचोट उठा। विवश था, माता के साथ चला गया।

"सुने री निर्धन के धन राम! सुने री-"

भैरवी के स्वर पवन में आन्दोलन कर रहे थे। धूप गंगा के वक्ष पर उजली होकर नाच रही थी। भिखारिन पत्थर की सीढ़ियों पर सूर्य की ओर मुँह किये गुनगुना रही थी। निर्मल आज अपनी भाभी, के संग स्नान करने के लिए आया है। गोद में अपने चार बरस के भतीजे को लिये वह भी सीढ़ियों से उतरा। भाभी ने पूछा-"निर्मल! आज क्या तुम भी पुण्य-सञ्चय करोगे?"

"क्यों भाभी! जब तुम इस छोटे से बच्चे को इस सरदी में नहला देना धर्म समझती हो, तो मै ही क्यों वञ्चित रह जाऊँ?"

सहसा निर्मल चौंक उठा। उसने देखा, बगल में वही भिखारिन बैठी गुनगुना रही है। निर्मल को देखते ही उसने कहा-बाबूजी, तुम्हारा बच्चा फले-फूले, बहू का सोहाग बना रहे! आज तो मुझे कुछ मिले।"

निर्मल अप्रतिभ हो गया। उसकी भाभी हँसती हुई बोली-"दुर पगली!"

भिखारिन सहम गई। उसके दाँतो का भोलापन गम्भीरता के परदे में छिप गया। वह चुप हो गई।

निर्मल ने स्नान किया। सब ऊपर चलने के लिए प्रस्तुत थे। सहसा बादल हट गये, उन्हीं अमल-धवल दाँतो की श्रेणी ने फिर याचना की-"बाबूजी, कुछ मिलेगा?"

"अरे , अभी बाबूजी का ब्याह नहीं हुआ। जब होगा, तब तुझे न्योता देकर बुलावेंगे। तब तक सन्तोष करके बैठी रह।" भाभी ने हँसकर कहा।

"तुम लोग बड़ी निष्ठर हो, भाभी! उस दिन माँ से कहा कि इसे नौकर रख लो, तो वह इसकी जाति पूछने लगी; और आज तुम भी हँसी ही कर रही हो!"

निर्मल की बात काटते हुए भिखारिन ने कहा-"बहूजी, तुम्हें देखकर मैं तो यही जानती हूँ कि ब्याह हो गया है। मुझे कुछ न देने के लिए बहाना कर रही हो!"

"मर पगली! बड़ी ढीठ है!" भाभी ने कहा।

"भाभी! उस पर क्रोध न करो। वह क्या जाने, उसकी दृष्टि में सब अमीर और सुखी लोग विवाहित हैं। जाने दो, घर चलें!"

"अच्छा चलो, आज माँ से कहकर इसे तुम्हारे लिए टहलनी रखवा दूँगी।"-कहकर भाभी हँस पड़ी।

युवक हृदय उत्तेजित हो उठा। बोला-"यह क्या भाभी! मैं तो इससे ब्याह करने के लिए भी प्रस्तुत हो जाऊँगा! तुम व्यंग क्यों कर रही हो?"

भाभी अप्रतिभ हो गई। परन्तु भिखारिन अपने स्वाभाविक भोलेपन से बोली-"दो दिन माँगने पर भी तुम लोगों से एक पैसा तो देते नहीं बना, फिर क्यों गाली देते हो, बाबू? ब्याह करके निभाना तो बड़ी दूर की बात है!"-भिखारिन भारी मुँह किये लौट चली।

बालक रामू अपनी चालाकी में लगा था। माँ की जेब से छोटी दुअन्नी अपनी छोटी उँगलियों से उसने निकाल ली और भिखारिन की ओर फेंककर बोला-"लेती जाओ, ओ भिखारिन!"

निर्मल और भाभी को रामू की इस दया पर कुछ प्रसन्नता हुई, पर वे प्रकट न कर सके; क्योंकि भिखारिन ऊपर की सीढ़ियों पर चढ़ती हुई गुनगुनाती चली जा रही थी-

"सुने री निर्धन के धन राम!"

प्रतिध्वनि

मनुष्य की चिता जल जाती है, और बुझ भी जाती है परन्तु उसकी छाती की जलन, द्वेष की ज्वाला, सम्भव है, उसके बाद भी धक्-धक् करती हुई जला करे।

तारा जिस दिन विधवा हुई, जिस समय सब लोग रो-पीट रहे थे, उसकी ननद ने, भाई के मरने पर भी, रोदन के साथ, व्यंग स्वर में कहा-"अरे मैया रे, किसका पाप किसे खा गया रे!"- तभी आसन्न वैधव्य ठेलकर, अपने कानों को ऊँचा करके, तारा ने वह तीक्ष्ण व्यंग रोदन के कोलाहल में भी सुन लिया था।

तारा सम्पन्न थी, इसलिए वैधव्य उसे दूर ही से डराकर चला जाता। उसका पूर्ण अनुभव वह कभी न कर सकी। हाँ, ननद रामा अपनी दरिद्रता के दिन अपनी कन्या श्यामा के साथ किसी तरह काटने लगी। दहेज मिलने की निराशा से कोई ब्याह करने के लिए प्रस्तुत न होता। श्यामा चौदह बरस की हो चली। बहुत चेष्टा करके भी रामा उसका ब्याह न कर सकी। वह चल बसी।

श्यामा निस्सहाय अकेली हो गई। पर जीवन के जितने दिन हैं, वे कारावासी के समान काटने ही होंगे। वह अकेली ही गंगा-तट पर अपनी बारी से सटे हुए कच्चे झोपड़े में रहने लगी।

मन्त्री नाम की एक बुढ़िया, जिसे 'दादी' कहती थी, रात को उसके पास सो रहती, और न जाने कहाँ से, कैसे उसके खाने-पीने का कुछ प्रबन्ध कर ही देती। धीरे-धीरे दरिद्रता के सब अवशिष्ट चिह्न बिककर श्यामा के पेट में चले गये। पर, उसकी आम की बारी अभी नीलाम होने के लिए हरी-भरी थी!

कोमल आतप गंगा के शीतल शरीर में अभी ऊष्मा उत्पन्न करने में असमर्थ था। नवीन किसलय उससे चमक उठे थे। वसन्त की किरणों की चोट से कोयल कुहुक उठी। आम की कैरियों के गुच्छे हिलने लगे। उस आम की बारी में माधव-ऋतु का डेरा था और श्यामा के कमनीय कलेवर में यौवन था।

श्यामा अपने कच्चे घर के द्वार पर खड़ी हुई मेघ-संक्रान्ति का पर्व-स्नान करने वालों को कगार के नीचे देख रही थी। समीप होने पर भी वह मनुष्यों की भीड़ उसे चींटियाँ रेंगती हुई जैसी दिखायी पड़ती थी। मन्त्री ने आते ही उसका हाथ पकड़कर कहा-"चलो बेटी, हम लोग भी स्नान कर आवें।"

उसने कहा-"नहीं दादी, आज अंग-अंग टूट रहा है, जैसे ज्वर आने को है।"

मन्त्री चली गई।

तारा स्नान करके दासी के साथ कगारे के ऊपर चढ़ने लगी। श्यामा की बारी के पास से ही पथ था। किसी को वहाँ न देखकर तारा ने सन्तुष्ट होकर साँस ली। कैरियों से गदराई हुई डाली से उसका सिर लग गया। डाली राह में झुकी पड़ती थी। तारा ने देखा, कोई नहीं है; हाथ बढ़ाकर कुछ कैरियाँ तोड़ लीं।

सहसा किसी ने कहा-"और तोड़ लो मामी, कल तो यह नीलाम ही होगा!"

तारा की अग्नि-बाण-सी आँखें किसी को जला देने के लिए खोजने लगीं। फिर उसके हृदय में

वही बहुत दिन की बात प्रतिध्वनित होने लगी-"किसका पाप किसको खा गया, रे!"-तारा चौंक उठी। उसने सोचा, रामा की कन्या व्यंग कर रही है- भीख लेने के लिए कह रही है। तारा होंठ चबाती हुई चली गई।

एक सौ पांच - एक ,

एक सौ पांच - दो ,

एक सौ पांच रुपये- तीन!

बोली हो गई। अमीन ने पूछा-"नीलाम का चौथाई रुपया कौन जमा करता है?"

एक गठीले युवक ने कहा-"चौथाई नहीं, कुल रुपये लीजिये।" तारा के नाम की रसीद बना रुपया सामने रख दिया गया।

श्यामा एक आम के वृक्ष के नीचे चुपचाप बैठी थी। उसे और कुछ नहीं सुनाई पड़ता था, केवल डुग्गियों के साथ एक-दो-तीन की प्रतिध्वनि कानों में गूँज रही थी। एक समझदार मनुष्य ने कहा- "चलो, अच्छा ही हुआ, तारा ने अनाथ लड़क़ी के बैठने का ठिकाना तो बना रहने दिया; नहीं तो गंगा किनारे का घर और तीन बीघे की बारी, एक सौ पांच रुपये में! तारा ने बहुत अच्छा किया।"

बुढिय़ा मन्त्री ने कहा-"भगवान् जाने, ठिकाना कहाँ होगा!"

श्यामा चुपचाप सुनती रही। सन्ध्या हो गई। जिनका उसी अमराई में नीड़ था, उन पक्षियों का झुण्ड कलरव करता हुआ घर लौटने लगा। पर श्यामा न हिली; उसे भूल गया कि उसके भी घर है।

बुढिय़ा के साथ अमीन साहब आकर खड़े हो गये। अमीन एक सुन्दर कहे जाने योग्य युवक थे, और उनका यह सहज विश्वास था कि कोई भी स्त्री हो, मुझे एक बार अवश्य देखेगी। श्यामा के सौन्दर्य को तो दारिद्रय ने ढँक लिया था; पर उसका यौवन छिपने के योग्य न था। कुमार यौवन अपनी क्रीड़ा में विह्वल था। अमीन ने कहा-"मन्त्री! पूछो, मैं रुपया दे दूँ-अभी एक महीने की अवधि है, रुपया दे देने से नीलाम रुक जायगा!"

श्यामा ने एक बार तीखी आँखों से अमीन की ओर देखा। वह पुष्ट कलेवर अमीन, उस अनाथ बालिका की दृष्टि न सह सका, धीरे से चला गया। मन्त्री ने देखा , बरसात की-सी गीली चिता श्यामा की आँखों में जल रही है। मन्त्री का साहस न हुआ कि उससे घर चलने के लिए कहे। उसने सोचा, ठहरकर आऊँगी तो इसे घर लिवा जाऊँगी। परन्तु जब वह लौटकर आई, तो रजनी के अन्धकार में बहुत खोजने पर भी श्यामा को न पा सकी।

तारा का उत्तराधिकारी हुआ-उसके भाई का पुत्र प्रकाश। अकस्मात् सम्पत्ति मिल जाने से जैसा प्राय: हुआ करता है, वही हुआ-प्रकाश अपने-आपे में न रह सका। वह उस देहात में प्रथम श्रेणी का विलासी बन बैठा। उसने तारा के पहले घर से कोस-भर दूर श्यामा की बारी को भली-भाँति सजाया; उसका कच्चा घर तोड़कर बंगला बन गया। अमराई में सडक़ें और क्यारियाँ दौड़ने लगीं। यहीं प्रकाश बाबू की बैठक जमी। अब इसे उसके नौकर 'छावनी' कहते थे।

आषाढ़ का महीना था। सबेरे ही बड़ी उमस थी। पुरवाई से घनमण्डल स्थिर हो रहा था। वर्षा होने की पूरी सम्भावना थी। पक्षियों के झुण्ड आकाश में अस्त-व्यस्त घूम रहे थे। एक पगली गंगा के तट के ऊपर की ओर चढ़ रही थी। वह अपने प्रत्येक पाद-विक्षेप पर एक-दो-तीन अस्फुट स्वर से कह देती, फिर आकाश की ओर देखने लगती थी। अमराई के खुले फाटक से वह घुस आई, और पास के वृक्षों के नीचे घूमती हुई "एक-दो-तीन" करके गिनने लगी।

लहरीले पवन का एक झोंका आया; तिरछी बूँदो की एक बाढ़ पड़ गई। दो-चार आम भी चू पड़े। पगली घबरा गई। तीन से अधिक वह गिनना ही नहीं जानती थी। इधर बूँदो को गिने कि आमों को!

बड़ी गड़बड़ी हुई। पर वह मेघ का टुकड़ा बरसता हुआ निकल गया। पगली एक बार स्वस्थ हो गई।

महोखा एक डाल से बोलने लगा। डुग्गी के समान उसका "डूप-डूप-डूप" शब्द पगली को पहचाना हुआ-सा मालूम पड़ा। वह फिर गिनने लगी-एक-दो-तीन! उसके चुप हो जाने पर पगली ने डालों की ओर देखा और प्रसन्न होकर बोली-एक-दो-तीन! इस बार उसकी गिनती में बड़ा उल्लास था, विस्मय था और हर्ष भी। उसने एक ही डाल में पके हुए तीन आमों को वृन्तों-सहित तोड़ लिया, और उन्हें झुकाते हुए गिनने लगी। पगली इस बार सचमुच बालिका बन गई, जैसे खिलौने के साथ खेलने लगी।

माल आ गया। उसने गाली दी, मारने के लिए हाथ उठाया। पगली अपना खेल छोड़कर चुपचाप उसकी ओर एकटक देखने लगी। वह उसका हाथ पकड़कर प्रकाश बाबू के पास ले चला।

प्रकाश यक्ष्मा से पीड़ित होकर इन दिनों यहाँ निरन्तर रहने लगा था। वह खाँसता जाता था; और तकिये के सहारे बैठा हुआ पीकदान में रक्त और कफ थूकता जाता था। कंकाल-सा शरीर पीला पड़ गया था। मुख में केवल नाक और बड़ी-बड़ी आँखे अपना अस्तित्व चिल्लाकर कह रही थीं। पगली को पकड़कर माली उसके सामने ले आया।

विलासी प्रकाश ने देखा, पागल यौवन अभी उस पगली के पीछे लगा था। कामुक प्रकाश को आज अपने रोग पर क्रोध हुआ, और पूर्ण मात्रा में हुआ। पर क्रोध धक्का खाकर पगली की ओर चला आया। प्रकाश ने आम देखकर ही समझ लिया और फूहड़ गालियों की बौछार से उसकी अभ्यर्थना की।

पगली ने कहा-"यह किस पाप का फल है? तू जानता है, इसे कौन खायगा? बोल! कौन मरेगा? बोल! एक-दो-तीन"-

"चोरी को पागलपन में छिपाना चाहती है! अभी तो तुझे बीसों चाहने वाले मिलेंगे! चोरी क्यों करती है?"-प्रकाश ने कहा।

एक बार पगली का पागलपन, लाल वस्त्र पहनकर उसकी आँखों में नाच उठा। उसने आम तोड़-तोड़ कर प्रकाश के क्षय-जर्जर हृदय पर खींचकर मारते हुए गिना-एक-दो-तीन! प्रकाश तकिये पर चित्त लेटकर हिचकियाँ लेने लगा और पगली हँसते हुए गिनने लगी-एक-दो-तीन। उनकी प्रतिध्वनि अमराई में गूँज उठी।

कला

उसके पिता ने बड़े दुलार से उसका नाम रखा था-ʻकलाʼ। नवीन इन्दकला-सी वह आलोकमयी और आँखों की प्यास बुझानेवाली थी। विद्यालय में सबकी दृष्टि उस सरल-बालिका की ओर घूम जाती थी; परन्तु रूपनाथ और रसदेव उसके विशेष भक्त थे। कला भी कभी-कभी उन्हीं दोनों से बोलती थी, अन्यथा वह एक सुन्दर नीरवता ही बनी रहती।

तीनों एक-दूसरे से प्रेम करते थे, फिर भी उनमें डाह थी। वे एक-दूसरे को अधिकाधिक अपनी ओर आकर्षित देखना चाहते थे। छात्रावास में और बालकों से उनका सौहार्द नहीं। दूसरे बालक और बालिकायें आपस में इन तीनों की चर्चा करतीं।

कोई कहता-"कला तो इधर आँख उठाकर देखती भी नहीं।"

दूसरा कहता-"रूपनाथ सुन्दर तो है, किन्तु बड़ा कठोर।"

तीसरा कहता-"रसदेव पागल है। उसके भीतर न जाने कितनी हलचल है। उसकी आँखों में निश्छल अनुराग है; पर कला को जैसे सबसे अधिक प्यार करता है।"

उन तीनों को इधर ध्यान देने का अवकाश नहीं। वे छात्रावास की फुलवारी में, अपनी धुन में मस्त विचरते थे। सामने गुलाब के फूल पर एक नीली तितली बैठी थी। कला उधर देखकर गुनगुना रही थी। उसकी सजन स्वर-लहरी अवगुण्ठित हो रही थी। पतले-पतले अधरों से बना हुआ छोटे-से मुँह का अवगुण्ठन उसे ढँकने में असमर्थ था। रूप एकटक देख रहा था और रस नीले आकाश में आँखे गड़ाकर उस गुञ्जार की मधुर श्रुति में काँप रहा था।

रूप ने कहा-"आह, कला! जब तुम गुनगुनाने लगती हो, तब तुम्हारे अधरों में कितनी लहरें खेलती है। भवें जैसे अभिव्यक्ति के मंच पर चढ़ती-उतरती कितनी अमिट रेखायें हृदय पर बना देती हैं।" रूप की बातें सुनकर कला ने गुनगुनाना बन्द कर दिया। रस ने व्याघात समझ कर भ्रू-भंग सहित उसकी ओर देखा।

कला ने कहा-"अब मैं घर जाऊँगी, मेरी शिक्षा समाप्त हो चुकी।"

दोनों लुट गये। रूप ने कहा- ''मैं तुम्हारा चित्र बनाकर उसकी पूजा करूँगा।''

रस ने कहा-"भला तुम्हें कभी भूल सकता हूँ।"

कला चली गई। एक दिन वसन्त के गुलाब खिले थे, सुरभि से छात्रावास का उद्यान भर रहा था। रूपनाथ और रसदेव बैठे हुए कला की बातें कर रहे थे।

रूपनाथ ने कहा-"उसका रूप कितना सुन्दर है!"

रसदेव ने कहा-"और उसके हृदय के सौन्दर्य का तो तुम्हें ध्यान ही नहीं।"

"हृदय का सौन्दर्य ही तो आकृति ग्रहण करता है, तभी मनोहरता रूप में आती है।"

"परन्तु कभी-कभी हृदय की अवस्था आकृति से नहीं खुलती, आँखे धोखा खाती हैं।"

"मैं रूप से हृदय की गहराई नाप लूँगा। रसदेव, तुम जानते हो कि मैं रेखा-विज्ञान में कुशल हूँ। मैं चित्र बनाकर उसे जब चाहूँगा, प्रत्यक्ष कर लूँगा। उसका वियोग मेरे लिए कुछ भी नहीं है।"

"आह! रूपनाथ! तुम्हारी आकांक्षा साधन-सापेक्ष है। भीतर की वस्तु को बाहर लाकर संसार की दूषित वायु से उसे नष्ट होने के लिए। ...."

"चुप रहो, तुम मन-ही-मन गुनगुनाया करो। कुछ है भी तुम्हारे हृदय में? कुछ खोलकर कह या दिखला सकते हो? .... कहकर रूपनाथ उठकर जाने लगा।

क्षुब्ध होकर उसका कन्धा पीछे से पकड़ते हुए रसदेव ने कहा-"तो मैं उसकी उपासना करने में असमर्थ हूँ?"

रूपनाथ अवहेलना में देखता हुआ मुस्कराता चला गया।

काल के विश्रृंखल पवन ने उन तीनों को जगत् के अञ्चल पर बिखेर दिया, पर वे सदैव एक दूसरे को स्मरण करते रहे। रूपनाथ एक चतुर चित्रकार बन गया। केवल कला का चित्र बनाने के लिए अपने अभ्यास को उसने और भी प्रखर कर लिया। वह अपनी प्रेम-छवि की पूजा के नित्य नये उपकरण जुटाता। वह पवन के थपेड़े से मुँह फेरे हुए फूलों का श्रृंगार , चित्रपटी के जंगलों को देता। उसकी तूलिका से जड़ होकर भीतरी आन्दोलनों से बाह्य दृश्य अनेक सुन्दर आकृतियों की विकृतियों में स्थायी बना दिये जाते। उसकी बड़ी ख्याति थी। फिर भी उसका गर्वस्फीत सिर अपनी चित्रशाला में आकर न जाने क्यों नीचे झुक जाता। वह अपने अभाव को जानता था, पर किसी से कहता न था। वह आज भी कला का अपने मनोनुकूल चित्र नहीं बना पाया।

रसदेव का जीवन नीरव निकुञ्जों में बीत रहा था। वह चुपचाप रहता। नदी-तट पर बैठे हुए उस पार की परियाली देखते-देखते अन्धकार का परदा खींच लेना, यही उसकी दिनचर्या थी, और नक्षत्र-माला-सुशोभित गगन के नीचे अवाक्, निस्पन्द पड़े हुए , सकुतूहल आँखों से जिज्ञासा करती उसकी रात्रिचर्या।

कुछ संगीतों की असंगति और कुछ अस्पष्ट छाया उसके हृदय की निधि थी, पर लोग उसे निकम्मा, पागल और आलसी कहते। एकाएक रजनी में, सरिता कलोल करती हुई बही जा रही थी। रसदेव ने कल्पना के नेत्रों से देखा, अकस्मात् नदी का जल स्थिर हो गया और अपने मरकत-मृणाल पर एक सहस्रदल मणि-पद्म जल-तल के ऊपर आकर नैशपवन में झूमने लगा। लहरों में स्वर के उपकरण से मूर्ति बनी, फिर नूपुरों की झनकार होने लगी। धीर मन्थर गति से तरल आस्तरण पर पैर रखते हुए एक छवि आकर उस कमल पर बैठ गई।

रसदेव बड़बड़ा उठा। वह काली रजनीवाले दुष्ट दिनों की दुःख-गाथा और आज की वैभवशालिनी निशा की सुख-कथा मिलाकर कुछ कहने लगा। वह छवि सुनती-सुनती मुस्कराने लगी, फिर चली गई। नूपुरों की मधुर-मधुर ध्वनि अपने संगीत का आधार उसे देती गई। विश्व का रूप रसमय हो गया। आकृतियों का आवरण हट गया। रसदेव की आँखें पारदर्शी हो गईं। आज रसदेव के हृदय की अव्यक्त ध्वनि सार्थक हो गई। वह कोमल पदावली गाने लगा।

नगर में आज बड़ी धूम-धाम है। जिसे देखो, रंगशाला की ओर दौड़ा जा रहा है। रंगशाला के विशिष्ट मञ्च पर सम्पन्न चित्रकार रूपनाथ, ठाटबाट से बैठा है। धनी, शिक्षित और अधिकारी लोग अपने आसनों पर जमे हैं! वीणा और मृदंग की मधुर-ध्वनि के साथ अभिनेत्री ने यवनिका उठते ही पदार्पण किया। नूपुर की झनकारों की लहर ठहर-ठहर कर उठने लगी। उँगली और कलाई, कटि और बाहुमूल स्वर की मरोर से बल खा रहे थे। लोगों ने कहा-"देखने की वस्तु आज ही दिखलाई पड़ी। जीवन का सबसे बड़ा लाभ आज ही मिला।"

कितने सहृदय अपने उछलते हुए हृदय को हाथों से दबाये थे। शालीनता उनके लिए विपत्ति

बन गई थी।

चित्रकार का अन्धभक्त धनकुबेर भी पास ही बैठा था। उसने कहा-"रूपनाथ, इसका एक सुन्दर चित्र बनाकर तुम मुझे दे सकोगे?"

चित्रकार ने देखा, एक अतुलनीय छविराशि! तूलिका इसके समीप पहुँच सकेगी? वह आँखों में अंकित करने लगा। सहसा अभिनेत्री के अधर खुल पड़े। नृत्य-श्वास-श्लथ प्रश्वास क्षण भर के लिए रुके, बाँसुरी बज उठी। वागेश्वरी के स्वरों के कम्पन की लहरें ज्योति-सी बिखरने लगीं। चित्रकार पुकार उठा-"कला!"

परन्तु यह क्या, उसने देखा, कला सजीव चित्र थी। उसकी पूर्णता स्वर-कम्पन के ज्योति-मण्डल में ओतप्रोत थी। उसने पागलों की तरह चिल्लाकर कहा-"मैं असफल हूँ। मैं इस भाव को रूप नहीं दे सकूँगा।" वह उठकर चला गया।

कंगाल रसदेव भी पीछे के मञ्च पर अपने एक साथी के साथ बैठा था। उसने कहा- "रसदेव, यह तो तुम्हारी बनाई हुई, 'स्मृति' नाम की कविता गा रही है; तुम्हारी रसमयी भावुकता ही इस स्वर्गीय संगीत का केन्द्र है, आत्मा है। जैसे वर्णमाला पहनकर आलोक-शिखा नृत्य कर रही है।"

संगीत में उस समय विश्राम था। अभिनेत्री ने वीणा और मृदंग को संकेत से रोककर मूक अभिनय आरम्भ कर दिया था। अपने झलमले अञ्चल को माया-जाल के समान फैलाकर स्मृति की प्रत्यक्ष अनुभूति बन रही थी। कवि की मधुर वाणी उसे सुनाई पड़ी। कवि रसदेव ने अपने साथी से हँसते हुए कहा-"इसकी अन्तिम और मुख्य पदावली यह भूल गई, उसका अर्थ है-मेरी भूल ही तेरा रहस्य है, इसीलिए कितनी ही कल्पनाओं में तुझे खोजता हूँ, देखता हूँ, हे मेरे चिर सुन्दर!"

वह स्मृति में जैसे जग पड़ी। उसने सतृष्ण दृष्टि से उस कहने वाले को खोजा और अपने बधाई के फूल-विजयमाला-उस दूर खड़े कंगाल कवि के चरणों में श्रद्धांजलि के सदृश बिखेरने चाहे।

रसदेव ने गर्वस्फीत सर झुका दिया।

देवदासी

१

'........'
1.3.25

प्रिय रमेश!

परदेस में किसी अपने के घर लौट आने का अनुरोध बड़ी सान्त्वना देता है, परन्तु अब तुम्हारा मुझे बुलाना एक अभिनय-सा है। हाँ, मैं कटूक्ति करता हूँ, जानते हो क्यों? मैं झगडऩा चाहता हूँ, क्योंकि संसार में अब मेरा कोई नहीं है, मैं उपेक्षित हूँ। सहसा अपने का-सा स्वर सुनकर मन में क्षोभ होता है। अब मेरा घर लौटकर आना अनिश्चित है। मैंने '--' के हिन्दी-प्रचार-कार्यालय में नौकरी कर ली है। तुम तो जानते ही हो कि मेरे लिए प्रयाग और '--' बराबर हैं। अब अशोक विदेश में भूखा न रहेगा। मैं पुस्तक बेचता हूँ।

यह तुम्हारा लिखना ठीक है कि एक आने का टिकट लगाकर पत्र भेजना मुझे अखरता है। पर तुम्हारे गाल यदि मेरे समीप होते, तो उन पर पाँचों नहीं तो मेरी तीन उँगलियाँ अपना चिह्न अवश्य ही बना देतीं; तुम्हारा इतना साहस-मुझे लिखते हो कि बेयरिंग पत्र भेज दिया करो! ये सब गुण मुझमें होते, तो मैं भी तुम्हारी तरह प्रेस में प्रूफरीडर का काम करता होता। सावधान, अब कभी ऐसा लिखोगे, तो मैं उत्तर भी न दूँगा।

लल्लू को मेरी ओर से प्यार कर लेना। उससे कह देना कि पेट से बचा सकूँगा, तो एक रेलगाड़ी भेज दूँगा।

यद्यपि अपनी यात्रा का समाचार बराबर लिखकर मैं तुम्हारा मनोरंजन न कर सकूँगा, तो भी सुन लो। '....' में एक बड़ा पर्व है, वहाँ '....' का देवमन्दिर बड़ा प्रसिद्ध है। तुम तो जानते होगे कि दक्षिण में कैसे-कैसे दर्शनीय देवालय हैं, उनमें भी यह प्रधान है। मैं वहाँ कार्यालय की पुस्तकें बेचने के लिए जा रहा हूँ।

तुम्हारा,
अशोक

पुनश्च-

मुझे विश्वास है कि मेरा पता जानने के लिए कोई उत्सुक न होगा। फिर भी सावधान! किसी पर प्रकट न करना।

२

'........'
10.3.25

प्रिय रमेश!

रहा नहीं गया! लो सुनो-मन्दिर देखकर हृदय प्रसन्न हो गया, ऊँचा गोपुरम्, सुदृढ़ प्राचीर, चौड़ी परिक्रमाएँ और विशाल सभा-मण्डप भारतीय स्थापत्य-कला के चूड़ान्त निदर्शन हैं। यह देव-मन्दिर हृदय पर गम्भीर प्रभाव डालता है। हम जानते हैं कि तुम्हारे मन में यहाँ के पण्डों के लिए प्रश्न होगा, फिर भी वे उत्तरीय भारत से बुरे नहीं हैं। पूजा और आरती के समय एक प्रभावशाली वातावरण हृदय को भारावनत कर देता है।

मैं कभी-कभी एकटक देखता हूँ-उन मन्दिरों को ही नहीं, किन्तु उस प्राचीन भारतीय संस्कृति को, जो सर्वोच्च शक्ति को अपनी महत्ता, सौन्दर्य और ऐश्वर्य के द्वारा व्यक्त करना जानती थी। तुमसे कहूँगा, यदि कभी रुपये जुटा सको, तो एक बार दक्षिण के मन्दिरों को अवश्य देखना, देव-दर्शन की कला यहाँ देखने में आती है। एक बात और है, मैं अभी बहुत दिनों तक यहाँ रहूँगा। मैं यहाँ की भाषा भली-भाँति बोल लेता हूँ। मुझे परिक्रमा के भीतर ही एक कोठरी संयोग से मिल गई है। पास में ही एक कुँआ भी है। मुझे प्रसाद भी मन्दिर से ही मिलता है। मैं बड़े चैन से हूँ। यहाँ पुस्तकें बेच भी लेता हूँ, सुन्दर चित्रों के कारण पुस्तकों की अच्छी बिक्री हो जाती है। गोपुरम् के पास ही मैं दूकान फैला देता हूँ और महिलाएँ मुझसे पुस्तकों का विवरण पूछती हैं। मुझे समझाने में बड़ा आनन्द आता है। पास ही बड़े सुन्दर-सुन्दर दृश्य हैं-नदी, पहाड़ और जंगल सभी तो हैं। मैं कभी-कभी घूमने भी चला जाता हूँ। परन्तु उत्तरीय भारत के समान यहाँ के देवविग्रहों के समीप हम लोग नहीं जा सकते। दूर से ही दीपालोक में उस अचल मूर्ति की झाँकी हो जाती है। यहाँ मन्दिरों में संगीत और नृत्य का भी आनन्द रहता है। बड़ी चहल-पहल है। आजकल यात्रियों के कारण और भी सुन्दर-सुन्दर प्रदर्शन होते हैं।

तुम जानते हो कि मैं अपना पत्र इतना सविस्तार क्यों लिख रहा हूँ!-तुम्हारे कृपण और संकुचित हृदय में उत्कण्ठा बढ़ाने के लिए! मुझे इतना ही सुख सही।

तुम्हारा,
अशोक

३

' .... '
17.3.25

प्रिय रमेश!

समय की उलाहना देने की प्राचीन प्रथा को मैं अच्छा नहीं समझता। इसलिए जब वह शुष्क मांसपेशी अलग दिखाने वाला, चौड़ी हड्डियों का अपना शरीर लठिया के बल पर टेकता हुआ, चिदम्बरम् नाम का पण्डा मेरे समीप बैठकर अपनी भाषा में उपदेश देने लगता है, तो मैं घबरा जाता हूँ। वह समय का एक दुर्दृश्य चित्र खींचकर, अभाव और आपदाओं का उल्लेख करके विभीषिका उत्पन्न करता है। मैं उनसे मुक्त हूँ ; भोजन मात्र के लिए अर्जन करके सन्तुष्ट घूमता हूँ-सोता हूँ। मुझे समय की क्या चिन्ता है। पर मैं यह जानता हूँ कि वही मेरा सहायक है-मित्र है, इतनी आत्मीयता दिखलाता है कि मैं उसकी उपेक्षा नहीं कर सकता। अहा, एक बात तो लिखना मैं भूल ही गया था! उसे अवश्य लिखूँगा क्योंकि तुम्हारे सुने बिना मेरा सुख अधूरा रहेगा। मेरे सुख को मैं ही जानूँ, तब उसमें धरा ही क्या है, जब तुम्हें उसकी डाह न हो! तो सुनो- सभा-मण्डप के शिल्प-रचनापूर्ण स्तम्भ से टिकी हुई एक उज्ज्वल श्यामवर्ण की बालिका को अपनी पतली बाहुलता के सहारे घुटने को छाती से लगाये प्राय: बैठी हुई देखता हूँ। स्वर्ण-मल्लिका की माला उसके जूड़े से लगी रहती है। प्राय: वह कुसुमाभरण-भूषिता रहती है। उसे देखने का मुझे चस्का लग गया है। वह मुझसे हिन्दी सीखना

चाहती है। मैं तुमसे पूछता हूँ कि उसे पढ़ाना आरम्भ कर दूँ? उसका नाम है पद्मा। चिदम्बरम् और पद्मा में खूब पटती है, वह हरिनी की तरह झिझकती भी है। पर न जाने क्यों मेरे पास आ बैठती है, मेरी पुस्तकें उलट-पलट देती है। मेरी बातें सुनते-सुनते वह ऐसी हो जाती है, जैसे कोई आलाप ले रही हो और मैं प्राय: आधी बात कहते-कहते रुक जाता हूँ। इसका अनुभव मुझे तब होता है, जब मेरे दृष्टि-पथ से वह हट जाती है। उसे देखकर मेरे हृदय में कविता करने की इच्छा होती है, यह क्यों? मेरे हृदय का सोता हुआ सौन्दर्य जाग उठता है। तुम मुझे नीच समझोगे और कहोगे कि अभागे अशोक के हृदय की स्पर्द्धा तो देखो! पर मैं सच कहता हूँ, उसे देखने पर मैं अनन्त ऐश्वर्यशाली हो जाता हूँ।

हाँ, वह मन्दिर में नाचती और गाती है। और भी बहुत-सी हैं, पर मैं कहूँगा, वैसी एक भी नहीं। लोग उसे देवदासी पद्मा कहते हैं, वे अधम हैं; वह देवबाला पद्मा है!

वही,

अशोक

४

‘........’

28.3.25

प्रिय रमेश!

तुम्हारा उलाहना निस्सार है। मैं इस समय केवल पद्मा को समझ सकता हूँ। फिर अपने या तुम्हारे कुशल-मंगल की चर्चा क्यों करूँ? तुम उसका रूप-सौन्दर्य पूछते हो, मैं उसका विवरण देने में असमर्थ हूँ। हृदय में उपमाएँ नाचकर चली जाती हैं, ठहरने नहीं पातीं कि मैं लिपि-बद्ध करूँ। वह एक ज्योति है, जो अपनी महत्ता और आलोक में अपना अवयव छिपाये रखती है। केवल तरल, नील, शुभ्र और करुण आँखें मेरी आँखों से मिल जाती हैं, मेरी आँखों में श्यामा कादम्बिनी की शीतलता छा जाती है। और संसार के अत्याचारों से निराश इस झंझरीदार कलेजे के वातायन से वह स्निग्ध मलयानिल के झोंके की तरह घुस आती है। एक दिन की घटना लिखे बिना नहीं रहा जाता- मैं अपनी पुस्तकों की दूकान फैलाये बैठा था। गोपुरम् के समीप ही वह कहीं से झपटी हुई चली आती थी। दूसरी ओर से एक युवक उसके सामने आ खड़ा हुआ। वह युवक, मन्दिर का कृपा-भाजन एक धनी दर्शनार्थी था; यह बात उसके कानों के चमकते हुए हीरे के 'टप' से प्रकट थी। वह बेरोक-टोक मन्दिर में चाहे जहाँ आता-जाता है। मन्दिर में प्राय: लोगों को उससे कुछ मिलता है; सब उसका सम्मान करते हैं। उसे सामने देखकर पद्मा को खड़ी होना पड़ा। उसने बड़ी नीच मुखाकृति से कुछ बातें कहीं, किन्तु पद्मा कुछ न बोली। फिर उसने स्पष्ट शब्दों में रात्रि को अपने मिलने का स्थान निर्देश किया। पद्मा ने कहा-“ मैं नहीं आ सकूँगी।” वह लाल-पीला होकर बकने लगा। मेरे मन में क्रोध का धक्का लगा, मैं उठकर उसके पास चला आया। वह मुझे देखकर हटा तो, पर कहता गया कि-“ अच्छा देख लूँगा!”

उस नील-कमल से मकरन्द-बिन्द टपक रहे थे। मेरी इच्छा हुई कि वह मोती बटोर लूँ। पहली बार मैंने उन कपोलों पर हाथ लगाकर उन्हें लेना चाहा। आह, उन्होंने वर्षा कर दी! मैंने पूछा-“ उससे तुम इतनी भयभीत क्यों हो?”

“ मन्दिर में दर्शन करने वालों का मनोरंजन करना मेरा कर्तव्य है; मैं देवदासी हूँ!”-उसने कहा।

“ यह तो बड़ा अत्याचार है। तुम क्यों यहाँ रहकर अपने को अपमानित करती हो?-मैंने कहा।

“ कहाँ जाऊँ, मैं देवता के लिए उत्सर्ग कर दी गई हूँ!”-उसने कहा।

“ नहीं-नहीं, देवता तो क्या, राक्षस भी मानव-स्वभाव की बलि नहीं लेता-वह तो रक्त-मांस से ही

सन्तुष्ट हो जाता है। तुम अपनी आत्मा और अन्तःकरण की बलि क्यों करती हो?"-मैंने कहा।

" ऐसा न कहो, पाप होगा; देवता रुष्ट होंगे।"-उसने कहा।

" पापों को देवता खोजें, मनुष्य के पास कुछ पुण्य भी है, पद्मा! तुम उसे क्यों नहीं खोजती हो? पापों का न करना ही पुण्य नहीं। तुम अपनी आत्मा की अधिकारिणी हो, अपने हृदय की तथा शरीर की सम्पूर्ण स्वामिनी हो, मत डरो। मैं कहता हूँ कि इससे देवता प्रसन्न होंगे; आशीर्वाद की वर्षा होगी।"-मैंने एक साँस में कहकर देखा कि उसके मस्तक में उज्ज्वलता आ गई है, वह एक स्फूर्ति का अनुभव करने लगी है। उसने कहा-" अच्छा, तो फिर मिलूँगी।"

वह चली गई। मैंने देखा कि बूढ़ा चिदम्बरम् मेरे पीछे खड़ा मुस्करा रहा है। मुझे क्रोध भी आया पर कुछ न बोलकर, मैंने पुस्तक बटोरना आरम्भ किया।

तुम कुछ अपनी सम्मति दोगे?

-अशोक

५

'........'

1.4.25

रमेश!

कल संगीत हो रहा था। मन्दिर आलोक-माला से सुसज्जित था। नृत्य करती हुई पद्मा गा रही थी " नाम-समेतं वृत-संकेतं वादयते मृदु-वेणुं ....।" ओह! वे संगीत-मदिरा की लहरें थीं। मैं उनमें ऊभ-चूभ होने लगा। उसकी कुसुम-आभरण से भूषित अंगलता के सञ्चालन से वायुमण्डल सौरभ से भर जाता था। वह विवश थी, जैसे कुसुमिता लता तीव्र पवन के झोंके से रागों के स्वर का स्पन्दन उसके अभिनय में था। लोग उसे विस्मय-विमुग्ध देखते थे। पर न जाने क्यों, मेरे मन में उद्वेग हुआ, मैं जाकर अपनी कोठरी में पड़ रहा। आज कार्यालय से लौट जाने के लिए पत्र आया था। उसी को विचारता हुआ कब तक आँखें बन्द किये पड़ा रहा, मुझे विदित नहीं, सहसा सायँ-सायँ, फुस-फुस का शब्द सुनाई पड़ा; मैं ध्यान लगाकर सुनने लगा।

ध्यान देने पर मैं जान गया कि दो व्यक्ति बातें कर रहे थे-चिदंबरम् और रामस्वामी नाम का वही धनी युवक। मैं मनोयोग से सुनने लगा-

चिदम्बरम्-तुमने आज तक उसकी इच्छा के विरुद्ध बड़े-बड़े अत्याचार किये हैं, अब जब वह नहीं चाहती, तो तुम उसे क्यों सताते हो?

रामस्वामी-सुनो चिदम्बरम्, सुन्दरियों की कमी नहीं; पर न जाने क्यों मेरा हृदय उसे छोड़कर दूसरी ओर नहीं जाता। वह इतनी निरीह है कि उसे मसलने में आनन्द आता है! एक बार उससे कह दो, मेरी बातें सुन ले, फिर जो चाहे करे।

चिदम्बरम् चला गया और उसकी बातें बन्द हुईं। और सच कहता हूँ, मन्दिर से मेरा मन प्रतिकूल होने लगा। पैरों के शब्द हुए, वही जैसे रोती हुई बोली-" रामस्वामी मुझ पर दया न करोगे?" ओह! कितनी वेदना थी उसके शब्दों में। परन्तु रामस्वामी के हृदय में तीव्र ज्वाला जल रही थी। उसके वाक्यों में लू-जैसी झुलस थी। उसने कहा-पद्मा! यदि तुम मेरे हृदय की ज्वाला समझ सकती, तो तुम ऐसा न कहती। मेरे हृदय की तुम अधिष्ठात्री हो, तुम्हारे बिना मैं जी नहीं सकता। चलो, मैं देवता का कोप सहने के लिए प्रस्तुत हूँ, मैं तुम्हें लेकर कहीं चल चलूँगा।

" देवता का निर्माल्य तुमने दूषित कर दिया है, पहले इसका तो प्रायश्चित्त करो। मुझे केवल देवता

के चरणों में मुरझाये हुए फूल के समान गिर जाने दो। रामस्वामी, ऐसा स्मरण होता है कि मैं भी तुम्हे चाहने लगी थी। उस समय मेरे मन में यह विश्वास था कि देवता यदि पत्थर के न होंगे, तो समझेंगे कि यह मेरे मांसल यौवन और रक्तपूर्ण हृदय की साधारण आवश्यकता है। मुझे क्षमा कर देंगे। परन्तु मैं यदि वैसा पुण्य परिणय कर सकती! आह! तुम इस तपस्वी के कुटी समान हृदय में इतना सौन्दर्य लेकर क्यों अतिथि हुए! रामस्वामी, तुम मेरे दुःखों के मेघ में वज्रपात थे।"

पद्मा रो रही थी। सन्नाटा हो गया। सहसा जाते-जाते रामस्वामी ने कहा-"मैं तुम्हारे बिना नहीं रह सकता!" रमेश! मैं भी पद्मा के बिना नहीं रह सकता; मैंने भी कार्यालय में त्याग-पत्र भेज दिया है। भूखों मरूँगा, पर उपाय क्या है?

-अभागा अशोक

६

'..........'
2.4.25

रमेश!

मैं बड़ा विचलित हो रहा हूँ। एक कराल छाया मेरे जीवन पर पड़ रही है! अदृष्ट मुझे अज्ञात पथ पर खींच रहा है, परन्तु तुमको लिखे बिना नहीं रह सकता।

मधुमास में जंगली फूलों की भीनी-भीनी महक सरिता के कूल की शैलमाला को आलिंगन दे रही थी। मक्खियों की भन्नाहट का कलनाद गुञ्जरित हो रहा था। नवीन पल्लवों के कोमल स्पर्श से वनस्थली पुलकित थी। मैं जंगली जर्द चमेली के अकृत्रिम कुञ्ज के अन्तराल में बैठा, नीचे बहती हुई नदी के साथ बसन्त की धूप का खेल देख रहा था। हृदय में आशा थी। आह! वह अपने तुहिन-जाल से रत्नाकर के सब रत्नों को, आकाश से सब मुक्ताओं को निकाल, खींचकर मेरे चरणों में उझल देती थी। प्रभात की पीली किरणों से हेमगिरि को घसीट ले आती थी; और ले आती थी पद्मा की मौन प्रणय-स्वीकृति। मैं भी आज वन-यात्रा के उत्सव में देवता के भोग-विग्रह के साथ इस वनस्थली में आया था। बहुत-से नागरिक भी आये थे। देव-विग्रह विशाल वट-वृक्ष के नीचे स्थित हुआ और यात्री-दल इधर-उधर नदी-तट के नीचे शैलमाला, कुञ्जों, गह्वरों और घाटियों की हरियाली में छिप गया। लोग आमोद-प्रमोद , पान-भोजन में लग गये। हरियाली के भीतर से कहीं पिकलू, कहीं क्लारेनेट और देवदासियों के कोकिल-कण्ठ का सुन्दर स्वर निकलने लगा। वह कानन नन्दन हो रहा था और मैं उसमें विचरनेवाला एक देवता। क्यों? मेरा विश्वास था कि देवबाला पद्मा यहाँ है। वह भी देव-गृह के आगे-आगे नृत्य-गान करती हुई आई थी।

मैं सोचने लगा-" आह! वह समय भी आयेगा, जब मैं पद्मा के साथ एकान्त में इस कानन में विचरूँगा। वह पवित्र-वह मेरे जीवन का महत्तम योग कब आयेगा?" आशा ने कहा-'उसे आया समझो'। मैं मस्त होकर वंशी बजाने लगा। आज मेरी बाँस की बाँसुरी में बड़ा उन्माद था। वंशी नहीं, मेरा हृदय बज रहा था। चिदम्बरम्-आकर मेरे सामने खड़ा हो गया। वह भी मुग्ध था। उसने कभी मेरी बाँसुरी नहीं सुनी थी। जब मैंने अपनी आसावरी बन्द की, वह बोल उठा-'अशोक, तुम एक कुशल कलावन्त हो।' कहना न होगा कि वह देवदासियों का संगीत-शिक्षक भी था। वह चला गया और थोड़ी ही देर में पद्मा को साथ लिये आया। उसके हाथों में भोजन का सामान भी था। पद्मा को उसने उत्तेजित कर दिया था। वह आते ही बोली-'मुझे भी सुनाओ।' जैसे मैं स्वप्न देखने लगा। पद्मा और मुझसे अनुनय करे! मैंने कहा 'बैठ जाओ।' और जब वह कुसुम-कंकण मण्डित करों पर कपोल धरकर मल्लिका की छाया में आ बैठी, तो मैं बजाने लगा। रमेश, मैंने वंशी नहीं बजाई! सच कहता हूँ , मैं अपनी वेदना श्वासों से निकाल रहा था। इतनी करुण, इतनी स्निग्ध, मैं तानें ले-लेकर उसमें स्वयं पागल हो जाता था।

मेरी आँखों में मदविकार था, मुझे उस समय अपनी पलकें बोझ मालूम होती थीं।

बाँसुरी रखने पर भी उसकी प्रतिध्वनि का सोहाग वन-लक्ष्मी के चारों ओर घूम रहा था। पद्मा ने कहा-'सुन्दर! तुम सचमुच अशोक हो!' वन-लक्ष्मी पद्मा अचल थी। मुझे एक कविता सूझी! मैंने कहा-पद्मा! मैं कठोर पृथ्वी का अशोक, तुम तरल जल की पद्मा! भला अशोक के राग-भक्त के नव-पल्लवों में पद्मा का विकास कैसे होगा?

बहुत दिनों पर पद्मा हँस पड़ी। उसने कहा-'अशोक, तुम लोगों की वचन-चातुरी सीखूँगी। कुछ खा लो।' वह देती गई, मैं खाता गया। जब हम स्वस्थ होकर बैठे तो देखा, चिदम्बरम् चला गया है, पद्मा नीचे सिर किये अपने नखों को खुरच रही है। हम लोग सबसे ऊँचे कगारे पर थे। नदी की ओर ढालुवाँ पहाड़ी कगार था! मेरे सामने संसार एक हरियाली थी। सहसा रामास्वामी ने आकर कहा-'पद्मा, आज मुझे मालूम हुआ कि तुम उत्तरी दरिद्र पर मरती हो।' पद्मा ने छलछलाई आँखों से उसकी ओर देखकर कहा-'रामास्वामी! तुम्हारे अत्याचारों का कहीं अन्त है?'

'सो नहीं हो सकता। उठो, अभी मेरे साथ चलो।'

'ओह,! नहीं, तुम क्या मेरी हत्या करोगे? मुझे भय लगता है!

'मैं कुछ नहीं करूँगा। चलो, मैं इसके साथ तुम्हें नहीं देख सकता।' कहकर उसने पद्मा का हाथ पकड़कर घसीटा। वह कातर दृष्टि से मुझे देखने लगी। उस दृष्टि में जीवन भर के लिये किये गये अत्याचारों का विवरण था। उन्मत्त पिशाच-सदृश बल से मैंने रामास्वामी को धक्का दिया। और मैंने हतबुद्धि होकर देखा, वह तीन सौ फीट नीचे चूर होता हुआ नदी के खरस्त्रोत में जा गिरा, यद्यपि मेरी वैसी इच्छा न थी। पद्मा ने आकर मेरी ओर भयपूर्ण नेत्रों से देखा और अवाक्! उसी समय चिदम्बरम् ने मेरा हाथ पकड़ लिया। पद्मा से कहा-'तुम देवदासियों में जाकर मिलो। सावधान! एक शब्द मुँह से न निकले। मैं अशोक को लेकर नगर की ओर जाता हूँ।' वह बिना उत्तर की प्रतीक्षा किये मुझे घसीटता ले चला। मैं नहीं जानता कि मैं कैसे घर पहुँचा। मैं कोठरी में अचेत पड़ा रहा। रात भर वैसे ही रहा। प्रभात होते ही तुम्हें पत्र लिख रहा हूँ। मैंने क्या किया! रमेश! तुम कुछ लिखो, मैं क्या करूँ!

-अधम अशोक

७

'........'

8.4.25

प्रिय रमेश!

तुम्हारा यह लिखना कि 'सावधान बनो! पत्र में ऐसी बातें अब न लिखना।' व्यर्थ है। मुझे भय नहीं, जीवन की चिन्ता नहीं।

नगर-भर में केवल यही जनश्रुति फैली है कि 'रामास्वामी उस दिन से कहीं चला गया है और वह पद्मा के प्रेम से हताश हो गया था।' मैं किंकर्तव्यविमूढ़ हूँ। चिदम्बरम् मुझे दो मुट्ठी भात खिलाता है। मैं मन्दिर के विशाल प्रांगण में कहीं-न-कहीं बैठा रहता हूँ। चिदम्बरम् जैसे मेरे उस जन्म का पिता है। परन्तु पद्मा, अहा! उस दिन से मैंने उसे गाते और नाचते नहीं देखा। वह प्राय: सभा-मण्डल के स्तम्भ में टिकी हुई, दोनो हाथों में अपने एक घुटने को छाती से लगाये अर्द्ध स्वप्रावस्था में बैठी रहती है। उसका मुख विवर्ण, शरीर क्षीण, पलक, अपांग और उसके श्वास में यान्त्रिक स्पन्दन है। नये यात्री कभी-कभी उसे देखकर भ्रम करते होंगे कि वह भी कोई प्रतिमा है। और मैं सोचता हूँ कि मैं हत्यारा हूँ। स्नेह से स्नान कर लेता हूँ, घृणा से मुँह ढँक लेता हूँ। उस घटना के बाद से हम तीनों में कभी इसकी चर्चा नहीं हुई। क्या सचमुच पद्मा रामास्वामी को चाहती थी? मेरे प्यार ने भी उसका अपकार

ही किया, और मैं? ओह! वह स्वप्न कैसा सुन्दर था!

रमेश! मैं? देवता की ओर देख भी नहीं सकता। सोचता हूँ कि मैं पागल हो जाऊँगा। फिर मन में आता है कि पद्मा भी बावली हो जायगी। परन्तु मैं पागल न हो सकूँगा; क्योंकि मैं पद्मा से कभी अपना प्रणय नहीं प्रकट कर सका। उससे एक बार कह देने की कामना है-पद्मा, मैं तुम्हारा प्रेमी हूँ। तुम मेरे लिए सुहागिनी के कुंकुम-बिन्द के समान पवित्र, इस मन्दिर के देवता की तरह भक्ति की प्रतिमा और मेरे दोनों लोक की निगूढ़तम आकांक्षा हो।

पर वैसा होने का नहीं। मैं पूछता हूँ कि पद्मा और चिदम्बरम् ने मुझे फाँसी क्यों नहीं दिलायी?

रमेश! अशोक विदा लेता है। वह पत्थर के मन्दिर का एक भिखारी है। अब वैसा नहीं कि तुम्हें पत्र लिखूँ और किसी से माँगूँगा भी नहीं। अधम, नीच अशोक लल्लू को किस मुँह से आशीर्वाद दे?

-हतभाग्य अशोक

समुद्र-संतरण

क्षितिज में नील जलधि और व्योम का चुम्बन हो रहा है। शान्त प्रदेश में शोभा की लहरियाँ उठ रही है। गोधूली का करुण प्रतिबिम्ब, बेला की बालुकामयी भूमि पर दिगन्त की तीक्षा का आवाहन कर रहा है।

नारिकेल के निभृत कुञ्जों में समुद्र का समीर अपना नीड़ खोज रहा था। सूर्य लज्जा या क्रोध से नहीं, अनुराग से लाल, किरणों से शून्य, अनन्त रसनिधि में डूबना चाहता है। लहरियाँ हट जाती हैं। अभी डूबने का समय नहीं है, खेल चल रहा है।

सुदर्शन प्रकृति के उस महा अभिनय को चुपचाप देख रहा है। इस दृश्य में सौन्दर्य का करुण संगीत था। कला का कोमल चित्र नील-धवल लहरों में बनता-बिगड़ता था। सुदर्शन ने अनुभव किया कि लहरों में सौर-जगत् झोंके खा रहा है। वह उसे नित्य देखने आता; परन्तु राजकुमार के वेष में नहीं। उसके वैभव के उपकरण दूर रहते। वह अकेला साधारण मनुष्य के समान इसे देखता, निरीह छात्र के सदृश इस गुरु दृश्य से कुछ अध्ययन करता। सौरभ के समान चेतन परमाणुओं से उसका मस्तक भर उठता। वह अपने राजमन्दिर को लौट जाता।

सुदर्शन बैठा था किसी की प्रतीक्षा में। उसे न देखते हुए, मछली फँसाने का जाल लिये, एक धीवर-कुमारी समुद्र-तट के कगारों पर चढ़ रही थी, जैसे पंख फैलाये तितली। नील भ्रमरी-सी उसकी दृष्टि एक क्षण के लिए कहीं नहीं ठहरती थी। श्याम-सलोनी गोधूली-सी वह सुन्दरी सिकता में अपने पद-चिह्न छोड़ती हुई चली जा रही थी।

राजकुमार की दृष्टि उधर फिरी। सायंकाल का समुद्र-तट उसकी आँखों में दृश्य के उस पार की वस्तुओं का रेखा-चित्र खींच रहा था। जैसे; वह जिसको नहीं जानता था, उसको कुछ-कुछ समझने लगा हो, और वही समझ, वही चेतना एक रूप रखकर सामने आ गई हो। उसने पुकारा-"सुन्दरी!"

जाती हुई सुन्दरी धीवर-बाला लौट आई। उसके अधरों में मुस्कान, आँखों में क्रीड़ा और कपोलों पर यौवन की आभा खेल रही थी, जैसे नील मेघ-खण्ड के भीतर स्वर्ण-किरण अरुण का उदय।

धीवर-बाला आकर खड़ी हो गई। बोली-"मुझे किसने पुकारा?"

"मैंने।"

"क्या कहकर पुकारा?"

"सुन्दरी!"

"क्यों, मुझमें क्या सौन्दर्य है? और है भी कुछ, तो क्या तुमसे विशेष?"

"हाँ, मैं आज तक किसी को सुन्दरी कहकर नहीं पुकार सका था, क्योंकि यह सौन्दर्य-विवेचना मुझमें अब तक नहीं थी।"

"आज अकस्मात् यह सौन्दर्य-विवेक तुम्हारे हृदय में कहाँ से आया?"

"तुम्हें देखकर मेरी सोई हुई सौन्दर्य-तृष्णा जाग गई।"

"परन्तु भाषा में जिसे सौन्दर्य कहते हैं, वह तो तुममें पूर्ण है।"

"मैं यह नहीं मानता, क्योंकि फिर सब मुझी को चाहते, सब मेरे पीछे बावले बने घूमते। यह तो नहीं हुआ। मैं राजकुमार हूँ; मेरे वैभव का प्रभाव चाहे सौन्दर्य का सृजन कर देता हो, पर मैं उसका स्वागत नहीं करता। उस प्रेम-निमन्त्रण में वास्तविकता कुछ नहीं।"

"हाँ, तो तुम राजकुमार हो! इसी से तुम्हारा सौन्दर्य सापेक्ष है।"

"तुम कौन हो?"

"धीवर-बालिका।"

"क्या करती हो?"

"मछली फँसाती हूँ।"-कहकर उसने जाल को लहरा दिया।

"जब इस अनन्त एकान्त में लहरियों के मिस प्रकृति अपनी हँसी का चित्र दत्तचित्त होकर बना रही, तब तुम उसके अञ्चल में ऐसा निष्ठुर काम करती हो?"

"निष्ठुर है तो, पर मैं विवश हूँ। हमारे द्वीप के राजकुमार का परिणय होने वाला है। उसी उत्सव के लिए सुनहली मछलियाँ फँसाती हूँ। ऐसी ही आज्ञा है।"

"परन्तु वह ब्याह तो होगा नहीं।"

"तुम कौन हो?"

"मैं भी राजकुमार हूँ। राजकुमारों को अपने चक्र की बात विदित रहती है, इसलिए कहता हूँ।"

धीवर-बाला ने एक बार सुदर्शन के मुख की ओर देखा, फिर कहा-

"तब तो मैं इन निरीह जीवों को छोड़ देती हूँ।"

सुदर्शन ने कुतूहल से देखा, बालिका ने अपने अञ्चल से सुनहली मछलियों की भरी हुई मूठ समुद्र में बिखेर दी; जैसे जल-बालिका वरुण के चरण में स्वर्ण-सुमनों का उपहार दे रही हो। सुदर्शन ने प्रगल्भ होकर उसका हाथ पकड़ लिया, और कहा- "यदि मैंने झूठ कहा, तो?"

"तो कल फिर जाल डालूँगी।"

"तुम केवल सुन्दरी ही नहीं, सरल भी हो।"

"और तुम वञ्चक हो।"-कहकर धीवर-बाला ने एक निश्वास ली, और सन्ध्या के समय अपना मुख फेर लिया। उसकी अलकावली जाल के साथ मिलकर निशीथ का नवीन अध्याय खोलने लगी। सुदर्शन सिर नीचा करके कुछ सोचने लगा। धीवर-बालिका चली गई। एक मौन अन्धकार टहलने लगा। कुछ काल के अन्तर दो व्यक्ति एक अश्व लिये आये। सुदर्शन से बोले-"श्रीमन, विलम्ब हुआ। बहुत-से निमन्त्रित लोग आ रहे हैं। महाराज ने आपको स्मरण किया है।"

"मेरा यहाँ पर कुछ खो गया है, उसे ढूँढ़ लूँगा, तब लौटूँगा।"

"श्रीमन, रात्रि समीप है।"

"कुछ चिन्ता नहीं, चन्द्रोदय होगा।"

"हम लोगों को क्या आज्ञा है?"

"जाओ।

सब लोग गये। राजकुमार सुदर्शन बैठा रहा। चाँदी का थाल लिये रजनी समुद्र से कुछ अमृत-भिक्षा लेने आई। उदार सिन्धु देने के लिए उमड़ उठा। लहरियाँ सुदर्शन के पैर चूमने लगीं। उसने

देखा, दिगन्त-विस्तृत जलराशि पर कोई गोल और धवल पाल उड़ाता हुआ अपनी सुन्दर तरणी लिए हुए आ रहा है। उसका विषय-शून्य हृदय व्याकुल हो उठा। उत्कट प्रतीक्षा-दिगन्त-गामिनी अभिलाषा-उसकी जन्मान्तर की स्मृति बनकर उस निर्जन प्रकृति में रमणीयता की-समुद्र-गर्जन में संगीत की सृष्टि करने लगी। धीरे-धीरे उसके कानों में एक कोमल अस्फुट नाद गूँजने लगा। उस दूरागत स्वर्गीय संगीत ने उसे अभिभूत कर दिया। नक्षत्र-मालिनी प्रकृति हीरे-नीलम से जड़ी पुतली के समान उसकी आँखों का खेल बन गई।

सुदर्शन ने देखा, सब सुन्दर है। आज तक जो प्रकृति उदास चित्र बनकर सामने आती थी, वह उसे हँसती हुई मोहनी और मधुर सौन्दर्य से ओतप्रोत दिखाई देने लगी। अपने में और सबमें फैली हुई उस सौन्दर्य की विभूति को देखकर सुदर्शन की तन्मयता उत्कण्ठा में बदल गई। उसे उन्माद हो चला। इच्छा होती थी कि वह समुद्र बन जाय। उसकी उद्वेलित लहरों से चन्द्रमा की किरणें खेलें और वह हँसा करे। इतने में ध्यान आया उस धीवर-बालिका का। इच्छा हुई कि वह भी वरुण-कन्या सी चन्द्रकिरणों से लिपटी हुई उसके विशाल वक्षस्थल में विहार करे। उसकी आँखों में गोल धवल पालवाली नाव समा गई, कानों में अस्फुट संगीत भर गया। सुदर्शन उन्मत्त था। कुछ पद-शब्द सुनाई पड़े। उसे ध्यान आया कि मुझे लौटा ले जाने के लिए कुछ लोग आ रहे हैं। वह चञ्चल हो उठा, फेनिल जलधि में फाँद पड़ा। लहरों में तैर चला।

बेला से दूर-चारों ओर जल-आँखों में वही धवल पाल, कानों में अस्फुट संगीत। सुदर्शन तैरते-तैरते थक चला था। संगीत और वंशी समीप जा रही थी। एक छोटी मछली पकड़ने की नाव आ रही थी। पास जाने पर देखा, धीवर-बाला वंशी बजा रही है और नाव अपने मन से चल रही है।

धीवर-बाला ने कहा-आओगे?

लहरों को चीरते हुए सुदर्शन ने पूछा-कहाँ ले चलोगी?

पृथ्वी से दूर जल-राज्य में; जहाँ कठोरता नहीं; केवल शीतल, कोमल और तरल आलिंगन है; प्रवञ्चना नहीं, सीधा आत्मविश्वास है; वैभव नहीं, सरल सौन्दर्य है।

धीरव-बाला ने हाथ पकड़कर सुदर्शन को नाव पर खींच लिया। दोनों हँसने लगे। चन्द्रमा और जलनिधि भी।

वैरागी

पहाड़ की तलहटी में एक छोटा-सा समतल भूमिखण्ड था। मौलसिरी, अशोक, कदम और आम के वृक्षों का एक हरा-भरा कुटुम्ब उसे आबाद किये हुए था। दो-चार छोटे-छोटे फूलों के पौधे कोमल मृत्तिका के थालों में लगे थे। सब आर्द्र और सरल थे। तपी हुई लू और प्रभात का मलय-पवन, एक क्षण के लिए इस निभृत कुञ्ज में विश्राम कर लेते। भूमि लिपी हुई स्वच्छ, एक तिनके का कहीं नाम नहीं और सुन्दर वेदियों और लता-कुञ्जों से अलंकृत थी।

यह एक वैरागी की कुटी थी, और तृण-कुटीर-उस पर लता-वितान, कुशासन और कम्बल, कमण्डल और वल्कल उतने ही अभिराम थे, जितने किसी राज-मन्दिर में कला-कुशल शिल्पी के उत्तम शिल्प।

एक शिला-खण्ड पर वैरागी पश्चिम की ओर मुँह किये ध्यान में निमग्न था। अस्त होने वाले सूर्य की अन्तिम किरणें उसकी बरौनियों में घुसना चाहती थीं, परन्तु वैरागी अटल, अचल था, बदन पर मुस्कराहट और अंग पर ब्रह्मचर्य की रुक्षता थी। यौवन की अग्नि निर्वेद की राख से ढँकी थी। शिलाखण्ड के नीचे ही पगडण्डी थी। पशुओं का झुण्ड उसी मार्ग से पहाड़ी गोचर-भूमि से लौट रहा था। गोधूलि मुक्त गगन के अंक में आश्रय खोज रही थी। किसी ने पुकारा-"आश्रय मिलेगा?"

वैरागी का ध्यान टूटा। उसने देखा, सचमुच मलिन-वसना गोधूलि उसके आश्रम में आश्रय मांग रही है। अञ्चल छिन्न बालों की लटें, फटे हुए कम्बल के समान मांसल वक्ष और स्कन्ध को ढँकना चाहती थीं। गैरिक वसन जीर्ण और मलिन। सौन्दर्य-विकृत आँखे कह रही थीं कि, उन्होंने उमँग की रातें जगते हुए बिताई हैं। वैरागी अकस्मात् आँधी के झोंके में पड़े हुए वृक्ष के समान तिलमिला गया। उसने धीरे से कहा-"स्वागत अतिथि! आओ।"

रजनी के घने अन्धकार में तृण-कुटीर, वृक्षावली, जगमगाते हुए नक्षत्र धुँधले चित्रपट के सदृश प्रतिभासित हो रहे थे। स्त्री अशोक के नीचे वेदी पर बैठी थी, वैरागी अपने कुटीर के द्वार पर।

स्त्री ने पूछा-"जब तुमने अपना सोने का संसार पैरों से ठुकरा दिया, पुत्र-मुख-दर्शन का सुख, माता का अंक, यशविभव, सब छोड़ दिया, तब तुच्छ भूमिखण्ड पर इतनी ममता क्यों? इतना परिश्रम, इतना यत्न किसलिए?"

"केवल तुम्हारे-जैसे अतिथियों की सेवा के लिए। जब कोई आश्रयहीन महलों से ठुकरा दिया जाता है, तब उसे ऐसे ही आश्रय-स्थान अपने अंक में विश्राम देते हैं। मेरा परिश्रम सफल हो जाता है-जब कोई कोमल शय्या पर सोनेवाला प्राणी इस मुलायम मिट्टी पर थोड़ी देर विश्राम करके सुखी हो जाता है।"

"कब तक तुम ऐसा करोगे?"

"अनन्त काल तक प्राणियों की सेवा का सौभाग्य मुझे मिले!"

"तुम्हारा आश्रय कितने दिनों के लिए है?"

"जब तक उसे दूसरा आश्रय न मिले।"

"मुझे इस जीवन में कहीं आश्रय नहीं, और न मिलने की सम्भावना है।"

"जीवन-भर?"-आश्चर्य से वैरागी ने पूछा।

"हाँ।"-युवती के स्वर में विकृति थी।

"क्या तुम्हें ठण्ड लग रही है?"- वैरागी ने पूछा।

"हाँ।"-उसी प्रकार उत्तर मिला।

वैरागी ने कुछ सूखी लकड़ियाँ सुलगा दीं। अन्धकार-प्रदेश में दो-तीन चमकीली लपटें उठने लगीं। एक धुँधला प्रकाश फैल गया। वैरागी ने एक कम्बल लाकर स्त्री को दिया। उसे ओढ़क़र वह बैठ गई। निर्जन प्रान्त में दो व्यक्ति। अग्नि-प्रज्वलित पवन ने एक थपेड़ा दिया। वैरागी ने पूछा-'कब तक बाहर बैठोगी?"

"रात बिता कर चली जाऊँगी, कोई आश्रय खोजूँगी; क्योंकि यहाँ रहकर बहुतों के सुख में बाधा डालना ठीक नहीं। इतने समय के लिए कुटी में क्यों आऊँ?"

वैरागी को जैसे बिजली का धक्का लगा। वह प्राणपण से बल संकलित करके बोला-"नहीं-नहीं, तुम स्वतन्त्रता से यहाँ रह सकती हो।"

"इस कुटी का मोह तुमसे नहीं छूटा। मैं उसमें समभागी होने का भय तुम्हारे लिए उत्पन्न न करूँगी।"-कहकर स्त्री ने सिर नीचा कर लिया। वैरागी के हृदय में सनसनी हो रही थी। वह न जाने क्या कहने जा रहा था, सहसा बोल उठा-

"मुझे कोई पुकारता है, तुम इस कुटी को देखना!"-यह कहकर वैरागी अन्धकार में विलीन हो गया। स्त्री अकेली रह गई।

पथिक लोग बहुत दिन तक देखते रहे कि एक पीला मुख उस तृण-कुटीर से झाँककर प्रतीक्षा के पथ में पलक-पाँवड़े बिछाता रहा।

बनजारा

धीरे-धीरे रात खिसक चली, प्रभात के फूलों के तारे चू पड़ना चाहते थे। विन्ध्य की शैलमाला में गिरि-पथ पर एक झुण्ड बैलों का बोझ लादे आता था। साथ के बनजारे उनके गले की घण्टियों के मधुर स्वर में अपने ग्रामगीतों का आलाप मिला रहे थे। शरद ऋतु की ठण्ड से भरा हुआ पवन उस दीर्घ पथ पर किसी को खोजता हुआ दौड़ रहा था।

वे बनजारे थे। उनका काम था सरगुजा तक के जंगलों में जाकर व्यापार की वस्तु क्रय-विक्रय करना। प्राय: बरसात छोड़कर वे आठ महीनें यही उद्यम करते। उस परिचित पथ में चलते हुए वे अपने परिचित गीतों को कितनी ही बार उन पहाड़ी चट्टानों से टकरा चुके थे। उन गीतों में आशा, उपालम्भ, वेदना और स्मृतियों की कचोट, ठेस और उदासी भरी रहती।

सबसे पीछेवाले युवक ने अभी अपने आलाप को आकाश में फैलाया था; उसके गीत का अर्थ था-

"मैं बार-बार लाभ की आशा से लादने जाता हूँ; परन्तु है उस जंगल की हरियाली में अपने यौवन को छिपानेवाली कोलकुमारी, तुम्हारी वस्तु बड़ी महँगी है! मेरी सब पूँजी भी उसको क्रय करने के लिए पर्याप्त नहीं। पूँजी बढ़ाने के लिए व्यापार करता हूँ; एक दिन धनी होकर आऊँगा; परन्तु विश्वास है कि तब भी तुम्हारे सामने रंक ही रह जाऊँगा!"

आलाप लेकर वह जंगली वनस्पतियों की सुगन्ध में अपने को भूल गया। यौवन के उभार में नन्द अपरिचित सुखों की ओर जैसे अग्रसर हो गया था। सहसा बैलों की श्रेणी के अग्रभाग में हल-चल मची। तड़ातड़ का शब्द, चिल्लाने और कूदने का उत्पात होने लगा। नन्द का सुख-स्वप्न टूट गया, "बाप रे, डाका!"-कहकर वह एक पहाड़ी की गहराई में उतरने लगा। गिर पड़ा, लुढ़कता हुआ नीचे चला। मूर्च्छित हो गया।

हाकिम परगना और इंजीनियर का पड़ाव अधिक दूर न था। डाका पड़नेवाला स्थान दूसरे ही दिन भीड़ से भर गया। गोड़ैत और सिपाहियों की दौड़-धूप चलने लगी। छोटी-सी पहाड़ी के नीचे, फूस की झोपड़ी में, ऊषा किरणों का गुच्छा सुनहले फूल के सदृश झूलने लगा था। अपने दोनो हाथों पर झुकी हुई एक साँवली-सी युवती उस आहत पुरुष के मुख को एकटक देख रही थी। धीरे-धीरे युवती के मुख पर मुस्कराहट और पुरुष के मुख पर सचेष्टता के लक्षण दिखलाई देने लगे। पुरुष ने आँखे खोल दी। युवती पास ही धरा हुआ गरम दूध उसके मुँह में डालने लगी। और युवक पीने लगा।

युवक की उतनी चोट नहीं थी, जितना वह भय से आक्रान्त था। वह दूध पीकर स्वस्थ हो चला था। उठने की चेष्टा करते हुए पूछा-"मोनी, तुम हो!"

"हाँ, चुप रहो।"

"अब मैं चंगा हो गया हूँ, कुछ डरने की बात नहीं।" अभी युवक इतना ही कह पाया था कि एक कोल-चौकीदार की क्रूर आँखें झोपड़ी में झाँकने लगी। युवक ने उसे देखा। चौकीदार ने हँसकर कहा-"वाह मोनी! डाका भी डलवाती हो और दया भी करती हो! बताओ तो, कौन-कौन थे; साहब पूछ रहे हैं!"

मोनी की आँखें चढ़ गयीं। उसने दाँत पीसकर कहा-"तुम पाजी हो! जाओ, मेरी झोपड़ी में से निकल जाओ!"

"हाँ, यह कहो। तो तुम्हारा मन रीझ गया है इस पर, यह तो कभी-कभी तुम्हारा प्याज-मेवा लेने आता था न!"-चौकीदार ने कहा।

घायल बाघिनी-सी वह तड़प उठी। चौकीदार कुछ सहमा। परन्तु वह पूरा काइयाँ था, अपनी बात का रुख बदलकर वह युवक से कहने लगा-"क्यों जी, तुम्हारा भी तो लूटा गया है, कुछ तुम्हें भी चोट आई है! चलो, साहब से अपना हाल कहो। बहुत से माल का पता लगा है; चलकर देखो तो!"

"क्यों मोनी! अब जेल जाओगी न? बोलो; अब से भी अच्छा है। हमारी बात मान जाओ।"-चौकीदार ने पड़ाव से दूर हथकड़ी से जकड़ी हुई मोनी से कहा। मोनी अपनी आँखों की स्याही सन्ध्या की कालिमा में मिला रही थी। पेड़ों के उस झुरमुट में दूर वह बनजारा भी खड़ा था। एक बार मोनी ने उसकी ओर देखा, उसके ओठ फड़क उठे। वह बोली-"मैं किसी को नहीं जानती, और नहीं जानती थी कि उपकार करने जाकर यह अपमान भोगना पड़ेगा!" फिर जेल की भीषणता स्मरण करके वह दीनता से बोली-"चौकीदार! मेरी झोपड़ी और सब पेड़ ले लो; मुझे बचा दो!"

चौकीदार हँस पड़ा। बोला-मुझे वह सब न चाहिए; बोलो, तुम मेरी बात मानोगी, वही...."

मोनी ने चिल्लाकर कहा-"नहीं, कभी नहीं!"

नर-पिशाच चौकीदार ने बेदर्द होकर कई थप्पड़ लगाये, पर मोनी न रोई, न चिल्लायी। वह हठी लड़के की तरह उस मारनेवाले का मुँह देख रही थी।

हाकिम परगना एक अच्छे सिविलियन थे। वे कैम्प से टहलने के लिए गये थे; नन्द ने न-जाने उनसे हाथ जोड़ते हुए क्या कहा, वे उधर ही चल पड़े, जहाँ मोनी थी।

सब बातें समझकर साहब ने मोनी की हथकड़ी खोलते हुए चौकीदार की पीठ पर दो-तीन बेंत जमाये, और कहा-"देख बदमाश! आज तो तुझे छोड़ता हूँ, फिर इस तरह का कोई काम किया, तो तुझसे चक्की ही पिसवाऊँगा। असली डाकुओं का पता लगाओ।"

मोनी पड़ाव से चली गई। और नन्द अपना बैल पहचानकर ले चला! वह फिर बराबर अपने उस व्यापार में लगा रहा।

कई महीने बाद- एक दिन फिर प्याज-मेवा लेने की लालच में नन्द उसी मोनी की झोपड़ी की ओर पहुँचा। वहाँ जाकर उसने देखा-झोपड़ी से सब पत्ते के छाजन तितर-बितर होकर बिखर रहे हैं और पत्थर के ढोंके अब-तब गिरना चाहते हैं। भीतर कूड़ा है, जहाँ वह पहले जंगली वस्तुओं का ढेर देखा करता था। उसने पुकारा-"मोनी!" कोई उत्तर न मिला। नन्द लौटकर अपने पथ पर आने लगा।

सामने देखा-पहाड़ी नदी के तट पर बैठी हुई मोनी को! वह हँसता हुआ फूल कुम्हला गया था अपने दोनों पैर नदी में डाले बैठी थी। नन्द ने पुकारा-"मोनी!" वह फिर भी कुछ न बोली। अब वह पास आ गया। मोनी ने देखा। एक बार उसके मुँह पर कुछ तरावट-सी दौड़ गई, फिर सहसा कड़ी धूप निकल आने पर एक बौछार की गीली भूमि जैसे रूखी हो जाती है, वैसे ही उसके मुँह पर धूल उड़ने लगी।

नन्द ने पूछा-"मोनी! प्याज-मेवा है?"

मोनी ने रूखेपन से कहा-"अब मैं नहीं बटोरती, नन्द। बेचने के लिए नहीं इकट्ठा करती।"

नन्द ने पूछा-"क्यों, अब क्या हो गया?"

"जंगल में वही सब तो हम लोगों के भोजन के लिए है, उसे बेच दूँगी, तो खाऊँगी क्या?"

"और पहले क्या था?"

"वह लोभ था; व्यापार करने की, धन बटोरने की इच्छा थी।"

"अब वह इच्छा क्या हुई?"

"अब मैं समझती हूँ कि सब लोग न तो व्यापार कर सकते हैं और न तो सब वस्तु बाजार में बेची जा सकती है।"

"तो मैं लौट जाऊँ?"

"हाँ, लौट जाओ; जब तक ओस की बूंदों से ठण्डी धूल तुम्हारे पैरों में लगे, उतने समय में अपना पथ समाप्त कर लो!"

"लादना छोड़ दूँगा, मोनी!"

"ओहो! यह क्यों? मैं इस पहाड़ी पर निस्तब्ध प्रभाव में घण्टियों के मधुर स्वर की आशा में अनमनी बैठी रहती हूँ। वह पहुँचने का; बोझ उतारने के व्याकुल विश्राम का अनुभव करके सुखी रहती हूँ। मैं नहीं चाहती कि किसी को लादने के लिए मैं बोझ इकट्ठा करूँ; नन्द!"

नन्द हताश था। वह अपने बैलों की खाली पीठ पर हाथ धरे चुपचाप अपने पथ पर चलने लगा।

चूड़ीवाली

१

"अभी तो पहना गई हो।"

"बहूजी, बड़ी अच्छी चूड़ियाँ हैं। सीधे बम्बई से पारसल मँगाया है। सरकार का हुक्म है; इसलिए नयी चूड़ियाँ आते ही चली आती हूँ।"

"तो जाओ, सरकार को ही पहनाओ, मैं नहीं पहनती।"

"बहूजी! जरा देख तो लीजिए।" कहती मुस्कराती हुई ढीठ चूड़ीवाली अपना बक्स खोलने लगी। वह पचीस वर्ष की एक गोरी छरहरी स्त्री थी। उसकी कलाई सचमुच चूड़ी पहनाने के लिए ढली थी। पान से लाल पतले-पतले ओठ दो-तीन वक्रताओं में अपना रहस्य छिपाये हुए थे। उन्हें देखने का मन करता, देखने पर उन सलोने अधरों से कुछ बोलवाने का जी चाहता है। बोलने पर हँसाने की इच्छा होती और उसी हँसी में शैशव का अल्हड़पन, यौवन की तरावट और प्रौढ़ की-सी गम्भीरता बिजली के समान लड़ जाती।

बहूजी को उसकी हँसी बहुत बुरी लगती; पर जब पंजों में अच्छी चूड़ी चढ़ाकर, संकट में फँसाकर वह हँसते हुए कहती-"एक पान मिले बिना यह चूड़ी नहीं चढ़ती।" तब बहूजी को क्रोध के साथ हँसी आ जाती और उसकी तरल हँसी की तरी लेने में तन्मय हो जातीं।

कुछ ही दिनों से यह चूड़ीवाली आने लगी है। कभी-कभी बिना बुलाये ही चली आती और ऐसे ढंग फैलाती कि बिना सरकार के आये निबटारा न होता। यह बहूजी को असह्य हो जाता। आज उसको चूड़ी फँसाते देख बहूजी झल्लाकर बोलीं-"आज-कल दूकान पर ग्राहक कम आते हैं क्या?"

"बहूजी, आज-कल ख़रीदने की धुन में हूँ, बेचती हूँ कम।" इतना कहकर कई दर्जन चूड़ियाँ बाहर सजा दीं। स्लीपरों के शब्द सुनाई पड़े। बहूजी ने कपड़े सम्हाले, पर वह ढीठ चूड़ीवाली बालिकाओं के समान सिर टेढ़ा करके "यह जर्मनी की है, यह फराँसीसी है, यह जापानी है" कहती जाती थी। सरकार पीछे खड़े मुस्करा रहे थे।

"क्या रोज नयी चूड़ियाँ पहनाने के लिए इन्हें हुक्म मिला है?" बहूजी ने गर्व से पूछा।

सरकार ने कहा-"पहनो, तो बुरा क्या है?"

"बुरा तो कुछ नहीं, चूड़ी चढ़ाते हुए कलाई दुखती होगी।" चूड़ीवाली ने सिर नीचा किये कनखियों से देखते हुए कहा! एक लहर-सी लाली आँखों की ओर से कपोलों को तर करती हुई दौड़ जाती थी। सरकार ने देखा, एक लालसा-भरी युवती व्यंग कर रही है। हृदय में हलचल मच गयी, घबराकर बोले-"ऐसा है, तो न पहनें।"

"भगवान करें, रोज पहनें।" चूड़ीवाली आशीर्वाद देने के गम्भीर स्वर में प्रौढ़ा के समान बोली।

"अच्छा, तुम अभी जाओ।" सरकार और चूड़ीवाली दोनों की ओर देखते हुए बहूजी ने झुँझलाकर कहा।

"तो क्या मैं लौट जाऊँ? आप तो कहती थीं न, कि सरकार को ही पहनाओ, तो जरा उनसे पहनने के लिए कह दीजिए"

"निकल मेरे यहाँ से।" कहते हुए बहूजी की आँखे तिलमिला उठी। सरकार धीरे से निकल गये। अपराधी के समान सर नीचा किये चूड़ीवाली अपनी चूड़ियाँ बटोरकर उठी। हृदय की धड़कन में अपनी रहस्यपूर्ण निश्वास छोड़ती हुई चली गयी।

२

चूड़ीवाली का नाम था विलासिनी। वह नगर की एक प्रसिद्ध नर्तकी की कन्या थी। उसके रूप और संगीत-कला की सुख्याति थी, वैभव भी कम न था! विलास और प्रमोद का पर्याप्त सम्भार मिलने पर भी उसे सन्तोष न था। हृदय में कोई अभाव खटकता था, वास्तव में उसकी मनोवृत्ति उसके व्यवसाय के प्रतिकूल थी।

कुलवधू बनने की अभिलाषा हृदय में और दाम्पत्य-सुख का स्वर्गीय स्वप्न उसकी आँखों में समाया था। स्वच्छन्द प्रणय का व्यापार अरुचिकर हो गया। परन्तु समाज उससे हिंस पशु के समान सशंक था। उससे आश्रय मिलना असम्भव जानकर विलासिनी ने छल के द्वारा वही सुख लेना चाहा। यह उसकी सरल आवश्यकता थी, क्योंकि अपने व्यवसाय में उसका प्रेम क्रय करने के लिए बहुत-से लोग आते थे, पर विलासिनी अपना हृदय खोल कर किसी से प्रेम न कर सकती थी।

उन्हीं दिनों सरकार के रूप, यौवन और चारित्र्य ने उसे प्रलोभन दिया। नगर के समीप बाबू विजयकृष्ण की, अपनी जमींदारी में बड़ी सुन्दर अट्टालिका थी। वहीं रहते थे। उनके अनुचर और प्रजा उन्हें सरकार कहकर पुकारती थी। विलासिनी की आँखे विजयकृष्ण पर गड़ गयीं। अपना चिर-सञ्चित मनोरथ पूर्ण करने के लिए वह कुछ दिनों के लिए चूड़ीवाली बन गयी थी।

सरकार चूड़ीवाली को जानते हुए भी अनजान बने रहे। अमीरी का एक कौतुक था, एक खिलवाड़ समझकर उसके आने-जाने में बाधा न देते। विलासिनी के कला-पूर्ण सौन्दर्य ने जो कुछ प्रभाव उनके मन पर डाला था, उसके लिए उनके सुरुचिपूर्ण मन ने अच्छा बहाना खोज लिया था, वे सोचते, 'बहूजी का कुल-वधू-जनोचित सौन्दर्य और वैभव की मर्यादा देखकर चूड़ीवाली स्वयं पराजय स्वीकार कर लेगी और अपना निष्फल प्रयत्न छोड़ देगी, तब तक यह एक अच्छा मनोविनोद चल रहा है!'

चूड़ीवाली अपने कौतूहलपूर्ण कौशल में सफल न हो सकी थी, परन्तु बहूजी के आज के दुर्व्यवहार ने प्रतिक्रिया उत्पन्न कर दी और चोट खाकर उसने सरकार को घायल कर दिया।

३

अब सरकार प्रकाश्य रूप से उसके यहाँ जाने लगे। विलास-रजनी का प्रभात भी चूड़ीवाली के उपवन में कटता। कुल-मर्यादा, लोक-लाज और जमींदारी सब एक ओर और चूड़ीवाली अकेले। दालान में कुर्सियों पर सरकार और चूड़ीवाली बैठकर रात्रि-जागरण का खेद मिटा रहे थे। पास ही अनार का वृक्ष था, उसमें फूल खिले थे। एक बहुत ही छोटी काली चिड़िया उन फूलों में चोंच डालकर मकरन्द पान करती और कुछ केसर खाती, फिर हृदयविमोहक कल-नाद करती हुई उड़ जाती।

सरकार बड़ी देर से कौतुक देख रहे थे, बोले-"इसे पकड़कर पालतू बनाया जाय, तो कैसा?"

"उहूँ, यह फूलसुंघी है। पींजरे में जी नहीं सकती। उसे फूलों का प्रदेश ही जिला सकता है, स्वर्ण-पिंजर नहीं, उसे खाने के लिए फूलों की केसर का चारा और पीने के लिए मकरन्द-मदिरा कौन जुटायेगा?"

"पर इसकी सुन्दर-बोली संगीत-कला की चरम सीमा है; वीणा में भी कोई-कोई मीड़ ऐसी

निकलती होगी। इसे अवश्य पकड़ना चाहिए।"

"जिसमें बाधा नहीं, बन्धन नहीं, जिसका सौन्दर्य स्वच्छन्द है, उस असाधारण प्राकृतिक कला का मूल्य क्या बन्धन हैं? कुरुचि के द्वारा वह कलंकित भले ही हो जाय परन्तु पुरस्कृत नहीं हो सकती। उसे आप पिंजरे में बन्द करके पुरस्कार देंगे या दण्ड?" कहते हुए उसने विजय की एक व्यंग्य-भरी मुस्कान छोड़ी। सरकार की-उस वन-विहंगम को पकड़ने की लालसा बलवती हो उठी। उन्होंने कहा-"जाने भी दो, वह अच्छी कला नहीं जानती।" प्रसंग बदल गया। नित्य का साधारण विनोद-पूर्ण क्रम चला।

४

चूड़ीवाली अपने अभ्यास के अनुसार समझती कि यदि बहूजी की अपार प्रणय सम्पत्ति में से कुछ अंश मैं भी लेती हूँ, तो हानि क्या, परन्तु बहूजी को अपने प्रणय के एकाधिपत्य पर पूर्ण विश्वास था। वह निष्क्रिय प्रतिरोध करने लगीं। राजयक्ष्मा के भयानक आक्रमण से वह घुलने लगीं और सरकार वन-विहंगिनी विलासिनी को स्वायत्त करने में दत्तचित्त हुए। रोगी की शुश्रूषा और सेवा में कोई कमी न थी, परन्तु एक बड़े मुकदमे में सरकार का उधर सर्वस्वान्त हुआ, इधर बहूजी चल बसीं।

चूड़ीवाली ने समझा कि उसकी पूर्ण विजय हुई, पर बात कुछ दूसरी थी। विजयकृष्ण का वह एक विनोद था। जब सब कुछ चला गया, तब विनोद लेकर क्या होगा। एक दिन चूड़ीवाली से छुट्टी माँगी। उसने कहा-"कमी किस बात की है, मैं तुम्हारी ही हूँ और सब विभव भी तुम्हारा है।" विजयकृष्ण ने कहा-"मैं वेश्या की दी हुई जीविका से पेट पालने में असमर्थ हूँ।" चूड़ीवाली बिलखने लगी, विनय किया, रोई, गिड़गिड़ाई पर विजयकृष्ण चले ही गये! वह सोचने लगी कि-"अपना व्यवसाय और विजय की गृहस्थी बिगाड़कर जो सुख ख़रीदा था, उसका कोई मूल्य नहीं। मैं कुलवधू होने के उपयुक्त नहीं। क्या समाज के पास इसका कोई प्रतिकार नहीं? इतनी तपस्या और इतना स्वार्थ-त्याग व्यर्थ है?"

परन्तु विलासिनी यह न जानती थी कि स्त्री और पुरुष-सम्बन्धी समस्त अन्तिम निर्णय करने में समाज कितना ही उदार क्यों न हो; दोनों पक्षों को सर्वथा सन्तुष्ट नहीं कर सका और न कर सकने की आशा है। यह रहस्य सृष्टि को उलझा रखने की कुञ्जी है।

विलासिनी ने बहुत सोच-रामझाकर अपनी जीवनचर्या बदल डाली। सरकार से मिली हुई जो कुछ सम्पत्ति थी, उसे बेचकर पास ही के एक गाँव में खेती करने के लिए भूमि लेकर आदर्श हिन्द गृहस्थ की-सी तपस्या करने में अपना बिखरा हुआ मन उसने लगा दिया। उसके कच्चे मकान के पास एक विशाल वट-वृक्ष और निर्मल जल का सरोवर था। वहीं बैठकर चूड़ीवाली ने पथिकों की सेवा करने का संकल्प किया। थोड़े ही दिनों में अच्छी खेती होने लगी और अन्न से उसका घर भरा रहने लगा। भिखारियों को अन्न देकर उन्हें खिला देने में उसे अकथनीय सुख मिलता। धीरे-धीरे दिन ढलने लगा, चूड़ीवाली को सहेली बनाने के लिए यौवन का तीसरा पहर करुणा और शान्ति को पकड़ लाया। उस पथ से चलनेवाले पथिकों को दूर से किसी कला-कुशल कण्ठ की तान सुनाई पड़ती- अब लौं नसानी अब न नसैहौं।

वट-वृक्ष के नीचे एक अनाथ बालक नन्द को चना और गुड़ की दूकान चूड़ीवाली ने करा दी है। जिन पथिकों के पास पैसे न होते, उनका मूल्य वह स्वयं देकर नन्द की दूकान में घाटा न होने देती, और पथिक भी विश्राम किये बिना उस तालाब से न जाता। कुछ ही दिनों में चूड़ीवाली का तालाब विख्यात हो गया।

५

सन्ध्या हो चली थी। पखेरुओं का बसेरे की ओर लौटने का कोलाहल मचा और वट-वृक्ष में

चहल-पहल हो गई। चूड़ीवाली चरनी के पास खड़ी बैलों को देख रही थी। दालान में दीपक जल रहा था, अन्धकार उसके घर और मन में बरजोरी घुस रहा था। कोलाहल-शून्य जीवन में भी चूड़ीवाली को शान्ति मिली, ऐसा विश्वास नहीं होता था। पास ही उसकी पिण्डुलियों से सिर रगड़ता हुआ कलुआ दुम हिला रहा था। सुखिया उसके लिए घर में से कुछ खाने को ले आयी थी; पर कलुआ उधर न देखकर अपनी स्वामिनी से स्नेह जता रहा था। चूड़ीवाली ने हँसते हुए कहा-"चल, तेरा दुलार हो चुका। जा, खा ले।" चूड़ीवाली ने मन में सोचा, कंगाल मनुष्य स्नेह के लिए क्यों भीख माँगता है!? वह स्वयं नहीं करता, नहीं तो तृण-वीरुध तथा पशु-पक्षी भी तो स्नेह करने के लिए प्रस्तुत हैं। इतने में नन्द ने आकर कहा-"माँ, एक बटोही बहुत थका हुआ अभी आया है। भूख के मारे वह जैसे शिथिल हो गया है।"

"तूने क्यों नहीं दे दिया?"

"लेता भी नहीं, कहता है, तू बड़ा गरीब लडक़ा है, तुझसे न लूँगा।"

चूड़ीवाली वट-वृक्ष की ओर चल पड़ी। अँधेरा हो गया था। पथिक जड़ का सहारा लेकर लेटा था। चूड़ीवाली ने हाथ जोड़कर कहा-"महाराज, आप कुछ भोजन कीजिए।"

"तुम कौन हो?"

"पहले की एक वेश्या।"

"छिः, मुझे पड़े रहने दो, मैं नहीं चाहता कि तुम मुझसे बोलो भी, क्योंकि तुम्हारा व्यवसाय कितने ही सुखी घरों को उजाड़कर शमशान बना देता है।"

"महाराज, हम लोग तो कला के व्यवसायी हैं। यह अपराध कला का मूल्य लगानेवालों की कुरुचि और कुत्सित इच्छा का है। संसार में बहुत-से निर्लज्ज स्वार्थपूर्ण व्यवसाय चलते हैं। फिर इसी पर इतना क्रोध क्यों?"

"क्योंकि वह उन सबों में अधम और निकृष्ट है।"

"परन्तु वेश्या का व्यवसाय करके भी मैंने एक ही व्यक्ति से प्रेम किया था। मैं और धर्म नहीं जानती, पर अपने सरकार से जो कुछ मुझे मिला, उसे मैं लोक-सेवा में लगाती हूँ। मेरे तालाब पर कोई भूखा नहीं रहने पाता। मेरी जीविका चाहे जो रही हो, मेरे अतिथि-धर्म में बाधा न दीजिए।"

पथिक एक बार ही उठकर बैठ गया और आँख गड़ाकर अँधेरे में देखने लगा। सहसा बोल उठा-"चूड़ीवाली?"

"कौन, सरकार?"

"हाँ, तुमने शोक हर लिया। मेरे अपराधजनक तमाम त्याग में पुण्य का भी भाग था, यह मैं नहीं जानता।"

"सरकार! मैंने गृहस्थ-कुलवधू होने के लिए कठोर तपस्या की है। इन चार वर्षों में मुझे विश्वास हो गया है कि कुलवधू होने में जो महत्व है, वह सेवा का है, न कि विलास का।"

"सेवा ही नहीं, चूड़ीवाली! उसमें विलास का अनन्त यौवन है, क्योंकि केवल स्त्री-पुरुष के शारीरिक बन्धन में वह पर्यवसित नहीं है, बाह्य साधनों के विकृत हो जाने तक ही, उसकी सीमा नहीं, गार्हस्थ्य जीवन उसके लिए प्रचुर उपकरण प्रस्तुत करता है, इसलिए वह प्रेय भी है और श्रेय भी है। मुझे विश्वास है कि तुम अब सफल हो जाओगी।"

"मेरी सफलता आपकी कृपा पर है। विश्वास है कि अब इतने निर्दय न होंगे"-कहते-कहते चूड़ीवाली ने सरकार के पैर पकड़ लिये।

सरकार ने उसके हाथ पकड़ लिये।

अपराधी

१

वनस्थली के रंगीन संसार में अरुण किरणों ने इठलाते हुए पदार्पण किया और वे चमक उठीं, देखा तो कोमल किसलय और कुसुमों की पंखुरियाँ, बसन्त-पवन के पैरों के समान हिल रही थीं। पीले पराग का अंगराग लगने से किरणें पीली पड़ गईं। बसन्त का प्रभात था।

युवती कामिनी मालिन का काम करती थी। उसे और कोई न था। वह इस कुसुम-कानन से फूल चुन ले जाती और माला बनाकर बेचती। कभी-कभी उसे उपवास भी करना पड़ता। पर, वह यह काम न छोड़ती। आज भी वह फूले हुए कचनार के नीचे बैठी हुई, अर्द्ध-विकसित कामिनी-कुसुमों को बिना बेधे हुए, फन्दे देकर माला बना रही थी। भँवर आये, गुनगुनाकर चले गये। बसन्त के दूतों का सन्देश उसने न सुना। मलय-पवन अञ्चल उड़ाकर, रूखी लटों को बिखराकर, हट गया। मालिन बेसुध थी, वह फन्दा बनाती जाती थी और फूलों को फँसाती जाती थी।

द्रुत-गति से दौड़ते हुए अश्व के पद-शब्द ने उसे त्रस्त कर दिया। वह अपनी फूलों की टोकरी उठाकर भयभीत होकर सिर झुकाये खड़ी हो गई। राजकुमार आज अचानक उधर वायु-सेवन के लिये आ गये थे। उन्होंने दूर ही से देखा, समझ गये कि वह युवती त्रस्त है। बलवान अश्व वहीं रुक गया। राजकुमार ने पूछा–"तुम कौन हो?"

कुरंगी कुमारी के समान बड़ी-बड़ी आँखे उठाकर उसने कहा–"मालिन!"

"क्या तुम माला बनाकर बेचती हो?"

"हाँ।"

"यहाँ का रक्षक तुम्हें रोकता नहीं?"

"नहीं, यहाँ कोई रक्षक नहीं है।"

"आज तुमने कौन-सी माला बनाई है?"

"यही कामिनी की माला बना रही थी।"

"तुम्हारा नाम क्या है?"

"कामिनी।"

"वाह! अच्छा, तुम इस माला को पूरी करो, मैं लौटकर-उसे लूँगा।" डरने पर भी मालिन ढीठ थी। उसने कहा–"धूप निकल आने पर कामिनी का सौरभ कम हो जायगा।"

"मैं शीघ्र आऊँगा"-कहकर राजकुमार चले गये।

मालिन ने माला बना डाली। किरणें प्रतीक्षा में लाल-पीली होकर धवल हो चलीं। राजकुमार लौटकर नहीं आये। तब उसी ओर चली-जिधर राजकुमार गये थे।

युवती बहुत दूर न गई होगी कि राजकुमार लौटकर दूसरे मार्ग से उसी स्थान पर आये। मालिन को न देखकर पुकारने लगे-"मालिन! ओ मालिन!"

दूरागत कोकिल की पुकार-सा वह स्वर उसके कान में पड़ा था। वह लौट आई। हाथों में कामिनी की माला लिये वह वन-लक्ष्मी के समान लौटी। राजकुमार उसी दिन-सौन्दर्य को सकुतूहल देख रहे थे। कामिनी ने माला गले में पहना दी। राजकुमार ने अपना कौशेय उष्णीश खोलकर मालिन के ऊपर फेंक दिया। कहा-"जाओ, इसे पहनकर आओ।" आश्चर्य और भय से लताओं की झुरमुट में जाकर उसने आज्ञानुसार कौशेय वसन पहना।

बाहर आई, तो उज्ज्वल किरणें उसके अंग-अंग पर हँसते-हँसते लोट-पोट हो रही थीं। राजकुमार मुस्कराये और कहा-"आज से तुम इस कुसुम-कानन की वन-पालिका हुई हो। स्मरण रखना।"

राजकुमार चले गये। मालिन किंकर्तव्यविमूढ़ होकर मधूक-वृक्ष के नीचे बैठ गई।

२

बसन्त बीत गया। गर्मी जलाकर चली गई। कानन में हरियाली फैल रही थी। श्यामल घटायें आकाश में और शस्य-शोभा धरणी पर एक सघन-सौन्दर्य का सृजन कर रही थी। वन-पालिका के चारों ओर मयूर घेरकर नाचते थे। सन्ध्या में एक सुन्दर उत्सव हो रहा था। रजनी आई। वन-पालिका के कुटीर को तम ने घेर लिया। मूसलाधार वृष्टि होने लगी। युवती प्रकृति का मद-विह्वल लास्य था। वन-पालिका पर्ण-कुटीर के वातायन से चकित होकर देख रही थी। सहसा बाहर कम्पित कण्ठ से शब्द हुआ-"आश्रय चाहिए!" वन-पालिका ने कहा-"तुम कौन हो?"

"एक अपराधी।"

"तब यहाँ स्थान नहीं है।"

"विचार कर उत्तर दो, कहीं आश्रय न देकर तुम अपराध न कर बैठो।" वन-पालिका विचारने लगी। बाहर से फिर सुनाई पड़ा-"विलम्ब होने से प्राणों की आशंका है।"

वन-पालिका निस्संकोच उठी और उसने द्वार खोल दिया। आगन्तुक ने भीतर प्रवेश किया। वह एक बलिष्ठ युवक था, साहस उसकी मुखाकृति थी। वन-पालिका ने पूछा-"तुमने कौन-सा अपराध किया है?"

"बड़ा भारी अपराध है, प्रभात होने पर सुनाऊँगा। इस रात्रि में केवल आश्रय दो।"-कहकर आगन्तुक अपना आर्द्र वस्त्र निचोड़ने लगा। उसका स्वर विकृत और वदन नीरस था। अन्धकार ने उसे और भी अस्पष्ट बना दिया था।

युवती वन-पालिका व्याकुल होकर प्रभात की प्रतीक्षा करने लगी। सहसा युवक ने उसका हाथ पकड़ लिया। वह त्रस्त हो गई, बोली-"अपराधी, यह क्या?"

"अपराधी हूँ सुन्दरी!"-अबकी बार उसका स्वर परिवर्तित था। पागल प्रकृति पर्णकुटी को घेरकर अपनी हँसी में फूटी पड़ती थी। वह करस्पर्श उन्मादकारी था। कामिनी की धमनियों में बाहर के बरसाती नालों के समान रक्त दौड़ रहा था। युवक के स्वर में परिचय था, परन्तु युवती की वासना के कुतूहल ने भय का बहाना खोज लिया! बाहर करकापात के साथ ही बिजली कड़की। वन-पालिका ने दूसरा हाथ युवक के कण्ठ में डाल दिया।

अन्धकार हँसने लगा।

३

बहुत दिन बीत गये। कितने ही बरस आये और चले गये। वह कुसुम-कानन-जिसमें मोर, शुक और पिक, फूलों से लदी झाड़ियों में विहार करते थे, अब एक जंगल हो गया। अब राजकुमार वहाँ नहीं आते थे। अब वे स्वयं राजा हैं। सुकुमार पौधे सूख गये। विशालकाय वृक्षों ने अपनी शाखाओं से जकड़ लिया। उस गहन वन में एक कोने में पर्णकुटी थी, उसमें एक स्त्री और उसका पुत्र, दोनो रहते थे।

दोनों बहेलियों का व्यवसाय करते; उसी से उनका जीवन-निर्वाह होता। पक्षियों को फँसाकर नागरिकों के हाथ वह बालक बेचा करता, कभी-कभी मृग-शावक भी पकड़ ले आता।

एक दिन वन-पालिका का पुत्र एक सुन्दर कुरंग पकड़कर नगर की ओर बेचने के लिए ले गया। उसकी पीठ पर बड़ी अच्छी बूटियाँ थीं। वह दर्शनीय था। राजा का पुत्र अपने टट् पर चढ़कर घूमने निकला था, उसके रक्षक साथ थे। राजपुत्र मचल गया। किशोर मूल्य माँगने लगा। रक्षकों ने कुछ देकर उसे छीन लेना चाहा। किशोर ने कुरंग का फन्दा ढीला कर दिया। वह छलाँग भरता हुआ निकल गया। राजपुत्र अत्यन्त हठी था, वह रोने लगा। रक्षकों ने किशोर को पकड़ लिया। वे उसे राजमन्दिर की ओर ले चले।

वातायन से रानी ने देखा, उसका लाल रोता हुआ लौट रहा है। एक आँधी-सी आ गई। रानी ने समाचार सुनकर उस बहेलिये के लड़के को बेंतों से पीटे जाने की आज्ञा दी।

किशोर ने बिना रोये-चिल्लाये और आँसू बहाये बेंतों की चोट सहन की। उसका सारा अंग क्षत-विक्षत था, पीड़ा से चल नहीं सकता था। मृगया से लौटते हुए राजा ने देखा। एक बार दया तो आई, परन्तु उसका कोई उपयोग न हुआ। रानी की आज्ञा थी। वन-पालिका ने राजा के निकल जाने पर किशोर को गोद में उठा लिया। अपने आँसुओं से घाव धोती हुई, उसने कहा-"आह! वे कितने निर्दयी हैं!"

फिर कई वर्ष बीत गये। नवीन राजपुत्र को मृगया की शिक्षा के लिए, लक्ष्य साधने के लिए, वही नगरोपकण्ठ का वन स्थिर हुआ। वहाँ राजपुत्र हिरणों पर, पक्षियों पर तीर चलाता। वन-पालिका को अब फिर कुछ लाभ होने लगा। हिरणों को हाँकने से पक्षियों का पता बताने से, कुछ मिल जाता है। परन्तु उसका पुत्र किशोर राजकुमार की मृगया में भाग न लेता।

एक दिन बसन्त की उजली धूप में राजा अपने राजपुत्र की मृगया-परीक्षा लेने के लिए, सोलह बरस बाद, उस जंगल में आये। राजा का मुँह एक बार विवर्ण हो गया। उस कुसुम कानन के सभी सुकुमार पौधे सूखकर लोप हो गये हैं। उनकी पेड़ियों में कहीं-कहीं दो-एक अंकुर निकल कर अपने प्राचीन बीज का निर्देश करते थे। राजा स्वप्न के समान उस अतीत की कल्पना कर रहे थे।

अहेरियों के वेश में राजपुत्र और उसके समवयस्क जंगल में आये। किशोर भी अपना धनुष लिये एक ओर खड़ा था। कुरंग पर तीर छूटे। किशोर का तीर कुरंग के कण्ठ को बेधकर राजपुत्र की छाती में घुस गया। राजपुत्र अचेत होकर गिर पड़ा। किशोर पकड़ लिया गया।

इधर वन-पालिका राजा के आने का समाचार सुनकर फूल खोजने लगी थी। उस जंगल में अब कामिनी-कुसुम नहीं थे। उसने मधूक और दूर्वा की सुन्दर माला बनाई, यही उसे मिले थे।

राजा क्रोध से उन्मत्त थे। प्रतिहिंसा से कड़ककर बोले-मारो!-बधिकों के तीर छूटे? वह कमनीय-कलेवर किशोर पृथ्वी पर लोटने लगा। ठीक उसी समय मधूक-मालिका लिये वन-पालिका राजा के सामने पहुँची।

कठोर नियति जब अपना विधान पूर्ण कर चुकी थी, तब कामिनी किशोर के शव के पास पहुँची! पागल-सी उसने माला राजा के ऊपर फेंकी और किशोर को गोद में बैठा लिया। उसकी निश्चेष्ट आँखें मौन भाषा में जैसे माँ-माँ कह रही थीं! उसने हृदय में घुस जानेवाली आँखों से एक बार राजा की ओर

देखा। और भी देखा-राजपुत्र का शव!

राजा एक बार आकाश और पृथ्वी के बीच में हो गये। जैसे वह कहाँ-से-कहाँ चले आये। राजपुत्र का शोक और क्रोध, वेग से बहती हुई बरसाती नदी की धारा में बुल्ले के समान बह गया। उनका हृदय विषय-शून्य हो गया। एक बार सचेत होकर उन्होंने देखा और पहचाना-अपना वही-"जीर्ण कौशेय उष्णीश।"-"वन-पालिका!"

"राजा"-कामिनी की आँखों में आँसू नहीं थे।

"यह कौन था?"

गम्भीर स्वर में सर नीचा किये वन-पालिका ने कहा-"अपराधी।"

प्रणय-चिह्न

१

"क्या अब वे दिन लौट आवेंगे? वे आशाभरी सन्ध्यायें, वह उत्साह-भरा हृदय-जो किसी के संकेत पर शरीर से अलग होकर उछलने को प्रस्तुत हो जाता था-क्या हो गया?"

"जहाँ तक दृष्टि दौड़ती है, जंगलों की हरियाली। उनसे कुछ बोलने की इच्छा होती है, उत्तर पाने की उत्कण्ठा होती है। वे हिलकर रह जाते हैं, उजली धूप जलजलाती हुई नाचती निकल जाती है। नक्षत्र चुपचाप देखते रहते हैं,- चाँदनी मुस्कराकर घूँघट खींच लेती है। कोई बोलनेवाला नहीं! मेरे साथ दो बातें कर लेने की जैसे सबने शपथ ले ली है। रात खुलकर रोती भी नहीं-चुपचाप ओस के आँसू गिराकर चल देती है। तुम्हारे निष्फल प्रेम से निराश होकर बड़ी इच्छा हुई थी, मैं किसी से सम्बन्ध न रखकर सचमुच अकेला हो जाऊँ। इसलिए जन-संसर्ग से दूर इस झरने के किनारे आकर बैठ गया, परन्तु अकेला ही न आ सका, तुम्हारी चिन्ता बीच-बीच में बाधा डालकर मन को खींचने लगी। इसलिए फिर किसी से बोलने की, लेन-देन की, कहने-सुनने की कामना बलवती हो गई।

"परन्तु कोई न कुछ कहता है और न सुनता है। क्या सचमुच हम संसार से निर्वासित हैं-अछूत हैं! विश्व का यह नीरव तिरस्कार असह्य है। मैं उसे हिलाऊँगा; उसे झकझोरकर उत्तर देने के लिए बाध्य करूँगा।"

कहते-कहते एकान्तवासी गुफा के बाहर निकल पड़ा। सामने झरना था, उसके पार पथरीली भूमि। वह उधर न जाकर झरने के किनारे-किनारे चल पड़ा। बराबर चलने लगा, जैसे समय चलता है।

सोता आगे बढ़ते-बढ़ते छोटा होता गया। क्षीण, फिर क्रमश: और क्षीण होकर मरुभूमि में जाकर विलीन हो गया। अब उसके सामने सिकता-समुद्र! चारों ओर धू-धू करती हुई बालू से मिली समीर की उत्ताल तरंगें। वह खड़ा हो गया। एक बार चारों ओर आँख फिरा कर देखना चाहा, पर कुछ नहीं, केवल बालू के थपेड़े।

साहस करके पथिक आगे बढ़ने लगा। दृष्टि काम नहीं देती थी, हाथ-पैर अवसन्न थे। फिर भी चलता गया। विरल छाया-वाले खजूर-कुञ्ज तक पहुँचते-पहुँचते वह गिर पड़ा। न जाने कब तक अचेत पड़ा रहा।

एक पथिक पथ भूलकर वहाँ विश्राम कर रहा था। उसने जल के छींटे दिये। एकान्तवासी चैतन्य हुआ। देखा, एक मनुष्य उसकी सेवा कर रहा है। नाम पूछने पर मालूम हुआ-"सेवक।"

"तुम कहाँ जाओगे?"-उसने पूछा।

"संसार से घबराकर एकान्त में जा रहा हूँ।"

"और मैं एकान्त से घबराकर संसार में जाना चाहता हूँ।"

"क्या एकान्त में कुछ सुख नहीं मिला?"

"सब सुख था-एक दुःख, पर वह बड़ा भयानक दुःख था। अपने सुख को मैं किसी से प्रकट नहीं कर सकता था, इससे बड़ा कष्ट था।"

"मैं उस दुःख का अनुभव करूँगा।"

"प्रार्थना करता हूँ, उसमें न पड़ो।"

"तब क्या करूँ?"

"लौट चलो; हम लोग बातें करते हुए जीवन बिता देंगे!"

"नहीं, तुम अपनी बातों में विष उगलोगे।"

"अच्छा, जैसी तुम्हारी इच्छा।"

दोनों विश्राम करने लगे। शीतल पवन ने सुला दिया। गहरी नींद लेने पर जागे। एक दूसरे को देखकर मुस्कराने लगे। सेवक ने पूछा-"आप तो इधर से आ रहे हैं, कैसा पथ है?"

"निर्जन मरुभूमि।"

"तब तो मैं न जाऊँगा; नगर की ओर लौट जाऊँगा। तुम भी चलोगे?"

"नहीं, इस खजूर-कुञ्ज को छोड़कर मैं नहीं जाऊँगा। तुमसे बोलचाल कर लेने पर और लोगों से मिलने की इच्छा जाती रही। जी भर गया।"

"अच्छा, तो मैं जाता हूँ। कोई काम हो, तो बताओ, कर दूँगा।"

"मेरा! मेरा कोई काम नहीं।"

"सोच लो।"

"नहीं, वह तुमसे न होगा।"

"देखूँगा, सम्भव है, हो जाय।"

"लूनी नदी के उस पार रामनगर के जमींदार की एक सुन्दर कन्या है; उससे कोई संदेश कह सकोगे?"

"चेष्टा करूँगा। क्या कहना होगा?"

"तीन बरस से तुम्हारा जो प्रेमी निर्वासित है, वह खजूर-कुञ्ज में विश्राम कर रहा है। तुमसे एक चिह्न पाने की प्रत्याशा में ठहरा है। अब की बार वह अज्ञात विदेश में जायगा। फिर लौटने की आशा नहीं है।"

सेवक ने कहा-"अच्छा, जाता हूँ, परन्तु ऐसा न हो कि तुम यहाँ से चले जाओ; वह मुझे झूठा समझे।"

"नहीं, मैं यहीं प्रतीक्षा करूँगा।"

सेवक चला गया। खजूर के पत्तों से झोपड़ी बनाकर एकान्त-वासी फिर रहने लगा। उसको बड़ी इच्छा होती कि कोई भूला-भटका पथिक आ जाता, तो खजूर और मीठे जल से उसका आतिथ्य करके वह एक बार गृहस्थ बन जाता।

परन्तु कठोर अदृष्ट-लिपि! उसके भाग्य में एकान्तवास ज्वलन्त अक्षरों में लिखा था। कभी-कभी पवन के झोंके से खजूर के पत्ते खड़खड़ा जाते, वह चौंक उठता। उसकी अवस्था पर वह क्षीणकाय स्रोत रोगी के समान हँस देता। चाँदनी में दूर तक मरुभूमि सादी चित्रपटी-सी दिखाई देती।

२

माँ भूखी थी। बुढ़िया झोपड़ी में दाने ढूँढ़ रही थी। उस पार नदी के कगारे पर दोनों की धुँधली प्रतिकृति दिखाई दे रही थी। पश्चिम के क्षितिज में नीचे अस्त होता हुआ सूर्य बादलों पर अपना रंग फेंक रहा था। बादल नीचे जल पर छाया-दान कर रहा था। नदी में धूप-छाँह बिछी थी। 'सेवक' डोंगी लिये, इधर यात्री की आशा में, बालू के रूखे तट से लगा बैठा था।

उसके केवल माँ थी। वह युवक था। स्वामी-कन्या से वह किसी प्रेमी का सन्देश कह रहा था; राजा (जमींदार) को सन्देह हुआ। वे क्रुद्ध हुए, बिगड़ गये, परन्तु कन्या के अनुरोध से उसके प्राण बच गये। तब से वह डोंगी चलाकर अपना पेट पालता था।

तमिस्रा आ रही थी। निर्जन प्रदेश नीरव था। लहरियों का कल-कल बन्द था। उसकी दोनों आँखे प्रतीक्षा की दूती थीं। कोई आ रहा है! और भी ठहर जाऊँ-नहीं, लौट चलूँ। डाँडे डोंगी से जल में गिरा दिये। 'छप' शब्द हुआ। उसे सिकतातट पर भी पद-शब्द की भ्रान्ति हुई। रुककर देखने लगा।

"माँझी, उस पार चलोगे?" एक कोमल कण्ठ, वंशी की झनकार।

"चलूँगा क्यों नहीं, उधर ही तो मेरा घर है। मुझे लौटकर जाना है।"

"मुझे भी आवश्यक कार्य है। मेरा प्रियतम उस पार बैठा है। उससे मिलना है। जल्द ले चलो।"- यह कहकर एक रमणी आकर बैठ गई। डोंगी हलकी हो गई, जैसे चलने के लिए नाचने लगी हो। सेवक सन्ध्या के गहरे प्रकाश में उसे आँखें गड़ाकर देखना चाहता था। रमणी खिलखिलाकर हँस पड़ी। बोली-"सेवक, तुम मुझे देखते रहोगे कि खेना आरम्भ करोगे।"

"मैं देखता चलूँगा, खेता चलूँगा। बिन देखे भी कोई खे सकता है।"

"अच्छा, वही सही। देखो, पर खेते भी चलो। मेरा प्रिय कहीं लौट न जाय, कहीं लौट न जाय; शीघ्रता करो।"-रमणी की उत्कण्ठा उसके उभरते हुए वक्ष-स्थल में श्वास बनकर फूल रही थी। सेवक डाँडे चलाने लगा। दो-चार नक्षत्र नील गगन से झाँक रहे थे। अवरुद्ध समीर नदी की शीतल चादर पर खुलकर लोटने लगा। सेवक तल्लीन होकर खे रहा था। रमणी ने पूछा-"तुम्हारे और कौन है?"

"कोई नहीं, केवल माँ है।"

नाव किनारे पहुँच गई। रमणी उतरकर खड़ी हो गई। बोली-"तुमने बड़े ठीक समय से पहुँचाया। परन्तु मेरे पास क्या है, जो तुम्हें पुरस्कार दूँ।"

वह चुपचाप उसका मुँह देखने लगा।

रमणी बोली-"मेरा जीवन-धन जा रहा है। एक बार उससे अन्तिम भेंट करने आई हूँ। एक अँगूठी उसे अपना चिह्न देने के लिए लाई हूँ और कुछ नहीं। परन्तु तुमने इस अन्तिम मिलन में बड़ी सहायता की है, तुम्हीं ने उसका सन्देश पहुँचाया। तुम्हें कुछ दिये बिना हमारा मिलन असफल होगा, इसलिए, यह चिह्न अँगूठी तुम्हीं ले लो।"

सेवक ने अँगूठी लेते हुए पूछा- "और तुम अपने प्रियतम को क्या चिह्न दोगी?"

"अपने को स्वयं दे दूँगी। लौटना व्यर्थ है। अच्छा, धन्यवाद!" रमणी तीर-वेग से चली गई।

वह हक्का-बक्का खड़ा रह गया। आकाश के हृदय में तारा चमकता था; उसके हाथ में अँगूठी का रत्न। उससे तारे का मिलान करते-करते झोपड़ी में पहुँचा। माँ भूखी थी। इसे बेचना होगा, यही चिन्ता थी। माँ ने जाते ही कहा-"कब से भोजन बनाकर बैठी हूँ, तू आया नहीं। बड़ी अच्छी मछली मिली थी। ले, जल्द खा ले।" वह प्रसन्न हो गया।

३

एकान्तवासी बैठा हुआ खजूर इकट्ठा कर रहा था। अभी प्रभात का कोमल सूर्य खगोल में बहुत ऊँचा नहीं था। एक सुनहली किरण-सी रमणी सामने आ गई। आत्मविस्मृत होकर एकान्तवासी देखने लगा।

"स्वागत अतिथि! आओ बैठो।"

रमणी ने आतिथ्य स्वीकार किया। बोली-"मुझे पहचानते हो?"

"तुम्हे न पहचानूँगा, प्रियतमे! अनन्त पथ का पाथेय कोई प्रणय-चिह्न ले आई हो; तो मुझे दे दो! इसीलिए ठहरा हूँ।"

"लौट चलो। इस भीषण एकान्त से तुम्हारा मन नहीं भरा?"

"कहाँ चलूँगा? तुम्हारे साथ जीवन व्यतीत करने का साधन नहीं; करने भी न पाऊँगा, लौटकर क्या करुँगा? मुझे केवल चिह्न दे दो, उसी से मन बहलाऊँगा।"

"मैं उसे पुरस्कार-स्वरूप दे आई हूँ। उसे पाने के लिए तो लूनी तट तक चलना होगा।"

"तो चलूँगा।"

यात्रा की तैयारी हुई। दोनों लौट चले। सेवक जब सन्ध्या को डोंगी लेकर लौटता है; तब उसके हृदय में उस रमणी की सुध आ जाती है। वह अँगूठी निकालकर देखता और प्रतीक्षा करता है कि रमणी लौटे, तो उसे दे दूँ। उसे विश्वास था, कभी तो वह आवेगी।

डोंगी नीचे बँधी थी। वह झोपड़ी से निकलकर चला ही था कि सामने रमणी आती दिखाई पड़ी। साथ में एक पुरुष था। न जाने क्यों, वह डोंगी पर जा बैठा। दोनों तीर पर आकर खड़े हो गये। रमणी ने पूछा- "मुझे पहचानते हो?"

"अच्छी तरह।"

"मैंने तुम्हें कुछ पुरस्कार दिया था। वह मेरा प्रणय-चिह्न था। मेरा प्रिय मुझे नहीं लेगा, उसी चिह्न को लेगा। इसीलिए तुमसे विनती करती हूँ कि उसे दे दो।"

"यह अन्याय है। मेरी मजूरी मुझसे न छीनो।"

"मैं भीख माँगती हूँ।"

"मैं दरिद्र हूँ, देने में असमर्थ हूँ।"

निरुपाय होकर रमणी ने एकान्तवासी की ओर देखा। उसने कहा-"तुमने तो उसे लौटा देने के लिए ही रख छोड़ा है। वह देखो, तुम्हारी उँगली में चमक रहा है, क्यों नहीं दे देते?"

"मैं समझ गया, इसका मूल्य परिश्रम से अधिक है। तो चलो, अबकी दोनों की सेवा करके इसका मूल्य पूरा कर दूँ परन्तु दया करके इसे मेरे ही पास रहने दो। जिन्हें विदेश जाना है, उनको नौका की यात्रा बड़ी सुखद होती है।"-कहकर एक बार उसने झोपड़ी की ओर देखा। बुढ़िया मर चुकी थी। ख़ाली झोपड़ी की ओर से उसने मुँह फिरा लिया। डाँडे जल में गिरा दिये।

रमणी ने कहा-"चलो, यात्रा तो करनी ही है, बैठ जायँ।"

एकान्तवासी हँस पड़ा। दोनों नाव पर बैठ गये। नाव धारा में बहने लगी। रमणी ने हँसकर पूछा- "केवल देखोगे या खेओगे भी?"

"नाव स्वयं बहेगी; मैं केवल देखूँगा ही।"

रूप की छाया

काशी के घाटों की सौध-श्रेणी जाह्नवी के पश्चिम तट पर धवल शैलमाला-सी खड़ी है। उनके पीछे दिवाकर छिप चुके। सीढ़ियों पर विभिन्न वेष-भूषावाले भारत के प्रत्येक प्रान्त के लोग टहल रहे हैं। कीर्तन, कथा और कोलाहल से जान्हवी-तट पर चहल-पहल है।

एक युवती भीड़ से अलग एकान्त में ऊँची सीढ़ी पर बैठी हुई भिखारी का गीत सुन रही है, युवती कानों से गीत सुन रही है, आँखों से सामने का दृश्य देख रही है। हृदय शून्य था, तारा-मण्डल के विराट् गगन के समान शून्य और उदास। सामने गंगा के उस पार चमकीली रेत बिछी थी। उसके बाद वृक्षों की हरियाली के ऊपर नीला आकाश, जिसमें पूर्णिमा का चन्द्र, फीके बादल के गोल टुकड़े के सदृश, अभी दिन रहते ही गंगा के ऊपर दिखाई दे रहा है। जैसे मन्दाकिनी में जल-विहार करने वाले किसी देव-द्वंद्व की नौका का गोल पाल। दृश्य के स्वच्छ पट में काले-काले विंदु दौड़ते हुए निकल गए। युवती ने देखा, वह किसी उच्च मन्दिर में से उड़े कपोतों का एक झुण्ड था। दृष्टि फिरकर वहाँ गई, जहाँ टूटी काठ की चौकी पर विवर्ण-मुख, लंबे असंयत बाल और कोट पहने एक युवक कोई पुस्तक पढ़ने में निमग्न था।

युवती का हृदय फड़कने लगा। वह उतरकर एक बार युवक के पास तक आई, फिर लौट गई। सीढ़ियों के ऊपर चढ़ते-चढ़ते उसकी एक प्रौढ़ा संगिनी मिल गई। उससे बड़ी घबराहट में युवती ने कुछ कहा और स्वयं वहाँ से चली गई प्रौढ़ा ने आकर युवक के एकान्त अध्ययन में बाधा दी और पूछा-"तुम विद्यार्थी हो?"

"हाँ, मैं हिन्द-स्कूल में पढ़ता हूँ।"

"क्या तुम्हारे घर के लोग यहीं हैं?"

"नहीं, मैं एक विदेशी, निस्सहाय विद्यार्थी हूँ।"

"तब तुम्हें सहायता की आवश्यकता है?"

"यदि मिल जाय, मुझे रहने के स्थान का बड़ा कष्ट है।"

"हम लोग दो-तीन स्त्रियाँ हैं। कोई अड़चन न हो, तो हम लोगों के साथ रह सकते हो।"

"बड़ी प्रसन्नता से, आप लोगों का कोई छोटा-मोटा काम भी कर दिया करूँगा।"

"अभी चल सकते हो?"

"कुछ पुस्तक और सामान है, उन्हें लेता आऊँ।"

"ले आओ, मैं बैठी हूँ।"

युवक चला गया।

गंगा-तट पर एक कमरे में उज्जवल प्रकाश फैल रहा था। युवक विद्यार्थी बैठा हुआ व्यालू कर रहा था। अब वह कालेज के छात्रों में है। उसका रहन-सहन बदल गया है। वह एक सुरुचि-सम्पन्न युवक हो गया है। अभाव उससे दूर हो गये थे।

प्रौढ़ा परसती हुई बोली-"क्यों शैलनाथ! तुम्हें अपनी चाची का स्मरण होता है?"

"नहीं तो, मेरे कोई चाची नहीं है।"

दूर बैठी हुई युवती ने कहा-"जो अपनी स्मृति के साथ विश्वासघात करता है, उसे कौन स्मरण दिला सकता है।"

युवक ने हँसकर इस व्यंग को उड़ा दिया। चुपचाप घड़ी का टिक-टिक शब्द सुनता और मुँह चलाता जा रहा था। मन में मनोविज्ञान का पाठ सोचता जाता था-"मन क्यों एक बार ही एक विषय का विचार कर सकता है?"

प्रौढ़ा चली गई। युवक हाथ-मुँह धो चुका था। सरला ने पान बना कर दिया और कहा-"क्या एक बात मैं भी पूछ सकती हूँ?"

"उत्तर देने ही में तो छात्रों का समय बीतता है, पूछिये।"

"कभी तुम्हें रामगाँव का स्मरण होता है? यमुना की लोल लहरियों में से निकलता हुआ अरुण और उसके श्यामल तट का प्रभात स्मरण होता है? स्मरण होता है, एक दिन हम लोग कार्तिक पूर्णिमा-स्नान को गये थे, मैं बालिका थी, तुमने मुझे फिसलते देखकर हाथ पकड़ लिया था, इस पर साथ की स्त्रियाँ हँस पड़ी थीं, तुम लज्जित हो गये थे।"

पचीस वर्ष के बाद युवक छात्र ने अपने जीवन-भर में जैसे आज ही एक आश्चर्य की बात सुनी हो, वह बोल उठा-"नहीं तो।"

कई दिन बीत गये।

गंगा के स्थिर जल में पैर डाले हुए, नीचे की सीढ़ियों पर सरला बैठी हुई थी। कारुकार्य-खचित-कञ्चकी के ऊपर कन्धे के पास सिकुड़ी हुई साड़ी; आधा खुला हुआ सिर, बंकिम ग्रीवा और मस्तक में कुंकुम-बिन्द-महीन चादर में-सब अलग-अलग दिखाई दे रहे थे। मोटी पलकोंवाली बड़ी-बड़ी आँखें गंगा के हृदय में से मछलियों को ढूँढ निकालना चाहती थीं। कभी-कभी वह बीच धारा में बहती हुई डोंगी को देखने लगती। खेनेवाला जिधर जा रहा है उधर देखता ही नहीं। उलटे बैठकर डाँड़ चला रहा है। कहाँ जाना है, इसकी उसे चिन्ता नहीं।

सहसा शैलनाथ ने आकर पूछा- "मुझे क्यों बुलाया है?"

"बैठ जाओ।"

शैलनाथ पास ही बैठ गया। सरला ने कहा-"अब तुम नहीं छिप सकते। तुम्हीं मेरे पति हो, तुम्हीं से मेरा बाल-विवाह हुआ था, एक दिन चाची के बिगड़ने पर सहसा घर से निकलकर कहीं चले गये, फिर न लौटे। हम लोग आजकल अनेक तीर्थों में तुम्हें खोजती हुई भटक रही हैं। तुम्हीं मेरे देवता हो; तुम्हीं मेरे सर्वस्व हो। कह दो-हाँ!"

सरला जैसे उन्मादिनी हो गई है। यौवन की उत्कण्ठा उसके बदन पर बिखर रही थी। प्रत्येक अंग में अँगड़ाई, स्वर में मरोर, शब्दों में वेदना का सञ्चार था। शैलनाथ ने देखा, कुमुदों से प्रफुल्लित शरत्काल के ताल-सा भरा यौवन। सर्वस्व लुटाकर चरणों में लोट जाने के योग्य सौन्दर्य-प्रतिमा। मन को मचला देनेवाला विभ्रम, धैर्य को हिलानेवाली लावण्यलीला। वक्षस्थल में हृदय जैसे फैलने लगा। वह 'हाँ' कहने ही को था परन्तु सहसा उसके मुँह से निकल पड़ा- "यह सब तुम्हारा भ्रम है। भद्रे! मुझे हृदय के साथ ही मस्तिष्क भी है।"

"गंगाजल छूकर बोल रहे हो! फिर से सच कहो!"

युवक ने देखा, गोधूलि-मलिना-जाह्नवी के जल में सरला के उज्ज्वल रूप की छाया चन्द्रिका के समान पड़ रही है। गंगा का उतना अंश मुकुट-सदृश धवल था। उसी में अपना मुख देखते हुए

शैलनाथ ने कहा- "भ्रम है सुन्दरी, तुम्हें पाप होगा।"

"हाँ, परन्तु वह पाप, पुण्य बनने के लिये उत्सुक है।"

"मैं जाता हूँ। सरला, तुम्हें रूप की छाया ने भ्रान्त कर दिया है। अभागों को सुख भी दुःख ही देता है। मुझे और कहीं आश्रय खोजना पड़ा।"

शैलनाथ उठा और चला गया।

विमूढ़ सरला कुछ न बोल सकी। वह क्षोभ और लज्जा से गड़ी जाने लगी। क्रमश: घनीभूत रात में सरला के रूप की छाया भी विलीन हो गई।

ज्योतिष्मती

तामसी रजनी के हृदय में नक्षत्र जगमगा रहे थे। शीतल पवन की चादर उन्हें ढँक लेना चाहती थी, परन्तु वे निविड़ अन्धकार को भेदकर निकल आये थे, फिर यह झीना आवरण क्या था!

बीहड़, शैल-संकुल वन्य-प्रदेश, तृण और वनस्पतियों से घिरा था। वसंत की लताएँ चारों ओर फैली हुई थीं। हिमदान की उच्च उपत्यका प्रकृति का एक सजीव, गम्भीर और प्रभावशाली चित्र बनी थी!

एक बालिका, सूक्ष्म कँवल-वासिनी सुन्दरी बालिका चारों ओर देखती हुई चुपचाप चली जा रही थी। विराट् हिमगिरि की गोद में वह शिशु के समान खेल रही थी। बिखरे हुए बालों को सम्हाल कर उन्हें वह बार-बार हटा देती थी और पैर बढ़ाती हुई चली जा रही थी। वह एक क्रीड़ा-सी थी। परन्तु सुप्त हिमाञ्चल उसका चुम्बन न ले सकता था। नीरव प्रदेश उस सौन्दर्य से आलोकित हो उठता था। बालिका न जाने क्या खोजती चली जाती थी। जैसे शीतल जल का एक स्वच्छ सोता एकाग्र मन से बहता जाता हो।

बहुत खोजने पर भी उसे वह वस्तु न मिली, जिसे वह खोज रही थी। सम्भवत: वह स्वयं खो गई। पथ भूल गया, अज्ञात प्रदेश में जा निकली। सामने निशा की निस्तब्धता भंग करता हुआ एक निर्झर कलरव कर रहा था। सुन्दरी ठिठक गई। क्षण भर के लिए तमिस्रा की गम्भीरता ने उसे अभिभूत कर लिया। हताश होकर शिला-खण्ड पर बैठ गई।

वह श्रान्त हो गयी थी। नील निर्झर का तम-समुद्र में संगम, एकटक वह घण्टों देखती रही। आँखें ऊपर उठतीं, तारागण झलझला जाते थे। नीचे निर्झर छलछलाता था। उसकी जिज्ञासा का कोई स्पष्ट उत्तर न देता। मौन प्रकृति के देश में न स्वयं कुछ कह सकती और न उनकी बात समझ में आती। अकस्मात् किसी ने पीठ पर हाथ रख दिया। वह सिहर उठी, भय का सञ्चार हो गया। कम्पित स्वर से बालिका ने पूछा, "कौन?"

"यह मेरा प्रश्न है। इस निर्जन निशीथ में जब सत्व विचरते हैं, दस्यु घूमते हैं, तुम यहाँ कैसे?" गम्भीर कर्कश कण्ठ से आगन्तुक ने पूछा।

सुकुमारी बालिका सत्वों और दस्युओं का स्मरण करते ही एक बार काँप उठी। फिर सम्हल कर बोली-

"मेरी वह नितान्त आवश्यकता है। वह मुझे भय ही सही, तुम कौन हो?"

"एक साहसिक-" "साहसिक और दस्यु तो क्या, सत्व भी हो, तो उसे मेरा काम करना होगा।"

"बड़ा साहस है! तुम्हें क्या चाहिए, सुन्दरी? तुम्हारा नाम क्या है?"

"वनलता!"

"बूढ़े वनराज, अन्धे वनराज की सुन्दरी बालिका वनलता?"

"हाँ।"

"जिसने मेरा अनिष्ट करने में कुछ भी उठा न रखा, वही वनराज!" क्रोध-कम्पित स्वर से आगन्तुक ने कहा।

"मैं नहीं जानती, पर क्या तुम मेरी याचना पूरी करोगे?"

शीतल प्रकाश में लम्बी छाया जैसे हँस पड़ी और बोली- "मैं तुम्हारा विश्वस्त अनुचर हूँ। क्या चाहती हो, बोलो?"

"पिताजी के लिए ज्योतिष्मती चाहिये।"

"अच्छा चलो, खोजें।" कहकर आगन्तुक ने बालिका का हाथ पकड़ लिया। दोनो बीहड़ वन में घुसे। ठोकरें लग रही थीं। अँगूठे क्षत-विक्षत थे। साहसिक की लम्बी डगों के साथ बालिका हाँफती हुई चली जा रही थी।

सहसा साथी ने कहा-"ठहरो, देखो, वह क्या है?"

श्यामा सघन, तृण-संकुल शैल-मण्डप पर हिरण्यलता तारा के समान फूलों से लदी हुई मन्द मारुत से विकम्पित हो रही थी। पश्चिम में निशीथ के चतुर्थ प्रहर में अपनी स्वल्प किरणों से चतुदर्शी का चन्द्रमा हँस रहा था। पूर्व प्रकृति अपने स्वप्न-मुकुलित नेत्रों को आलस से खोल रही थी। वनलता का वदन सहसा खिल उठा। आनन्द से हृदय अधीर होकर नाचने लगा। वह बोल उठी-"यही तो है।"

साहसिक अपनी सफलता पर प्रसन्न होकर आगे बढ़ाना चाहता था कि वनलता ने कहा-"ठहरो, तुम्हें एक बात बतानी होगी।"

"वह क्या है?"

"जिसे तुमने कभी प्यार किया हो, उससे कोई आशा तो नहीं रखते?"

"सुन्दरी! पुण्य की प्रसन्नता का उपभोग न करने से वह पाप हो जायगा।"

"तब तुमने किसी को प्यार किया है?"

"क्यों? तुम्हीं को!" कहकर आगे बढ़ा!

"सुनो, सुनो; जिसने चन्द्रशालिनी ज्योतिष्मती रजनी के चारों पहर कभी बिना पलक लगे प्रिय की निश्छल चिन्ता में न बिताये हों, उसे ज्योतिष्मती न छूनी चाहिए। इसे जंगल के पवित्र प्रेगी ही छूते हैं, ले आते हैं, तभी इसका गुण...."

वनलता की इन बातों को बिना सुने हुए वह बलिष्ठ युवक अपनी तलवार की मूँठ दृढ़ता से पकड़ कर वनस्पति की ओर अग्रसर हुआ।

बालिका छटपटा कर कहने लगी-"हाँ-हाँ, छूना मत, पिता जी की आँखें, आह!" तब तक साहसिक लम्बी छाया ने ज्योतिष्मती पर पड़ती हुई चन्द्रिका को ढँक लिया। वह एक दीर्घ निश्वास फेंककर जैसे सो गई। बिजली के फूल मेघ में विलीन हो गये। चन्द्रमा खिसककर पश्चिमी शैल-माला के नीचे जा गिरा।

वनलता-झंझावात से भग्न होते हुए वृक्ष की वनलता के समान वसुधा का आलिंगन करने लगी और साहसिक युवक के ऊपर कालिमा की लहर टकराने लगी।

रमला

साजन के मन में नित्य वसन्त था। वही वसन्त जो उत्साह और उदासी का समझौता कराता, वह जीवन के उत्साह से कभी विरत नहीं, न-जाने कौन-सी आशा की लता उसके मन में कली लेती रहती। तिस पर भी उदासीन साजन उस बड़ी-सी झील के तट पर, प्रायः निश्चेष्ट अजगर की तरह पड़ा रहता। उसे स्मरण नहीं, कब से वहाँ रहता था। उसका सुन्दर सुगठित शरीर बिना देख-रेख के अपनी इच्छानुसार मलिनता में भी चमकता रहता। उस झील का वह एकमात्र स्वामी था, रक्षक था, सखा था।

शैलमाला की गोद में वह समुद्र का शिशु कलोल करता, उस पर से अरुण की किरणें नाचती हुईं, अपने को शीतल करती चली जातीं। मध्यान्ह में दिवस ठहर जाता-उसकी लघु वीचियों का कम्पन देखने के लिए। सन्ध्या होते, उसके चारों ओर के वृक्ष अपनी छाया के अञ्चल में छिपा लेना चाहते; परन्तु उसका हृदय उदार था, मुक्त था, विराट था। चाँदनी उसमें अपना मुँह देखने लगती और हँस पड़ती।

और साजन! वह भी अपने निर्जन सहचर का उसके शान्त सौन्दर्य में अभिनन्दन करता। हुलस कर उसमें कूद पड़ता, यही उसका स्नेहातिरेक था।

साजन की साँसें उसकी लहरियों से स्वर-सामञ्जस्य बनाये रहतीं। यह झील उसे खाने के लिए कमलगट्टे देती, सिंघाड़े देती, कोंईबेरा, और भी कितनी वस्तु बिखेरती। वही साजन की गृहिणी थी, स्नेहमयी, कभी-कभी वह उसे पुकार उठता, बड़े उल्लास से बुलाता-'रानी!' प्रतिध्वनि होती, ई-ई-ई। वह खिलखिला उठता, आँखें विकस जातीं, रोएँ-रोएँ हँसने लगते। फिर सहसा वह अपनी उदासी में डूब जाता, तब तारा छाई रात उस पर अपना श्याम अञ्चल डाल देती। कभी-कभी वृक्ष की जड़ से ही सिर लगाकर सो रहता।

ऐस ही कितने बरस बीत गये।

उधर पशु चराने के लिए गोप-बालक न जाते। दूर-दूर के गाँव में यह विश्वास था कि रमला झील पर कोई जलदेवता रहता है। उधर कोई झाँकता भी नहीं। वह संसर्ग से वञ्चित देश अपनी विभूति में अपने ही मस्त था।

रमला भी बड़ी ढीठ थी। वह गाँव-भर में सबसे चञ्चल लडकी थी। लडकी क्यों, वह युवती हो चली थी। उसका ब्याह नहीं हुआ था; वह अपनी जाति भर में सबसे अधिक गोरी थी, तिस पर भी उसका नाम पड़ गया था रमला! वह ऐसी बाधा थी कि ब्याह होना असम्भव हो गया। उसमें सबसे बड़ा दोष यह था कि वह बड़े-बड़े लडकों को भी उनकी ढिठाई पर चपत लगाकर हँस देती थी। झील के दक्षिण की पहाड़ी से कोसों दूर पर उसका गाँव था।

मञ्जल भी कम दुष्ट न था, वह प्रायः रमला को चिढ़ाया करता। उसने सब लडकों से सलाह की- "रमला की पहाड़ी पर चला जाय।"

बालक इकट्ठे हुए। रमला भी आज पहाड़ी पर पशु चराने को ठहरी। सब चढ़ने लगे; परन्तु रमला सबके पहले थी। सबसे ऊँची चोटी पर खड़ी होकर उसने कहा-"लो, मैं सबके आगे ही पहुँची,"- कहकर पास के लड़के को चपत लगा दी।

मञ्जल ने कहा-"उधर तो देखो! वह क्या है?"

रमला ने देखा सुन्दर झील! वह उसे देखने में तन्मय हो गई थी। प्रतिहिंसा से भरे हुए लड़के ने एक हल्का-सा धक्का दिया, यद्यपि वह उसके परिणाम से पूरी तरह परिचित नहीं था; फिर भी रमला को तो कष्ट भोगने के लिए कोई रुकावट न थी। वह लुढ़क चली, जब तक एक झाड़ को पकड़ती और वह उखड़कर गिरता, तब तक दूसरे पत्थर का कोना उसे चोट पहुँचाने पर अवलम्ब दे ही देता; किन्तु पतन रुकना असम्भव था। वह चोट खाते-खाते नीचे आ ही पड़ी। बालक गाँव की ओर भगे। रमला के घरवालों ने भी सन्तोष कर लिया।

साजन कभी-कभी रमला झील की फेरी लगाता। वह झील कई कोस में थी। जहाँ स्थल-पथ का पहाड़ी की बीहड़ शिलाओं से अन्त हो जाता, वहाँ वह तैरने लगता। बीच-बीच में उसने दो-एक स्थान विश्राम के लिए बना लिये थे; वह स्थान और कुछ नहीं; प्राकृतिक गुहायें थीं। उसने दक्षिण की पहाड़ी के नीचे पहुँचकर देखा, एक किशोरी जल में पैर लटकाये बैठी है।

वह आश्चर्य और क्रोध से अपने होंठ चबाने लगा; क्योंकि एक गुफा वहीं पर थी। अब साजन क्या करे! उसने पुष्ट भुजा उठाकर दूर से पूछा-"तुम कौन? भागो।"

रमला एक मनुष्य की आकृति देखते ही प्रसन्न हो गई, हँस पड़ी। बोली- "मैं हूँ, रमला!"

"रमला! रमला रानी।"

"रानी नहीं, रमला।"

"रमला नहीं, रानी कहो, नहीं पीटूँगा, मेरी रानी!"-कहकर साजन झील की ओर देखने लगा।

"अच्छा, अच्छा, रानी! तुम कौन हो?"

"मैं साजन, रानी का सहचर।"

"तुम सहचर हो? और मैं यहाँ आई हूँ, तुम मेरा कुछ सत्कार नहीं करते?"-हँसोड़ रमला ने कहा।

"आओ तुम!"-कहकर विस्मय से साजन उस किशोरी की ओर देखने लगा।

"हाँ मैं, तुग बड़े दुष्ट हो साजन! कुछ खिलाओ, कहाँ रहते हो? वहीं चलूँ।"

साजन घबराया, उसने देखा कि रमला उठ खड़ी हुई। उसने कहा-तैरकर चलना होगा, आगे पथ नहीं है।

वह कूद पड़ी और राजहंसी के समान तैरने लगी। साजन क्षणभर तक उस सुन्दर सन्तरण को देखता रहा। उसकी दृष्टि का यह पहला महोत्सव था। उसे भी तो तैरने का विनोद था न। मन का विरोध उन लहरों के आन्दोलन से घुलने लगा, अनिच्छा होने पर भी वह साथ देने के लिए कूद पड़ा। दोनों साथ-साथ तैर चले।

बहुत दिन बीत गये। रमला और साजन एकत्र रहने पर भी अलग थे। रमला का सब उत्साह उस एकान्त नीरवता में धीरे-धीरे विलीन हो चला।

वह ऊब चली। उसकी गुफा में ढेर-के-ढेर कमलगट्टे फल पड़े रहते, उसे उन सब पदार्थों से वितृष्णा हो चली। साजन पालतू पशु के समान अपनी स्वामिनी से आज्ञा की अपेक्षा करता; परन्तु रमला का उत्साह तो उस बन्दीगृह से भाग जाने के लिए उत्सुक था।

साजन ने एक दिन पूछा- "क्या ले आऊँ?"

"कुछ नहीं।"

"कुछ नहीं? क्यों?"

"मैं अब जाऊँगी?"

"कहाँ?"

"जिधर जा सकूँगी।"

"तब यहीं क्यों नहीं रहती हो?"-अचानक साजन ने कहा।

रमला कुछ न बोली। उस झील पर रात आई, अपना जगमगाता चँदवा तानकर विश्राम करने लगी। रमला अपनी गुफा में सोने चली गई और साजन अपनी गुफा के पास बैठा एकटक रजनी का सौन्दर्य देखने लगा। आज जैसे उसे स्मृति हुई- रमला के आ जाने से वह जिस बात को भूल गया था, उसके अन्तर की वही भावना जाग उठी। साजन पुकार उठा-'रानी!' बहुत दिन के बाद उस झील की पहाड़ियाँ प्रतिध्वनि से मुखरित हो उठीं- ई-ई-ई।

रमला चौंक कर जाग पड़ी। बाहर चली आई। उसने देखा, साजन झील की ओर मुँह किये पुकार रहा है-'रानी!' रानी!'-उसका कण्ठ गद्गद है। चाँदनी आज निखर पड़ी थी। रमला ने सुना। साजन के स्वर में रुदन था। व्याकुलता थी; रमला ने उसके कन्धे पर हाथ रख दिया-साजन सिहर उठा। उसने कहा-"कौन, रमला!"

"रमला नहीं-रानी।"

साजन विस्मय से देखने लगा। उसने पूछा-"तुम रानी हो?"

"हाँ, मुझी को तो तुम पुकारते थे न?"

"तुम्हीं ... तुम्हीं ... हाँ, तुम्हीं को तो, मेरी प्यारी रानी!"

दोनो ने देखा, आकाश के नक्षत्र रमला-झील में डुबकियाँ ले रहे थे, और खिलखिला रहे थे।

कितना समय बीत गया-

साजन की सब सोई वासनायें जाग उठीं-भूले हुए पाठ की तरह अच्छे गुरु के सामने स्मरण होने लगी थीं!

उसे अब शीत लगने लगा-रमला के कपड़ों की आवश्यकता वह स्वयं अनुभव करने लगा।

अकस्मात् एक दिन रमला ने कहा-"चलो, कहीं घूम आवें।"

साजन ने भी कह दिया-"चलो।"

वही गिरिपथ, जिसने बहुत दिनों से मुनष्य का पद-चिह्न भी नहीं देखा था-साजन और रमला के पैर चूमने लगा। दोनों उसे रौंदते चले गये।

रमला अपनी फटी साड़ी में लिपटी थी और साजन वल्कल बाँधे था। वे दरिद्र थे पर उनके मुख पर एक तेज था। वे जैसे प्राचीन देवकथाओं के कोई पात्र हों। सन्ध्या हो गयी थी-गाँव का जमींदार का प्रांगण अभी सूना न था। जमींदार भी बिल्कुल युवक था। उसे इस जोड़े को देखकर कुतूहल हुआ। उसने वस्त्र और भोजन की व्यवस्था करके उन्हें टिकने की आज्ञा दे दी।

प्रात: आँखें खोल रहा था। किसान अपने खेतों में जाने की तैयारी में थे। रमला उठ बैठी थी, पास ही साजन पड़ा सो रहा था। कपड़ों की गरमी उसे सुख में लपेटे थी। उसे कभी यह आनन्द न मिला था। कितने ही प्रभात रमला झील के तट उस नारी ने देखे। किन्तु यह गाँव का दृश्य उसके मन में सन्देह, कुतूहल, आशा भर रहा था। युवक जमींदार अपने घोड़े पर चढ़ना ही चाहता था कि उसकी दृष्टि मलिन, वस्त्र में झांकती हुई दो आँखों पर पड़ी। वह पास आ गया, पूछने लगा-"तुम लोगों को कोई कष्ट तो नहीं हुआ?"

"नहीं"-कहते हुए रमला ने अपने सिर का कपड़ा हटा दिया और युवक को आश्चर्य से देखने लगी। युवक घबड़ाकर बोला-"कौन? रमला?"

"हाँ, मञ्जल!"

युवक की साँस भारी हो चली।

उसने कहा-"रमला, मुझे क्षमा करो, मैंने तुम्हें..."

"हाँ, धक्का देकर गिरा दिया था। तब भी मैं बच गई।"

युवक ने सोये हुए मनुष्य की ओर देखकर पूछा-"वह तुम्हारा कौन है?"

रमला ने रुकते हुए उत्तर दिया-"मेरा-कोई नहीं।"

"तब भी, यह है कौन?"

"रमला झील का जल-देवता।"

युवक एक बार झनझना गया।

उसने पूछा-"तुम क्या फिर चली जाओगी, रमला?"-उसके कण्ठ में बड़ी कोमलता थी।

"तुम जैसा कहो"-रमला जैसे बेबसी से बोली।

युवक-"अच्छा, जाओ पहले नहा-धो लो"-कहता हुआ घोड़े पर चढक़र चला गया। रमला सलज्ज उठी-गाँव की पोखरी की ओर चली।

उसके जाते ही साजन जैसे जग पड़ा। एक बार अँगड़ाई ली और उठ खड़ा हुआ। जिस पथ से आया था, उससे लौटने लगा।

गोधूलि थी और वही उदास रमला झील! साजन थका हुआ बैठा था। आज उसके मन में, न-जाने कहाँ का स्नेह उमड़ा था। प्रशान्त रमला में एक चमकीला फूल हिलने लगा; साजन ने आँख उठाकर देखा-पहाड़ी की चोटी पर एक तारिका रमला के उदास भाल पर सौभाग्यचिह्न-सी चमक उठी। देखते-देखते रमला का वक्ष नक्षत्रों के हार से सुशोभित हो उठा।

साजन ने उल्लास से पुकारा-"रानी!"

बिसाती

उद्यान की शैल-माला के नीचे एक हरा-भरा छोटा-सा गाँव है। वसन्त का सुन्दर समीर उसे आलिंगन करके फूलों के सौरभ से उसके झोपड़ों को भर देता है। तलहटी के हिम-शीतल झरने उसको अपने बाहुपाश में जकड़े हुए हैं। उस रमणीय प्रदेश में एक स्निग्ध-संगीत निरन्तर चला करता है, जिसके भीतर बुलबुलों का कलनाद, कम्प और लहर उत्पन्न करता है।

दाड़िम के लाल फूलों की रँगीली छाया सन्ध्या की अरुण किरणों से चमकीली हो रही थी। शीरीं उसी के नीचे शिलाखण्ड पर बैठी हुई सामने गुलाबों की झुरमुट देख रही थी, जिसमें बहुत से बुलबुल चहचहा रहे थे, वे समीरण के साथ छूल-छुलैया खेलते हुए आकाश को अपने कलरव से गुञ्जित कर रहे थे।

शीरीं ने सहसा अवगुण्ठन उलट दिया। प्रकृति प्रसन्न हो हँस पड़ी। गुलाबों के दल में शीरीं का मुख राजा के समान सुशोभित था। मकरन्द मुँह में भरे दो नील-भ्रमर उस गुलाब से उड़ने में असमर्थ थे, भौंरों के पद पर निस्पन्द थे। कँटीली झाड़ियों की कुछ परवा न करते हुए बुलबुलों का उसमें घुसना और उड़ भागना शीरीं तन्मय होकर देख रही थी।

उसकी सखी जुलेखा के आने से उसकी एकान्त भावना भंग हो गई। अपना अवगुण्ठन उलटते हुए जुलेखा ने कहा-"शीरीं! वह तुम्हारे हाथों पर आकर बैठ जानेवाला बुलबुल, आज-कल नहीं दिखलाई देता?"

आह खींचकर शीरीं ने कहा-"कड़े शीत में अपने दल के साथ मैदान की ओर निकल गया। वसन्त तो आ गया पर वह नहीं लौट आया।"

"सुना है कि ये सब हिन्दुस्तान में बहुत दूर तक चले जाते हैं। क्या यह सच है, शीरीं?"

"हाँ प्यारी! उन्हें स्वाधीन विचरना अच्छा लगता है। इनकी जाति बड़ी स्वतन्त्रता-प्रिय है।"

"तूने अपनी घँघराली अलकों के पाश में उसे क्यों न बाँध लिया?"

"मेरे पाश उस पक्षी के लिए ढीले पड़ जाते थे।"

"अच्छा लौट आवेगा-चिन्ता न कर। मैं घर जाती हूँ।" शीरीं ने सिर हिला दिया।

जुलेखा चली गई।

जब पहाड़ी आकाश में सन्ध्या अपने रंगीले पट फैला देती, जब विहंग केवल कलरव करते पंक्ति बाँधकर उड़ते हुए गुञ्जान झाड़ियों की ओर लौटते और अनिल में उनके कोमल परों से लहर उठती, जब समीर अपनी झोंकेदार तरंगों मे बार-बार अन्धकार को खींच लाता, जब गुलाब अधिकाधिक सौरभ लुटाकर हरी चादर में मुँह छिपा लेना चाहते थे; तब शीरीं की आशा-भरी दृष्टि कालिमा से अभिभूत होकर पलकों में छिपने लगी। वह जागते हुए भी एक स्वप्न की कल्पना करने लगी।

हिन्दुस्तान के समृद्धिशाली नगर की गली में एक युवक पीठ पर गट्ठर लादे घूम रहा है। परिश्रम और अनाहार से उसका मुख विवर्ण है। थककर वह किसी के द्वार पर बैठ गया है। कुछ बेचकर उस

दिन की जीविका प्राप्त करने की उत्कण्ठा उसकी दयनीय बातों से टपक रही है। परन्तु वह गृहस्थ कहता है-"तुम्हें उधार देना हो तो दो, नहीं तो अपनी गठरी उठाओ। समझे आगा?"

युवक कहता है-"मुझे उधार देने की सामर्थ्य नहीं।"

"तो मुझे भी कुछ नहीं चाहिए।"

शीरीं अपनी इस कल्पना से चौंक उठी। काफिले के साथ अपनी सम्पत्ति लादकर खैबर के गिरि-संकट को वह अपनी भावना से पदाक्रान्त करने लगी।

उसकी इच्छा हुई कि हिन्दुस्तान के प्रत्येक गृहस्थ के पास हम इतना धन रख दें कि वे अनावश्यक होने पर भी उस युवक की सब वस्तुओं का मूल्य देकर उसका बोझ उतार दें। परन्तु सरला शीरीं निस्सहाय थी। उसके पिता एक क्रूर पहाड़ी सरदार थे। उसने अपना सिर झुका लिया। कुछ सोचने लगी।

सन्ध्या का अधिकार हो गया। कलरव बन्द हुआ। शीरीं की साँसों के समान समीर की गति अवरुद्ध हो उठी। उसकी पीठ शिला से टिक गई।

दासी ने आकर उसको प्रकृतिस्थ किया। उसने कहा-"बेगम बुला रही हैं। चलिए, मेंहदी आ गई है।"

महीनों हो गये। शीरीं का ब्याह एक धनी सरदार से हो गया। झरने के किनारे शीरीं के बाग में शवरी खींची है। पवन अपने एक-एक थपेड़े में सैकड़ों फलों को रुला देता है। मधु-धारा बहने लगती है। बुलबुल उसकी निर्दयता पर क्रन्दन करने लगते हैं। शीरीं सब सहन करती रही। सरदार का मुख उत्साहपूर्ण था। सब होने पर भी वह एक सुन्दर प्रभात था।

एक दुर्बल और लंबा युवक पीठ पर गट्ठर लादे सामने आकर बैठ गया। शीरीं ने उसे देखा पर वह किसी ओर देखता नहीं। अपना सामान खोलकर सजाने लगा।

सरदार अपनी प्रेयसी को उपहार देने के लिए काँच की प्याली और काश्मीरी सामान छाँटने लगा।

शीरीं चुपचाप थी, उसके हृदय-कानन में कलरवों का क्रन्दन हो रहा था। सरदार ने दाम पूछा। युवक ने कहा-"मैं उपहार देता हूँ। बेचता नहीं। ये विलायती और काश्मीरी मैंने चुनकर लिये हैं। इनमें मूल्य ही नहीं, हृदय भी लगा है। ये दाम पर नहीं बिकते।"

सरदार ने तीक्ष्ण स्वर में कहा-"तब मुझे न चाहिए। ले जाओ- उठाओ।"

"अच्छा, उठा ले जाऊँगा। मैं थका हुआ आ रहा हूँ, थोड़ा अवसर दीजिए, मैं हाथ-मुँह धो लूँ।" कहकर युवक भरभराई हुई आँखों को छिपाते, उठ गया।

सरदार ने समझा, झरने की ओर गया होगा। विलम्ब हुआ पर वह न आया। गहरी चोट और निर्मम व्यथा को वहन करते कलेजा हाथ से पकड़े हुए, शीरीं गुलाब की झाड़ियों की ओर देखने लगी। परन्तु उसकी आँसू-भरी आँखों को कुछ न सूझता था। सरदार ने प्रेम से उसकी पीठ पर हाथ रखकर पूछा- "क्या देख रही हो?"

"मेरा एक पालतू बुलबुल शीत में हिन्दुस्तान की ओर चला गया था। वह लौटकर आज सवेरे दिखलाई पड़ा, पर जब वह पास आ गया और मैंने पकड़ना चाहा, तो वह उधर कोहकाफ की ओर भाग गया!"-शीरीं के स्वर में कम्पन था, फिर भी वे शब्द बहुत सम्भलकर निकले थे। सरदार ने हँसकर कहा-"फूल को बुलबुल की खोज? आश्चर्य है!"

बिसाती अपना सामान छोड़ गया। फिर लौटकर नहीं आया। शीरीं ने बोझ तो उतार लिया, पर दाम नहीं दिया।

Lector House believes that a society develops through a two-fold approach of continuous learning and adaptation, which is derived from the study of classic literary works spread across the historic timeline of literature records. Therefore, we aim at reviving, repairing and redeveloping all those inaccessible or damaged but historically as well as culturally important literature across subjects so that the future generations may have an opportunity to study and learn from past works to embark upon a journey of creating a better future.

This book is a result of an effort made by Lector House towards making a contribution to the preservation and repair of original ancient works which might hold historical significance to the approach of continuous learning across subjects.

HAPPY READING & LEARNING!

LECTOR HOUSE LLP
E-MAIL: lectorpublishing@gmail.com